विभांशु केशव

बनारस, उत्तर प्रदेश के छितौना गाँव में 20 अगस्त, 1984 को जन्मे विभांशु केशव पेशे से पत्रकार हैं। कुछ समाचारपत्रों के साथ पत्रकारिता करने के बाद पिछले कुछ वर्षों से स्वतंत्र लेखन और खेती-बाड़ी कर रहे हैं। उन्होंने कई पत्र-पत्रिकाओं और वेबसाइटों के लिए व्यंग्य-स्तम्भ लिखे हैं। उनका पहला व्यंग्य-संग्रह 'गूगल कालीन भारत' 2018 में प्रकाशित हुआ। 'सरकारी कार्य में बाधा' उनका दूसरा व्यंग्य-संग्रह है।

फिलहाल गाँव में प्रवास और अध्ययन-चिन्तन।

ई-मेल : vibhanshukeshav@gmail.com

सरकारी कार्य में बाधा

विभांशु केशव

राधाकृष्ण पेपरबैक्स

राधाकृष्ण पेपरबैक्स में
पहला संस्करण : 2023

राधाकृष्ण पेपरबैक्स : उत्कृष्ट साहित्य के जनसुलभ संस्करण

राधाकृष्ण प्रकाशन प्रा. लि.
जी-17, जगतपुरी
दिल्ली-110 051
द्वारा प्रकाशित

शाखाएँ : अशोक राजपथ, साइंस कॉलेज के सामने, पटना-800 006
पहली मंजिल, दरबारी बिल्डिंग, महात्मा गांधी मार्ग, प्रयागराज-211 001
वेबसाइट : www.radhakrishnaprakashan.com
ई-मेल : info@radhakrishnaprakashan.com

बी.के. ऑफसेट
नवीन शाहदरा, दिल्ली-110 032
द्वारा मुद्रित

मूल्य : ₹199

SARKARI KARYA MEIN BADHA
Satire by Vibhanshu Keshav

ISBN : 978-81-19092-12-3

अपनी गलतियों को समर्पित

क्रम

भूमिका का लिफाफा

सीधे मुद्दे पर आते हैं।

मुझे जन्मदिन याद नहीं रहते। कई लोग इसलिए भी नाराज हो जाते हैं कि उन्हें जन्मदिन की शुभकामना नहीं दी। सोशल मीडिया पर आने वाले 'रीमाइंडर्स' से पता चलने लगा है कि किसका जन्मदिन है। फिर भी बधाई देने की परम्परा नहीं निभा पाता। मुझे अपना जन्मदिन भी नहीं पता। प्राथमिक विद्यालय में दाखिले के समय मामा ने जो तिथि लिखवा दी, वही जन्मदिन हो गई—20 अगस्त, 1984। मुंशी जी अपने विवेक से लिखते तो एक जनवरी, एक जुलाई, 15 अगस्त या 26 जनवरी को मेरा जन्मदिन तय करते। देश में प्राथमिक शिक्षा की शुरुआत से लेकर उदारीकरण लागू होने के पहले तक देशव्यापी सर्वे किया जाए तो इन चार तिथियों पर देश की जन्म दर सबसे अधिक होगी।

मामा के कारण मुंशी जी को जन्म दर का प्रतिशत और बेहतर बनाने का अवसर नहीं मिला। मेरे परिचय के साथ जो जन्मतिथि वर्णित होती है, वो असली नहीं है। मार्कशीट वाली है। परिचय में जन्मतिथि अज्ञात लिखने का वर्णन कहीं नहीं पढ़ा है, इसलिए मैं भी अज्ञात नहीं लिख सकता। मेरे परिचय में (यदि कहीं वर्णित हो) दी गई तिथि की जगह अज्ञात पढ़ा जाए।

अब मुंशी जी को तिथि विशेष पर जन्म दर बेहतर बनाने का अवसर नहीं मिल रहा है। जब से जन्मदिन और कुंडली निम्न-मध्यवर्ग की जीवनशैली का भी अनिवार्य हिस्सा बने हैं, तब से बच्चे तिथि और समय की कुंडली लेकर पैदा हो रहे हैं। वैसे भी सर के दौर में मुनाफे के मुंशी सिस्टम ने 'मुंशी जी' को अप्रासंगिक बना दिया है।

एक मुंशी जी की प्रासंगिकता अब भी बरकरार है। धनबल और बाहुबल से निर्णय प्रभावित करने की आपराधिक प्रवृत्ति बढ़ने से उन मुंशी जी का महत्त्व और बढ़ा है। वो मुंशी जी कभी दबाव में, कभी बिना किसी दबाव के भी निर्णय प्रभावित करने वाली तिथि और समय लिखते हैं। ये पुलिस विभाग के मुंशी होते हैं। उनका पदनाम कुछ और होता है, पर रूतबा ऐसा कि थानेदार 'सर' भी 'मुंशी जी' कहते हैं।

पुलिस विभाग में थाना-चौकी-एसपी-एसएसपी कार्यालय पर एक लेखक पुलिसकर्मी होता है, जो पुलिस के 'गुडवर्क' की कहानी लिखता है— चेकिंग के दौरान मुखबिर ने काले रंग की एक मोटरसाइकिल यूपी 65—पर सवार दो सन्दिग्ध युवकों के आने की सूचना दी। मुखबिर की सूचना पर पुलिस टीम ने घेराबन्दी शुरू कर दी। इसी दौरान मुखबिर द्वारा चिह्नित कराई गई मोटरसाइकिल आई। पुलिस टीम ने उसे रुकने का इशारा किया। पुलिस को देख मोटरसाइकिल सवार फायरिंग करते हुए मोटरसाइकिल मोड़ भागने लगे। पुलिस टीम ने जवाबी फायरिंग करते हुए सन्दिग्धों का पीछा किया। भागते समय सन्तुलन बिगड़ जाने से सन्दिग्धों की मोटरसाइकिल सड़क किनारे पलट गई। अँधेरे का लाभ उठाते हुए एक सन्दिग्ध फरार हो गया। एक को गिरफ्तार करने में पुलिस को कामयाबी मिली। जामा तलाशी में उसके पास से...। ये सरल शब्दों में गुडवर्क की कहानी है। इसी ढर्रे पर वर्षों से पुलिस के गुडवर्क की कहानियाँ लिखी जा रही हैं। ऐसी कहानियों पर जनता का विश्वास आसानी से जमता रहा है।

एक ही ढर्रे पर लिखी जा रही कहानियों पर जब जनता अविश्वास करने लगती है, तब परिपाटी तोड़ने वाली कहानी लिखी जाती है। जनता का विश्वास बनाए रखने के लिए नवीनता से भरपूर, परिपाटी तोड़ने वाली एक कहानी भूकम्प के साए में लिखी गई थी—मुखबिर ने पानी टंकी के नीचे लूट की योजना बनाते सन्दिग्धों के मौजूद होने की सूचना दी। मुखबिर की सूचना पर पुलिस ने घेराबन्दी की। पानी टंकी के चारों तरफ चहारदीवारी बनी हुई थी। प्रवेश द्वार अन्दर से बन्द था। चहारदीवारी पर कँटीली बाड़ लगी हुई थी। कँटीली बाड़ के कारण पुलिस सन्दिग्धों तक नहीं पहुँच पा रही थी। निर्देश के लिए पुलिस टीम ने अधिकारियों को स्थिति से अवगत कराया। अधिकारियों ने सन्दिग्धों को पकड़ने के लिए योजना बनानी शुरू की। उसी दौरान

भूकम्प आ गया। हिलती हुई पानी टंकी से सहमे सन्दिग्ध प्रवेश द्वार खोल बाहर भागे। उसी दौरान पुलिस ने उन्हें गिरफ्तार कर लिया। गुडवर्क की ऐसी कहानियाँ ताजा झोंके की तरह होती हैं, जो परिपाटी को तोड़ती हैं।

पुलिस की हालिया कार्यप्रणाली को देखते हुए ऐसा प्रतीत होता है कि पुलिस के पास परिपाटी तोड़ने वाले लेखकों का अभाव हो गया है। यही कारण है कि उत्तर प्रदेश पुलिस के लेखकों ने हालिया दिनों में हुए एनकाउंटर्स की कहानियाँ लगभग एक जैसी लिखी हैं। कहानियों में नवीनता के अभाव के कारण विभिन्न आयोगों में पुलिस की पेशी हो रही है। फटकार पड़ रही है। पुलिस पर सुपारी लेकर निर्दोषों की हत्या का आरोप लग रहा है। पुलिस के सबसे बड़ा गुंडा बन जाने की चर्चाएँ हो रही हैं।

पुलिस की हालिया कहानियों से ऐसा प्रतीत होता है कि पुलिस विभाग इस समय लेखकों की कमी से जूझ रहा है। ये कमी पुलिस की राष्ट्रीय समस्या बन गई है। पुलिस की कहानियों पर जनता भरोसा नहीं कर पा रही है। हालाँकि इधर बीच में राष्ट्रीय स्तर पर पुलिस विभाग के लेखकों ने गिरफ्तारी की नवीनता से भरपूर, परिपाटी तोड़ने वाली कई कहानियाँ लिखी हैं। फिर भी उन्हें पसन्द नहीं किया गया। पुलिस के एक रिटायर्ड लेखक के अनुसार—इधर बीच लिखी गई नवीनता से भरपूर, परिपाटी तोड़ने वाली कहानियाँ बहुत क्लिष्ट हैं। उन्हें समझने के लिए लेखक से अधिक परिश्रम पाठक को करना पड़ रहा है।

क्लिष्ट कहानियों को जनता को समझाने में पुलिस और सत्ताधारी दल के प्रवक्ताओं के इकबाल पर जंग लग जा रही है। इकबाल को जंगरोधी बनाने के लिए सत्ता पक्ष को पुलिस के विभिन्न पदों की बम्पर भर्ती के साथ पुलिस विभाग में समीक्षक और आलोचक पुलिसकर्मियों की भर्ती भी करनी चाहिए। जो पुलिस की क्लिष्ट कहानियों को सरल शब्दों में जनता तक पहुँचाएँ। ताकि पुलिस की कहानियाँ जनता भी समझ सके।

पुलिस के मुंशी समन के माध्यम से हाजिर होने का रीमाइंडर्स पहुँचाते रहते हैं—तारीख याद रहे, नहीं तो...। रीमाइंडर्स के बावजूद मुझे तारीख याद नहीं रहती। रीमाइंडर्स के बावजूद जन्मदिन की बधाई

देने की परम्परा नहीं निभा पाता। पर कोई निभाता है तो आपत्ति भी नहीं जताता। बधाई स्वीकार कर लेता हूँ।

जन्मदिन के अवसर पर अपने-अपने प्रिय को बधाई दी जाती है। जो गुजर गए हैं, उनमें से भी अपने-अपने को याद किया जाता है। यहाँ अपने-अपने इसलिए लिख रहा हूँ साहित्य में कोई एक सबका प्रिय नहीं होता। अपवाद ही सही, किसी एक का अप्रिय भी होता है। व्यंग्य की मारकता को और मारक बनाने वाले साहित्यकारों की जन्मतिथि के अवसर पर उनके पाठक और साहित्यकार उन्हें याद करते हैं। साहित्य में व्यंग्य को समृद्ध करने में उनके योगदान के बारे में बताते हैं। सामाजिक विसंगतियों को सामने लाने और उन पर कड़ा प्रहार करने की उनकी क्षमता को नमन करते हैं। उनके अन्य समकालीनों के साथ तुलना भी की जाती है। तुलना के दौरान वर्तमान साहित्यकार और आलोचक विट, आयरनी, पंच आदि का उल्लेख करते हैं। व्यंग्य लेखन को समझने और बेहतर लिखने के लिए विट, आयरनी, पंच आदि को समझना चाहता हूँ। फिर सोचता हूँ, पहले व्यंग्य लिखा गया होगा या व्यंग्य लेखन के तत्व? तो विट, आयरनी, पंच के बारे में सोचना छोड़ देता हूँ। ऐसा करना मेरी महानता या घमंड नहीं है। अज्ञानता है। ज्ञान की बातें आसानी से मेरे पल्ले नहीं पड़तीं। जिसकी गवाही मेरी शैक्षणिक योग्यता भी देती है। ज्ञान की बातें पल्ले पड़ी होतीं तो शैक्षणिक योग्यता में अलंकरणों की भरमार होती। साहित्यकारों की शैक्षणिक योग्यता में 'डिवीजन' का उल्लेख नहीं मिलता था। अब, जबकि साहित्यकारों की शैक्षणिक योग्यता के परिचय में डिग्री के साथ डिवीजन का उल्लेख भी मिलने लगा है, अपनी डिवीजन भी बताता चलूँ—

एक कहानी संग्रह मिला। रचनाकार के परिचय में शैक्षणिक योग्यता लिखी थी—एम.ए. हिन्दी (प्रथम श्रेणी)। शायद रचनाकार को खुलकर प्रथम श्रेणी बताने में हिचकिचाहट हो रही थी। इसलिए प्रथम श्रेणी पर कोष्ठक का दो-तरफा पर्दा लगा दिया। 'डिस्टिंक्शन' रही होती तो पर्दा नहीं लगता...शायद। उस रचनाकार का नाम बताने में मुझे भी हिचकिचाहट हो रही है। नाम बता दूँ तो प्रवृत्ति से व्यक्ति केन्द्रित हो जाऊँगा। तो व्यंग्य और व्यंग्यकारों का अपमान होगा। वैसे व्यक्ति केन्द्रित होने से कुछ का सम्मान भी हो जाएगा। पर ऐसा सम्मान

भी मैं किसी को देना नहीं चाहता। ईर्ष्या इसकी इजाजत नहीं देती।

एम.ए. में मेरा पार्ट वन है। फिर भी मैं उसका जिक्र कहीं नहीं कर पाता। सोचता था, नौकरी के लिए दिए गए हलफनामे में पार्ट वन का जिक्र करूँगा तो इंटरव्यू लेने वाला पार्ट वन के बाद पढ़ाई छोड़ने का कारण पूछेगा। परिवार की आर्थिक स्थिति भी ऐसी नहीं, जो गरीबी या जिम्मेदारी की कहानी बना सकूँ। तो क्या बताऊँगा कि पढ़ाई में मन नहीं लग रहा था? मैंने पढ़ाई शौकिया छोड़ी थी, ये बता दूँगा तो भगा देगा।

रोजगार आधारित शिक्षा प्रणाली में अधिक पढ़ाई भी अयोग्यता की पहचान बन गई है!! सरकार पढ़े-लिखे उम्मीदवारों को अयोग्य घोषित कर रही है। अयोग्य घोषित करने का कारण भी है। जिस पद पर नियुक्ति की शैक्षणिक अर्हता पाँचवीं पास हो, उस पद के लिए आवेदन करने वाले उम्मीदवारों में एक भी पाँचवीं पास नहीं। डॉक्ट्रेट, इंजीनियरिंग, एमबीए डिग्रीधारी आवेदकों की भरमार। तो सरकार को कहना ही पड़ेगा-नौकरियाँ बहुत हैं। योग्य उम्मीदवारों का टोटा है।

सभी नियोक्ता लोकतंत्र जैसे नहीं हैं। लोकतंत्र आशावादी है। वो इसी उम्मीद में बूढ़ा हो गया कि कभी तो मेरे प्रतिनिधि सुधरेंगे। इधर बीच लोकतंत्र की मृत्यु की चर्चा भी होने लगी है। ऐसी चर्चा सुनकर अपने होने का अहसास कराने के लिए लोकतंत्र कभी-कभार खाँस देता है। तो उसके प्रतिनिधि उसी के मुँह पर थूक देते हैं—चुप बे बुड्ढे। लोकतंत्र उदारवादी नियोक्ता है, जो अपराधियों को, फर्जी या रहस्यमय डिग्रीधारकों को भी नियुक्ति दे देता है। लोकतंत्र द्वारा बनाए गए इंटरव्यू पैनल में शामिल चारों स्तम्भ इंटरव्यू में झूठ बोलने वाले उम्मीदवारों को 'वेटेज' भी देने लगे हैं।

देश में पार्ट वन के बाद मजबूरन पढ़ाई छोड़ने वालों की संख्या को देखते हुए मानव संसाधन और विकास मंत्रालय को पार्ट वन पर भी वेटेज की घोषणा कर देनी चाहिए। पार्ट वन पर भी वेटेज की घोषणा होने से मेरे अवसाद का एक कारण कम हो जाएगा। अपनी शैक्षणिक योग्यता में पार्ट वन का जिक्र कर सकूँगा। अभी करता हूँ तो सम्पादक ठुकरा देते हैं। बी.ए. तक पढ़ा हूँ। नम्बर पचास प्रतिशत से कम (49.68) हैं। प्रथम श्रेणी वाले साहित्यकारों से प्रेरणा लेकर सोचता हूँ, अपनी श्रेणी भी बताया करूँ—बी.ए. में प्रथम श्रेणी से

10.32 प्रतिशत कम। एम.ए. पार्ट वन-डिस्टिंक्शन से 12 प्रतिशत कम (इसमें प्रायोगिक परीक्षा के अंक नहीं जोड़े गए हैं। क्योंकि दी ही नहीं थी।) कोष्ठक भी लगा दिया।

हरिशंकर परसाई ने व्यंग्य के बारे में कहा—व्यंग्य स्वयं से साक्षात्कार कराता है। यही कबीर ने अपने शब्दों में कहा—बुरा जो देखन मैं चला, बुरा न मिलया कोय। जो मन खोजा आपनो, मुझ सा बुरा न कोय।। स्वयं से साक्षात्कार कराने के लिए अपनी व्यंग्य रचनाओं के माध्यम से व्यंग्यकार नैतिकता के दुर्दान्त हो चले ठेकेदारों को नाराज करने का जोखिम उठाते रहे हैं। धूमिल ने जोखिम को भी फूँक-फूँक कर उठाने वालों के लिए कहा—विरोध में मुट्ठी भी तनी रहे और काँख भी ढँकी रहे। व्यंग्य अपनी काँख ढँक विसंगतियों और विद्रूपताओं पर 'डिप्लोमेटिक' प्रहार नहीं करता। विरोध में व्यंग्य की मुट्ठी भी तनी रहती है और काँख भी खुली रहती है।

काँख ढँक तनी हुई मुट्ठी के डिप्लोमेटिक विरोध के अपने-अपने फायदे हैं। जरूरत पड़ने पर रूठे हुए किरदारों को मनाया जा सकता है—मेरे कहने का वो अर्थ नहीं था, जो आपने समझा। मेरे कहने का अर्थ...। इस तरह फूँक-फूँक कर वो अपनी समीक्षा भी कर लेता है। आलोचकों की कमी को भी पूरा कर देता है। डिप्लोमेटिक साहित्यकार जानता है, समकालीन आलोचक लेखकों के सहारे अपनी पहचान बना रहे हैं। ऐसे आलोचक नहीं हैं, जो किसी लेखक को निखार दें। उसे जमा दें। लेखक ही आलोचक को जमा रहे हैं। इस समीकरण के अनुसार आलोचक भी डिप्लोमेटिक आलोचना करता है—आलोचना की ढिबरी भी जलती रहे और तेल भी बचा रहे।

बाजारवाद के दौर में विसंगतियों और विद्रूपताओं के विरोध का पूरा भार साहित्यकारों पर डाल देना या सिर्फ उन्हीं से उम्मीद करना, अन्याय होगा। उनके पास भी पेट है। परिवार है। इच्छाएँ हैं। सांस्थानिक हत्याओं के इस दौर में जनता को नाराज कर उसकी चेतना में हलचल पैदा करने का जोखिम उठाना आसान नहीं है। जनता की चेतना में हलचल पैदा करने की जिम्मेदारी निभाने वाली पत्रकारिता भी बदल चुकी है। भूमंडलीकरण और मालिक-सम्पादक के दौर में पत्रकारिता 'मास' को नाराज नहीं करना चाहती। पाठ्यक्रम में पत्रकारिता के सिद्धान्त और मीडिया संस्थानों के 'एथिक्स' में अन्तर हो गया है।

मीडिया संस्थान में एथिक्स के नाम पर बता दिया जाता है—मास को नाराज नहीं करना है। बाजार के सिद्धान्त की तरह, जिसमें ग्राहक को नाराज नहीं किया जाता। भले ही उसे बेवकूफ बनाना पड़े।

मास को ये सोचकर नाराज नहीं होना चाहिए कि पत्रकारिता भी उसे ग्राहक समझने लगी है। भूमंडलीकरण के दौर में पूरी दुनिया बाजार है। निवासी ग्राहक। मास को नाराज न करने के एथिक्स के सहारे पत्रकारिता भारतीय समाज के संस्कारों की रक्षा ही कर रही है। मास को नाराज कर पत्रकारिता अवतारों के जन्म में बाधा उत्पन्न नहीं करना चाहती। अधिनायकवाद के रूप में बेलगाम दौड़ रहे घोड़े की नकेल नहीं कसना चाहती। मास भी यही चाहता है कि कब कोई अवतार आए और हमारी सभी समस्याओं का अन्त कर दे। मास को कुछ करना न पड़े।

मास करता भी है। क्या करता है, उसका हाल अपने शहर में रोज देखता हूँ। बनारस, गलियों और तंग सड़कों का शहर। इसकी सड़कों पर आए दिन क्या, दिन में कई बार जाम लगता है। अखबार बताते हैं—जाम में कराहता शहर। पुलिस वसूली में मस्त, जनता जाम में पस्त। मास को ये नहीं बताया जाता—हे मास! जाम की सबसे बड़ी वजह तुम ही हो। एक लेन से कम चौड़ी सड़क पर चार लेन बनाकर चलोगे तो किसी दिन जाम में ही तुम्हारा दम घुट जाएगा।

'अन्हरापुल' चौराहे पर मास के प्रति करुणा पैदा कर देने वाला दृश्य महीनों चला। सिर्फ भौतिक संसाधनों के विकास के सहारे क्योटो बनने के लिए अन्धाधुन्ध भाग रहे मास से यातायात नियमों का पालन करवाने के लिए रस्सी लगानी पड़ी थी। एक होमगार्ड रस्सी पकड़कर खड़ा रहता था। इसके बाद भी रस्सी तोड़कर भागने वालों की कमी नहीं थी। पकड़े गए तो चाचा, फूफा, मौसा को फोन मिला दिया। चाचा थानेदार के खास हैं। फूफा विधायक के खास हैं। मौसा सांसद के खास हैं। अखिल भारतीय सत्य-जितनी दूर का रिश्तेदार, उतने ऊँचे पद वाली कुर्सी का खास।

मकर संक्रान्ति के आगे-पीछे चाइनीज माँझा अखबारों में छा जाता है—चाइनीज माँझे ने ली जान। चाइनीज माँझे ने रेता गला। ये भी तो पूछना चाहिए—हे जूनियर मास के सीनियर मास! अपने आज्ञाकारी बच्चे को चाइनीज माँझे का प्रयोग करने से क्यों नहीं रोकते?

नोएडा में बिल्डर्स की धोखाधड़ी के खिलाफ मास ने विरोध-प्रदर्शन किया। हंगामे की सूचना पाकर मीडिया पहुँची। प्रदर्शन कर रहा मास, मीडिया से बात करने को तैयार नहीं हुआ। उसका कहना था—मीडिया इस प्रदर्शन को खबर नहीं बनाएगी। मीडियावालों ने दिखाने का भरोसा दिलाया, तब वे बात करने को तैयार हुए। प्रदर्शन कर रहा मास कॉर्पोरेट मीडिया के एथिक्स से अनभिज्ञ था। वे नहीं जानते, जिस मास को मीडिया नाराज नहीं करना चाहता, वो मास वे ही हैं।

उस मास को नाराज करने की हिम्मत कौन करेगा, जिस मास को अपने बच्चे की बहती नाक और नैपी साफ करने में घिन्न आती हो। इसके लिए जिसने दाई की नियुक्ति कर रखी हो। बच्चे जो नया देखते हैं, उसके बारे में जानना चाहते हैं। तो वे पूछताछ शुरू करते हैं। डैडी उसके सवालों से परेशान होकर मॉम के पास भेजते हैं। मॉम, डैडी के पास। ऐसा भी समय आ सकता है जब ये मास बच्चे के सवालों का जवाब देने के लिए एक बाल विशेषज्ञ की नियुक्ति करे। होमवर्क कराने के लिए 'टूटर' लगा सकता है। मीडिया इस मास को नाराज करने का जोखिम कैसे उठाए? ये मास इतना पावरफुल है कि अपने लिए अलग सरकार की नियुक्ति भी कर सकता है।

ऐसा नहीं है कि मीडिया मास को नाराज करने का जोखिम नहीं उठाता। उठाता है, जब प्रायोजक मिलें—अमुक सेठ की तरफ से—यातायात नियमों का पालन करें। अमुक प्रतिष्ठान की तरफ से—चाइनीज माँझे का प्रयोग न करें।

—विभांशु केशव

राष्ट्र चिन्ता का कॉपीराइट

ज्ञानियों के अनुसार—चिन्ता दहति चिता। अर्थात चिन्ता चिता समान होती है। मुझे ऐसा लगता है, ज्ञानियों ने जब ये बात बताई थी, तब धर्म और राजनीति का बाजार नहीं था। आज बाजार में देखता हूँ तो ज्ञानियों की बात झूठी लगने लगती है। जितनी अधिक चिन्ता, उतना बड़ा पेट। चौबीस घंटे धर्म और देश की चिन्ता में जीने का दावा करने वालों के पेट पर ज्ञानियों को शोध करना चाहिए—चिन्ता का आहार खाने के बाद भी क्यों पेट निरन्तर बढ़ता जा रहा है?

ज्ञानियों को वर्गीकरण कर देना चाहिए था कि अमुक-अमुक के लिए चिन्ता चिता समान नहीं होती है। बाजार में देखता हूँ तो लगता है, लाभ की चिन्ता शरीर के लिए नहीं, मस्तिष्क के लिए चिता समान होती है। लाभ की चिन्ता बुद्धि, विवेक आदि को भस्म कर लालच और स्वार्थ की प्रतिष्ठा कर देती है।

मोहल्ले की चिन्ता से शुरू कर, देश की चिन्ता करने वाली कुर्सी पा गए नेता से मिलने गया।

जब वे मोहल्ले के नेता थे, तब से ही देश के लिए चिन्तित रहते। उनके पास शिकायत आती-नाली बनाने में भ्रष्टाचार हो रहा है। ये सुनकर अपनी मुट्ठियाँ भींच वे जोश में कहते—तुम्हें मोहल्ले की नाली की पड़ी है! राष्ट्र में भ्रष्टाचार की नाली बह रही है। उस नाली में राष्ट्र बजबजा रहा है। तुम्हें उसकी चिन्ता नहीं है? मेरा उद्द्देश्य महान है। उसे मोहल्ले की नाली में मत उलझाओ। भ्रष्टाचार की नाली साफ कर लेने दो।

उनके ओजस्वी विचारों और महान उद्द्देश्य को जान, शिकायतकर्ता को ग्लानि होती—कैसा अधम हूँ मैं? मुझे अपने देश से प्रेम ही नहीं! ग्लानि से शिकायत दम तोड़ देती। शिकायतकर्ता में जोश भर देती—राष्ट्र में बह रही भ्रष्टाचार की नाली साफ करने के लिए मैं भी नेता का साथ दूँगा।

नेता के पास शिकायत आती—सीवर वाली पाइप पतली बिछाई जा रही है। रोज जाम होगी। फिर नई बिछानी पड़ेगी। शिकायत सुन नेता अपनी मुट्ठियाँ भींच

जोश में कहते—तुम सिर्फ मोहल्ले के सीवर के बारे में सोच सकते हो! मैं राष्ट्र के बारे में सोचता हूँ। पूरे राष्ट्र में एक सीवर होगा। उस सीवर से सभी मोहल्ले जोड़े जाएँगे। उस सीवर की पाइप बहुत मोटी होगी। मेरा उद्‌देश्य महान है। उसे पतली पाइप में मत उलझाओ। नेता द्वारा किए गए समाधान से शिकायत तत्काल दम तोड़ देती।

उनके पास शिकायत आती—मेरी जमीन पर जबरन कब्जा किया जा रहा है। वे जोशीले अन्दाज में कहते—तुम्हें अपनी जमीन की पड़ी है! विदेशी ताकतें राष्ट्र की जमीन पर कब्जा कर रही हैं। राष्ट्र का क्षेत्रफल कम हो रहा है। तुम्हें उसकी चिन्ता नहीं है? मेरा उद्‌देश्य महान है। उसे अपनी जमीन के टुकड़े में मत उलझाओ। मेरे साथ एकता बनाओ। राष्ट्र की जमीन मुक्त करानी है। जमीन कब्जा करने वाली शिकायत भी दम तोड़ देती।

उनके घर पहुँचा।

मोहल्ले की चिन्ता वाली कुर्सी पर थे, तब उनके घर का क्षेत्रफल कम था। चिन्ता की सीमा बढ़ने के साथ उनके घर का क्षेत्रफल भी बढ़ता गया। उनके घर की चहारदीवारी की नींव उनके मस्तिष्क से जुड़ी थी। जैसे ही उनकी चिन्ता मोहल्ले की सीमा पार करती, चहारदीवारी भी घर का क्षेत्रफल दो-चार फुट बढ़ा देती। देश की चिन्ता वाली कुर्सी मिलने के बाद चहारदीवारी, घर का क्षेत्रफल मीटर में बढ़ाने लगी। चहारदीवारी के बुलडोजर की गति से सहमीं आजू-बाजू वाली इमारतें, विस्थापन की ईंट ढोने लगीं।

देश सेवा की योजनाएँ बढ़ने के साथ चहारदीवारी के अन्दर की जमीन की उर्वरा शक्ति भी बढ़ी थी। उर्वरा शक्ति ने घर के भीतर अलग-अलग कोनों में गमलों में उगे पौधों में एकता का संचार किया था। गमलों में उगे पौधों ने एकजुट होकर लॉन का रूप ले लिया था।

जब वे मोहल्ला स्तर के नेता थे, तब से ही उनके द्वारा की जा रही देश सेवा का साक्षी बनने के लिए मैं व्याकुल रहता था। इसका लाभ भी मिलता। चहारदीवारी के बड़े फाटक पर बिना रोक-टोक, पूछताछ घर के अन्दर प्रवेश मिल जाता था। उस दिन फाटक पार कर घर के अन्दर आते देख एक कमरे के दरवाजे पर खड़े उनके निजी सहायक ने होंठ पर अंगुली रख मुझे चुप रहने का इशारा किया। मैं कुछ बोलता उससे पहले ही उसने दूसरे हाथ से आपातकाल लिखी दफ्ती भी दिखाई। मैं समझ गया-अप्रत्यक्ष रूप से जो न समझे, उसे प्रत्यक्ष रूप से समझाने का निर्देश मिला है।

निजी सहायक मोहल्ले के दिनों से ही अपने पद पर बना हुआ है। देश की

चिन्ता की कुर्सी पाने के बाद भी नेता ने उसे पदोन्नति देकर किसी योजना का अध्यक्ष नहीं बनाया।

ऐसा पहले कभी नहीं हुआ था, जब नेता के घर पर मुझे चुप रहने के लिए कहा गया हो। मेरे साथ ये पहली बार हुआ। सहायक की बात मान मैं चुपचाप बैठ गया। बैठकर सोचता रहा—आपातकाल! गम्भीर मसला लग रहा है। सोचता रहा। नेता का इन्तजार भी करता रहा। काफी देर तक उनकी आहट नहीं मिली। रहा नहीं गया तो भौंह उचकाकर, हाथ की अंगुलियाँ नचाकर सहायक से इशारों में पूछा—कौन से कमरे में हैं? सहायक जिस कमरे के दरवाजे पर खड़ा था, उसी कमरे की तरफ अंगुली से इशारा कर बताया—इसी कमरे में हैं। सहायक से फिर उसी तरह पूछा—क्या कर रहे हैं? कब तक बाहर निकलेंगे? सवाल का जवाब देने के बजाय सहायक ने मुझे लॉन की तरफ जाने का इशारा किया। मेरे साथ ये भी पहली बार हो रहा था, जब सवाल पूछने पर बाहर जाने को कहा जा रहा है। अब तक घटित परिस्थितियों के प्रभाव के कारण सहायक के इशारे से आहत नहीं हुआ। उसका कहना मान लॉन की तरफ गया।

लॉन में चलती-फिरती, बोलती-सुनती कई शिकायत पेटिकाएँ उपस्थित थीं। वे अपने-अपने मोहल्ले की शिकायतें सुनतीं। फिर नेता को उनसे अवगत करातीं। शिकायतों के आधार पर नेता उनका ओजस्वी और महान समाधान करते। सभी शिकायतकर्ताओं से नेता का मिल पाना सम्भव नहीं था। इसके समाधान के लिए नेता ने शिकायत पेटिकाओं को अपना ओजस्वी और महान समाधान समझा दिया था। शिकायत पेटिकाएँ ही समाधान कर देती थीं।

लॉन में पेटिकाएँ शिकायतकर्ताओं से घिरी हुई थीं। एक पेटिका शिकायतकर्ताओं को समझा रही थी—माननीय भाई अमुक जी राष्ट्र की तरक्की के लिए हवन कर रहे हैं। उनके हवन में बाधा उत्पन्न कर आप पाप के भागी बन रहे हैं।

शिकायत पेटिका द्वारा किया गया समाधान सुन मुझे सहायक द्वारा किए गए इशारे का अर्थ भी समझ आ गया—आपके सवालों के जवाब लॉन में मिलेंगे।

समाधान सुन नेता द्वारा की जा रही देश सेवा का एक बार और साक्षी बनने के लिए व्याकुल हो उठा। देश की चिन्ता करने वाली कुर्सी मिलने के बाद नेता का मोहल्ले से नाता लगभग टूट गया था। मोहल्ले के किसी रसूखदार के घर विवाह या तेरहवीं के दिन नाता जुड़ जाता था। इस 'टर्म एंड कंडीशन' के कारण उनके द्वारा की जा रही देश सेवा का साक्षी बनने का अवसर दुर्लभ हो गया था। अखबार और टीवी में उनके द्वारा की जा रही सेवा की खबरें प्रतिदिन पढ़ने को मिलतीं।

साक्षी बनने के लिए उनके कमरे की तरफ बढ़ा। इस बार मैंने मुँह पर अंगुली रख सहायक को चुप रहने का इशारा किया। कमरे के दरवाजे पर टँगे पर्दे की ओट लेकर साक्षी बन गया। देखा कि वे कागज का एक टुकड़ा पानी के साथ निगलने की कोशिश कर रहे हैं। आश्चर्य से मुँह बाए मैंने सहायक को भी साक्षी बनने के लिए बुलाया। पर्दे की ओट से वो भी साक्षी बना। कागज के टुकड़े को निगलने में हो रही पीड़ा मुझसे देखी नहीं जा रही थी। सहायक से इशारे में ही कहा—मैं कमरे में जा रहा हूँ। आपातकाल की दफ्ती देखने के बाद भी मैं निष्क्रिय नहीं हो रहा था। मजबूरन सहायक ने मुझे रोकने के लिए मेरी बाँह पकड़, मेरे कान में फुसफुसाते हुए कहा—पूणार्हुति! पूणार्हुति!

कागज का टुकड़ा निगल उन्होंने हवन की पूणार्हुति की। पूणार्हुति के बाद सहायक ने मेरी बाँह छोड़ी दी। लॉन की तरफ चलने को कहा।

रास्ते में रखे कूड़ेदान में सहायक ने आपातकाल लिखी दफ़्ती फेंक दी। मैंने पूछा—ये क्या किया? उसने बताया—पूर्णाहुति सम्पन्न हुई। अब इसकी आवश्यकता नहीं।

लॉन में पहुँचा तो देखा शिकायतकर्ता जा चुके थे। शिकायत पेटिकाएँ कुर्सी पर आराम की मुद्रा में थीं। सहायक उनके आराम में खलल नहीं डालना चाहता था। वो मुझे लॉन के एक कोने में ले गया। कोने में जाते ही मैंने सहायक से पूछा—वे कागज क्यों निगल गए? सहायक ने बताया—भाई साहब राष्ट्र की रक्षा कर रहे हैं! देश की रक्षा के लिए कागज निगलने का तरीका मुझे समझ नहीं आया। मेरी उलझन सहायक ने सुलझाई—वो साधारण कागज नहीं था। उस कागज पर राष्ट्र का नक्शा बना हुआ था। देश की रक्षा का उपाय सुन चौंकते हुए मैंने पूछा—अरे! तो वे देश को ही खा गए? सहायक ने मुस्कुराते हुए बताया—खाया कहाँ? खाना रहता तो चबा-चबा कर खाते। उन्होंने तो राष्ट्र को अपने पेट में सुरक्षित रख लिया।

देश की रक्षा के उपायों से मेरी उलझन बढ़ती जा रही थी। सहायक सुलझाता जा रहा था—भाई साहब हैं राष्ट्र के सेवक। उनके नीचे और भी कई राष्ट्रसेवक नियुक्त हैं। भाई साहब उन्हीं से राष्ट्र को बचा रहे हैं। वे भी भाई साहब से माँग करते हैं कि जैसे आप राष्ट्र की चिन्ता कर रहे हैं, वैसे ही हमें भी करने का अवसर दिया जाए। एक नौकरशाह कहता है—दस प्रतिशत राष्ट्र मैं भी पेट में सुरक्षित रखना चाहता हूँ। एक इंजीनियर कहता है—पाँच प्रतिशत मैं भी सुरक्षित रखना चाहता हूँ। एक ठेकेदार कहता है—दो प्रतिशत मैं भी सुरक्षित रखना चाहता हूँ। ये सब सुरक्षा के नाम पर राष्ट्र को खा जाने की साजिश कर रहे हैं। पर भाई साहब ऐसा होने नहीं देंगे। राष्ट्र को बचाने के लिए उन्होंने राष्ट्र को अपने पेट में रख लिया है।

राष्ट्र की चिन्ता पर अब सिर्फ भाई साहब का 'कॉपीराइट' रहेगा। उनकी पारखी नजर में जो खरा उतरेगा, उन्हें जो ईमानदार लगेगा, उसे चिन्ता का कुछ प्रतिशत सुरक्षित रखने के लिए देंगे।

सहायक द्वारा अपनी उलझनों का ओजस्वी और महान समाधान सुन मुझे अपनी समझ पर तरस आया। मैं सोचता था कि नेता की पारखी नजर ने निजी सहायक की ईमानदारी का ईनाम अब तक नहीं दिया है। समाधान सुन समझ आ गया—सहायक की पदोन्नति हुई है। वह शिकायत पेटिकाओं का पोस्टमास्टर बन गया है।

सहायक को पदोन्नति की बधाई दूँ, उससे पहले ही अन्दर से नेता ने उसे बुला लिया। सहायक ने मुझसे भी अन्दर चलने को कहा। मैं देश सेवा का साक्षी बन चुका था। नेता से मिलने का और कोई उद्देश्य नहीं था। तो मैंने मना कर दिया।

नेता के घर से वापस अपने घर को चला। लॉन में आराम की मुद्रा में बैठी शिकायत पेटिकाएँ हवन का प्रसाद मोहल्ले में वितरित करने के लिए आराम की मुद्रा त्याग चुकी थीं। मुस्कुराकर उनसे विदा ली। रास्ते में सोचता रहा, मैं किस सेवक के पेट में हूँ?

मेरे पीछे शिकायत पेटिकाएँ प्रसाद लेकर मोहल्ले में आईं। प्रसाद को मोहल्ले में समाधान की तरह वितरित किया। उसी शाम नेता भी मोहल्ला छोड़ विभागीय दौरे पर चले गए। उनके जाने के बाद मैं एक बार और साक्षी बनने के लिए, उनकी वापसी की राह तकने लगा। इसी दौरान मोहल्ले में एक दुर्घटना हुई।

देश की चिन्ता का आहार खाकर मोटे हो रहे राष्ट्रीय नेताओं को अपना आदर्श मानने वाले मोहल्ले के एक नेता की अचानक मृत्यु हो गई। परिजन, मोहल्ले वाले और पार्टी वाले दुखी, हैरान, परेशान—कल तक तो मोहल्ले की चिन्ता में भले चंगे थे। अचानक ये क्या हो गया? नेता का पोस्टमार्टम हुआ। पोस्टमार्टम के दौरान आँत से कागज का एक टुकड़ा बरामद हुआ। कागज पर देश का नक्शा बना था। पोस्टमार्टम रिपोर्ट के अनुसार—पाचन क्षमता से अधिक खा लेने के कारण मृत्यु हुई।

जे. पी-एच.डी.

विश्वविद्यालय में डॉक्टरों का सम्मेलन आयोजित हुआ। सम्मेलन में देश-विदेश के विशेषज्ञ डॉक्टर जुटे। दवा निर्माता कम्पनियों ने भी शिरकत की। ऑपरेशन में प्रयोग होने वाले सर्जिकल औजारों की प्रदर्शनी भी लगी थी। सम्मेलन स्थल की व्यवस्था चाक-चौबन्द थी। चारों तरफ पुलिस और प्राक्टोरियल बोर्ड का पहरा। सम्मेलन में अनधिकृत व्यक्तियों का प्रवेश प्रतिबन्धित। बिना पास प्रवेश वर्जित।

सम्मेलन में प्रवेश के लिए मैंने पास का जुगाड़ कर लिया। प्रवेश द्वार पर खड़े सुरक्षाकर्मियों ने मेरी विशेषज्ञता पूछी तो बता दूँगा—जे. डॉक्टर। वे समझेंगे जूनियर डॉक्टर है। सीनियर बनने की प्रक्रिया में है।

मेरे पास एमबीबीएस या एमडी की डिग्री नहीं है तो क्या हुआ? विशेषज्ञों का ज्ञान सुनकर झोलाछाप डॉक्टर बनने भर की जानकारी प्राप्त की जा सकती है। झोलाछाप डॉक्टर बनने की निर्माण प्रक्रिया की शुरुआत करने के लिए सम्मेलन में गया था—जे. डॉक्टर बन जाऊँगा।

झोलाछाप डॉक्टर का मखौल उड़ाया जाता है, जबकि स्वास्थ्य सेवाओं की उपलब्धता में व्याप्त असमानता झोलाछाप डॉक्टर को अनिवार्य बना देती है। सरकारी अस्पताल या शहर से बीस-पच्चीस किलोमीटर दूर रहने वाला बुखार पीड़ित कहाँ से दवा ले? क्या वो शहर जाए? जितने की दवा नहीं, उससे अधिक किराया। दवा का पैसा मुश्किल से जुटाने वाला बुखार का किराया कहाँ से लाए? मजबूरन उसे अपने आस-पास किसी झोलाछाप डॉक्टर की शरण में जाना पड़ता है।

झोलाछाप डॉक्टर द्वारा किए गए गलत इलाज से मरीज की मौत की घटनाएँ भी होती हैं। झोलाछाप डॉक्टर 'स्पेशलिस्ट' बनने के लिए मरीज पर प्रयोग करने लगता है। प्रसव के बाद माता का दूध नहीं उतर रहा। दूध उतारने के लिए गाय-भैंसों का दूध उतारने वाला इंजेक्शन लगाने का प्रयोग कर देता है। प्रयोग के दौरान मरीज की मौत हो जाती है। झोलाछाप डॉक्टर के खिलाफ हत्या का मुकदमा दर्ज किया जाता है। शासन झोलाछाप डॉक्टरों के खिलाफ अभियान चलाता है।

गलत इलाज की घटनाएँ स्पेशलिस्ट डॉक्टर के यहाँ भी होती हैं। कई बार वे भी प्रयोग करते हैं। एक समाचार-पत्र से ज्ञात हुआ कि मजदूरी का काम देने के नाम पर एक अस्पताल ने मजदूरों को बुलाया और धोखे से उन पर 'ड्रग ट्रायल' कर दिया। ड्रग ट्रायल के प्रभाव से मजदूरों के शरीर में असामान्य परिवर्तन होने लगे। एक और समाचार-पत्र के अनुसार देश में प्रतिवर्ष लगभग ढाई लाख दवाओं की मानक परीक्षा होनी चाहिए; पर होती लगभग डेढ़ लाख की ही है। दवा कम्पनियों से मानक पूरा करवाने की जिम्मेदारी जिस सरकार की है, वो डॉक्टरों को कमीशनखोर बताकर अपनी जिम्मेदारी पूरी कर लेती है।

जुगाड़ के पास के सहारे सम्मेलन में प्रवेश किया। औपचारिकताओं के साथ सम्मलेन शुरू हुआ। औपचारिकताओं के बाद व्याख्यान शुरू हुआ। विदेशी विशेषज्ञ अंग्रेजी में जानकारी देने लगे। दूसरे डॉक्टर ध्यान से सुन रहे थे। विदेशी स्पेशलिस्ट का यूके और अमेरिकन 'प्रोनंसिएशन' मुझ अल्पज्ञानी जे. डॉक्टर के पल्ले नहीं पड़ रहा था। अपने जे. डॉक्टरत्व को बचाए रखने के लिए सम्मेलन कक्ष से बाहर निकल गया। सोचा, देश के विशेषज्ञ व्याख्यान देंगे तब वापस आऊँगा। इंडियन इंग्लिश प्रोनंसिएशन पल्ले पड़ता है।

व्याख्यान कक्ष से निकल सर्जिकल औजारों की प्रदर्शनी वाले कक्ष में गया। एक स्टॉल पर औजार देख रहा था। उसी समय सम्मेलन की सुरक्षा में चाक-चौबन्द एक पुलिस अधिकारी ने प्रदर्शनी कक्ष में प्रवेश किया। उनके पीछे चार सिपाही भी थे। एक-एक कर सभी स्टॉल का मुआयना करने के बाद वे प्रदर्शनी कक्ष के बाहर चले गए।

स्टॉल-दर-स्टॉल औजार देखने का मेरा क्रम भी जारी था। क्रमानुसार कोने में लगे स्टॉल पर पहुँचा। उसी समय एक व्यक्ति सम्मेलन कक्ष में दाखिल हुआ। उसके पीछे चार युवक। कोने वाला स्टॉल प्रवेश द्वार से सबसे अधिक दूरी पर था। प्रथम दृष्ट्या प्रतीत हुआ कि वही पुलिस अधिकारी और चारों सिपाही हैं। इस बार खुफिया मुआयना करने सादे कपड़ों में आए हैं। स्टॉल-दर-स्टॉल मुआयना करते, वे सभी नजदीक आए। तब उनकी पहचान स्पष्ट हुई—ये...तो...विश्वविद्यालय में हिन्दी के प्रोफेसर 'मौलिक' जी हैं। मौलिक जी डॉक्टर भी हैं—डॉक्टर ऑफ फिलॉसफी। पूरा परिचय—प्रोफेसर डॉक्टर मौलिक जी। पहचान स्पष्ट होने के बाद सवाल उठे—विशेषज्ञ डॉक्टरों के सम्मेलन में ये क्या करने आए हैं? इन्होंने भी जुगाड़ से अधिकृत होने का पास हासिल किया होगा? सर्जिकल औजारों का क्या करेंगे? शायद अपने विभाग की चीर-फाड़ करेंगे।

प्रोफेसर डॉक्टर मौलिक जी के पीछे चल रहे चारों युवक उनके निर्देशन में शोध

करते हैं। उनमें एक मेरा मित्र भी है। मनफेर करने के लिए उससे कहता हूँ—चलो, थोड़ी देर घाट पर बैठते हैं। वो कहता है—मैं यहाँ पढ़ने आया हूँ। घूमने नहीं। ये उसका तकिया कलाम बन गया है। पी-एच.डी. में आचार्य महिमा से परिचित हूँ, इसलिए मुझे उसके इनकार से दु:ख नहीं होता। उसके अलावा एक कविता का आलोचक है। उससे व्यक्तिगत परिचय नहीं है। उसकी आलोचना से परिचय है। अन्य दो से परिचय नहीं है।

मौलिक जी का शोध देश की शिक्षा व्यवस्था में मील का पत्थर माना जाता है। पूर्ण 'मौलिक' शोध। मौलिक जी अपने शोध को वैश्विक बनाने के लिए प्रयासरत हैं। अपने शोध को विदेशी भाषाओं में अनुवादित कर, विदेश में भी अपने शोध के मील का पत्थर गाड़ना चाहते हैं।

मौलिक जी के शोध का विषय था—शोध छात्र का अवैतनिक सहायक में कायान्तरण। हालाँकि विरोधी गुट के अन्य मौलिक प्रोफेसर शोध को पूर्ण मौलिक नहीं मानते। उनके अनुसार—सहायक की जगह परिचारक होना चाहिए। विरोधी गुट के हमलों से बचने के लिए मौलिक जी ने विश्वविद्यालय प्रशासन से सुरक्षा की माँग की है। उनकी माँग सिर्फ असलहों की है। अंगरक्षक उनके पास हैं।

मौलिक जी अपनी फिलॉसफी का प्रयोग अपने अंडर में शोध करने वाले सभी छात्रों पर करते हैं। उनकी फिलॉसफी की सफलता का प्रतिशत 99 है। एक शोध छात्र ने आत्महत्या कर ली थी। आत्महत्या करने वाले छात्र को मौलिक जी कभी माफ नहीं करेंगे। जिन्दा रहा होता तो उनकी फिलॉसफी की सफलता शत-प्रतिशत होती।

मौलिक जी कवि भी हैं। कवि, प्रोफेसर बनने के बाद हुए। वे कवि वाया प्रोफेसर हुए। परिचय अब पूरा हुआ। ऊपर अधूरा रह गया था। पूरा परिचय—कवि प्रोफेसर डॉक्टर मौलिक जी। (पूरे परिचय में उपाधि संयोजन का भाष्य ठीक न लग रहा हो तो अपने-अपने भाष्य के अनुसार कवि, प्रोफेसर और डॉक्टर को आगे-पीछे कर लें।)

प्रोफेसर बनने के बाद श्रोता और पाठक न मिलने की चिन्ता समाप्त हो जाती है। छात्रों के रूप में 'यस सर' कहने वाले पाठक मिलने के बाद हिन्दी के प्रोफेसर के अन्तस में साहित्यकार का भ्रूण स्वत: पड़ जाता है। प्रोफेसर के 'अंडर' में शोध कर रहा आलोचक उनकी कविता को कालजयी बताता है—मुक्त छन्द की कविता का नया प्रतिमान रचती स्वच्छन्द कविता। प्रोफेसर जिन कक्षाओं में पढ़ाते हैं, उनके छात्र कविता पर आयोजित विमर्शों में प्रोफेसर की कविता को मील का पत्थर बताते हैं। प्रोफेसर और उनके छात्र एक-दूसरे का सदुपयोग करते हैं। भ्रूण को पौष्टिक आहार देकर छात्र मंच पा जाते हैं। पत्रिकाओं में जगह देने की सिफारिश पा जाते

हैं। वाइवा की वैतरणी पार कर जाते हैं। शोध कार्य पर उत्तम की मुहर लगवा लेते हैं। प्रोफेसर किस तरह छात्रों का सदुपयोग करते हैं, ये शोध कर रहा मित्र बताता है।

चुम्बक सिर्फ धातुओं को आकर्षित करता है। स्वार्थ ऐसा शक्तिशाली चुम्बक है जो हाड़-माँस से बने आदमियों को एक-दूसरे से जोड़े रखता है। सात जन्मों की गाँठ सात दिन में टूट सकती है; स्वार्थ की गाँठ स्वार्थ की सिद्धि होने के बाद टूटती है।

रोजगार आधारित शिक्षा व्यवस्था ने शोध को लेकर ये धारणा बना दी है कि पी-एच.डी. कहीं न कहीं जुगाड़ करवा ही देगी। धारणा के अनुसार बेगारी के शोध के दौरान जुगाड़ की खोज अधिक की जाती है। डॉक्टरेट की डिग्री प्रोफेसर के पद से अधिक सम्मान दिलाती है। इधर कई डॉक्टरेट प्रोफेसर हैं। वे समूह में होते हैं, तब एक-दूसरे को डॉक्टर साहब कह कर सम्बोधित करते हैं। प्रोफेसर साहब नहीं कहते। एक ने बताया—यही सम्मान पाने के लिए मैंने पी-एच.डी. की थी।

एक पिता की इच्छा थी, उनका बेटा डॉक्टर बने। कई वर्षों के परिश्रम के बाद भी बेटा मेडिकल की प्रवेश परीक्षा पास नहीं कर पाया। पिता ने अपनी इच्छा का कायान्तरण किया। बेटे के लिए डॉक्टरेट की डिग्री का लक्ष्य तय किया। पिता ने ये लक्ष्य खुद ही पूरा किया। सम्बन्धों के जुगाड़ से बेटे को शोध छात्र बना दिया। बेटा डॉक्टर बन गया। बेटे के डॉक्टर बनने के बाद पिता की पहली इच्छा भी कुलबुलाने लगी। सर्दी, जुकाम, बुखार होता तो बेटे से दवा भी पूछते। बेटा दवा बता देता। बेटे की दवा से बीमारी बढ़ जाती, तब अस्पताल जाते।

एक बार मैं भी बेटे से दवा पूछने गया—डॉक्टर साहब! शिक्षा माता बीमार हैं। दवा लिख दीजिए। पिता भी वहीं थे। उन्होंने कहा—बेटा, सबसे अच्छी दवा लिखना। बेटे ने सबसे अच्छी दवा लिखी। लिखावट मैं पढ़ नहीं पाया। दवा भी नहीं ले पाया। डर था, लिखावट की पहेली में दूसरी दवा थमाई जा सकती है। पर्चा सँभाल कर रखा है। लिखावट समझने के लिए प्रयासरत हूँ। लिखावट समझने लायक हो जाऊँगा, तब आधा डॉक्टर भी हो जाऊँगा—जे. पी-एच.डी.। जूनियर डॉक्टर ऑफ फिलॉसफी।

स्टॉल-दर-स्टॉल औजारों का मुआयना करते मौलिक जी कोने वाले स्टाल पर पहुँचे। मित्र द्वारा पहचाने जाने से बचने के लिए मैंने अपना चेहरा दूसरी तरफ घुमा लिया। कोने वाले स्टॉल का मुआयना करने के बाद मौलिक जी आगे बढ़े। उनके पीछे चारों शिष्य भी आगे बढ़े। आगे बढ़ने के क्रम में मेरा मित्र सबसे पीछे था। स्टॉल के आगे बढ़ने पर मैं दबे पाँव उनके पीछे गया। एक हाथ से अपने मित्र का मुँह बन्द किया। दूसरे से उसकी बाँह पकड़ी। उसका अपहरण करते हुए स्टॉल के पीछे ले गया। मुँह से हाथ हटाते हुए उसने कहा—आवाज देकर भी तो

बुला सकते थे। मुझे उत्तर नहीं देना था। प्रश्न करना था। किया—तुम यहाँ पढ़ने आए हो या घूमने? पहले वो मुस्कुराया। फिर बताया—मौलिक जी के 'अंडर' में आ जाओ। जवाब मिल जाएगा।

वो नहीं जानता, बिना किसी अंडर के मैं जे. पी-एच.डी. होने के लिए प्रयासरत हूँ।

मैं वक्त जाया नहीं करना चाहता था। मौलिक जी उसकी गुमशुदगी को गुरु अपमान मान सकते थे। मैंने पूछा—गारद की तैनाती बंगले पर भी होती है? मेरा प्रश्न वो समझा नहीं। उसे समझाया—क्या तुम मौलिक जी के घर भी शोध करने जाते हो? उसने बताया—जो आलोचक है, वो सब्जी मंडी के रास्ते प्रतिदिन सर के घर शोध करने जाता है। मैं जब अपने घर जाता हूँ, तभी उनके घर शोध करने जाता हूँ। घर से सिद्धा-पिसान लाकर सर के घर पहुँचाता हूँ। मैंने पूछा—क्या मौलिक जी को तनख्वाह समय से नहीं मिलती? उसने बताया—मिलती है। ऊपरी कमाई का संकट है। हम उनकी ऊपरी कमाई हैं।

मौलिक जी सिद्धा-पिसान को रिश्वत नहीं मानते। व्यावसायिक रिश्तों में इसे रिश्वत माना भी नहीं जाना चाहिए। अनिवार्यता रिश्वत नहीं होती। मजबूरी रिश्वत कही जाती है।

रिश्वत उत्प्रेरक का कार्य करती है। सुषुप्तावस्था में पड़े दया, करुणा, कर्तव्यपरायणता आदि भावों को जाग्रत अवस्था में ले आती है। वाजिब शिकायत या कार्य लेकर गए आदमी की गुहार भी तब तक नहीं सुनी जाती, जब तक वो रिश्वत नहीं दे देता। रिश्वत पाकर रिश्वत लेने वाले को अपने कर्तव्य का अहसास होता है—'आपकी शिकायत का समाधान करना मेरा कर्तव्य है।' धन अवगुण से भी गुण पैदा कर देता है।

विषय परिवर्तन के लिए उससे पूछा—थीसिस कैसे लिखोगे?

उसने बताया—लिख लूँगा। किताबों का 'रेफरेंस' देकर।

—तुम चाहो तो मौलिक थीसिस लिख सकते हो।

—कैसे?

—मौलिक जी के अंडर में और आलोचक सहपाठी की संगत में रहते हो। कुछ सीखा नहीं उनसे?

—मैं यहाँ पढ़ने...इतना ही कहकर वो चुप हो गया। मुस्कुराने लगा। मैं गम्भीर बना हुआ था।

—वही मैं भी कह रहा हूँ, आलोचक सहपाठी की आलोचना से सीखो। कवि का नाम, कविता का शीर्षक, किताब का नाम बदलते जाओ; हर बार आलोचना की नई फसल तैयार। तुम भी थीसिस लिखने में इसी युक्ति का प्रयोग करो।

—तुम ही लिखो कौन, क्या, कहाँ, कब, क्यों और कैसे का प्रबन्धशास्त्र। मैं अपनी थीसिस लिख लूँगा।

अपनी बात समाप्त कर वो चल दिया। मैंने रोका तो जाते-जाते बोला—सर नाराज हो जाएँगे। मैंने कहा—हाँ, वो तो है। विरोधी गुट वाले एक अंगरक्षक की अनुपस्थिति में उन पर हमला कर सकते हैं। जल्दी जाओ।

मुस्कुराते हुए वो चला गया। मैं उसे बता नहीं पाया कि मौलिक जी की नाराजगी से बचने के लिए ही उसका अपहरण करना पड़ा था।

आदर्शों का अपभ्रंश

8 मार्च, 2018 के अखबार से पता चला, पाकिस्तान में हाफिज सईद की पार्टी को पंजीकरण की अनुमति दे दी गई। अखबार के अनुसार भारत के विदेश मंत्रालय के प्रवक्ता ने इसे चौंकाने वाला कदम बताया है। प्रवक्ता के अनुसार हाफिज सईद के हाथ निर्दोष लोगों के खून से रँगे हुए हैं। हाफिज सईद पर विदेश मंत्रालय के प्रवक्ता की प्रतिक्रिया औपचारिकता लगती है। पाकिस्तान में हाफिज सईद की पार्टी को पंजीकरण की अनुमति मिल गई, इसमें चौंकने वाली क्या बात है?

खबर पढ़ी तो हाफिज सईद समर्थकों की राय जानने की उत्सुकता जगी। कैसे जाऊँ पाकिस्तान? पाकिस्तान जाने के लिए एक पदाधिकारी के यहाँ पहुँचा। वो एक पार्टी की आनुषंगिक इकाई का मोहल्ला प्रभारी है। वो एक सोसाइटी में रहता है। सोसाइटी विशेष गुणों की खान है। सोसाइटी के कुछ सदस्यों के कान में नाक लगी हुई है। कुछ की आँख में नाक लगी हुई है। कुछ ऐसे गुणवान भी हैं, जो आँख और कान दोनों में नाक रखते हैं। विशेष गुणों की बदौलत सोसाइटी के निवासियों की लगन 'वैष्णव जन तो तेने कहिए' से भी सुबह-शाम नियमित रूप से लगने लगी है।

सोसाइटी के मुख्यद्वार पर कई व्यक्तित्वों की आदमकद प्रतिमा हैं। कुछ पूर्ण हैं। कुछ निर्माणाधीन हैं। सोसाइटी ने उनके व्यक्तित्व में परिवर्तन किए हैं। व्यक्तित्व के पृष्ठों में काट-छाँट की है। कुछ परिवर्तन पूर्ण हो चुके हैं। कुछ को पूर्ण बनाने के लिए परिवर्तन निर्माणाधीन है। एक प्रतिमा अपना शौचालय साफ कर रही है। उसने हाथ में दास्ताने पहने हुए हैं। मुँह पर मास्क लगा हुआ है। पैरों में 'इम्पोर्टेड' कीटाणु रक्षक है। बदन पर एक सफेद धोती लंगोट के रूप में है। सफेद धोती उस सोसाइटी की प्रतिबद्धता से मेल नहीं खाती। सोसाइटी धोती की जगह प्रतिमा को चड्ढी पहनाकर अपने रंग में रँगने के परिवर्तन में लगी हुई है।

सोसाइटी से कई किलोमीटर दूर सड़क पर एक जानवर की आकस्मिक मृत्यु हुई। सोसाइटी में चर्चा शुरू हुई—जानवर वहीं पड़ा रहा तो बदबू यहाँ तक आ सकती है। चर्चा कान में लगी नाक ने सुनी। सुनते ही बदबू होंठ के ऊपर लगी नाक

में आ गई। रुमाल से नाक बन्द कर ली—कितनी बदबू आ रही है। मास्क पहनना पड़ेगा। आँख में लगी नाक ने कहा—मुझे भी देखना है। कई किलोमीटर दूर स्थित बदबू देखने के लिए उसने दूरबीन लगाई। दूरबीन ने बदबू को देखा। देखते ही बदबू होंठ के ऊपर लगी नाक में आ गई। रुमाल से नाक बन्द कर ली—कितनी बदबू आ रही है। मास्क पहनना पड़ेगा।

इनसे सोसाइटी के टेरेस पर गमले में उगे फूल की खुशबू पूछो तो आँख और कान में लगी नाक काम करना बन्द कर देती है। पेट और पीठ एक कर देने वाली साँस खींचने वाला योगा करने के बाद भी फूल की खुशबू नहीं आती। होंठ के ऊपर वाली नाक से सटाकर सूँघने के बाद ही बता पाते हैं—अच्छी खुशबू है। आँख और कान में लगी नाक सिर्फ बदबू की स्थापना करती है! पर हाँ, सोसाइटी के निवासियों की लगन 'वैष्णव जन तो तेने कहिए' से सुबह-शाम नियमित रूप से लगने लगी है। वे 'हाइजीनिक' वैष्णव जन हैं। वे लगन का कुल्ला करते हैं।

कुत्ता अपनी नाक की शक्ति से जाना जाता है। वफादारी के गुण से भी जाना जाता है। सरकार ने नई नस्ल के वफादार कुत्ते तैयार किए हैं। इनकी आँख में भी नाक 'इंस्टॉल' कर दी है। इनकी सूँघने की शक्ति दो-गुना बढ़ गई है। कोसों दूर से सूँघ लेते हैं—विधर्मी का माँस आ रहा है। नई नस्ल के कुत्ते कभी-कभार अपनी सरकार से नाराज हो जाते हैं। उनकी नाराजगी दुर्लभ होती है। उनकी नाराजगी को दुनिया के नए आश्चर्य के रूप में मान्यता दी जानी चाहिए।

नाराज होकर शिकायत करते हैं—आँख और कान में नाक रखने की योग्यता के बाद भी हमारी सरकार बेल्जियम से स्निफर डॉग क्यों मँगवाते हैं? ऐसा कर वे रोजगार के हमारे मूलभूत अधिकारों का हनन करती हैं! सरकार इनकी नाराजगी दूर करने के लिए किसानों, श्रमिकों के खून से सने अध्यादेशों की हड्डी फेंक देती हैं। हड्डी पाकर उनकी नाराजगी दूर हो जाती है। वे हड्डी चुभलाने लगते हैं।

नई नस्ल के कुत्तों को सावधानी से हड्डी चुभलानी चाहिए। हड्डी गलफर में फँस जाती है तो कुत्तों की बहुत दुर्दशा होती है। हड्डी न निगलते बनती है, न उगलते। उनकी चाल बदल जाती है। चाल में 'डायल' आ जाता है। दिमाग को लकवा मार जाता है। कुत्तों को समझ नहीं आता कि वे क्या करें, कैसे चलें। डायल चाल पर दिमाग का कंट्रोल नहीं रहता तो कहीं भी लड़ते-भिड़ते चलते हैं।

पदाधिकारी के घर पहुँचा। वो कहीं निकलने की तैयारी कर रहा था। पार्टी द्वारा निर्धारित 'अंडरस्टुड ड्रेस कोड' धारण कर रहा था। मुझे देखा तो खुश हो गया। निकलने की तैयारी रोक दी।

जब भी मैं उससे मिलने जाता हूँ, खुश होता है। मुझसे खूब बातें करता है।

मैं चुपचाप सुनता हूँ। बताता है—बड़े नेताओं के बीच उसे बोलने का मौका नहीं दिया जाता। सवाल नहीं पूछने दिया जाता। जो कहा जाता है, उतना ही करने का निर्देश दिया जाता है। मेरा साथ पाकर वो भी बड़ा नेता बन जाता है। मैं बनने का मौका भी देता हूँ। सवाल ही नहीं करता हूँ। वो बोलता जाता है।

उसके साथ ऐसे सम्बन्ध में मुलाकात होने पर हाथ मिलाने की औपचारिकता नहीं निभानी पड़ती। हम दोनों का सम्बन्ध भारत-पाकिस्तान की तरह नहीं है। पिछले कई दशकों से भारत-पाक के बीच हाथ मिलाकर बातचीत की औपचारिकता निभाई जा रही थी। अब हाथ मिलाकर निंदा की औपचारिकता निभाई जा रही है। भारत-पाक की औपचारिकता देख, अमेरिका भी आतंकवाद को लेकर पाकिस्तान को फटकारने की औपचारिकता निभा देता है।

उससे पूछा—कहाँ जाने की तैयारी है? उसने बताया—मोहल्ला कार्यालय जा रहा हूँ। लड़कों को कई दिन से कुछ कर दिखाने का मौका नहीं मिला है। वे ऊब रहे हैं। कार्यालय में उनकी उपस्थिति कम हो रही है। कुछ कर दिखाने की योजना तैयार करने के लिए आज मोहल्ला प्रभारियों की बैठक है।

शायद उसने अखबार नहीं पढ़ा था, नहीं तो अब तक कुछ कर दिखाने वाली योजना तैयार हो गई होती। मैंने कहा—मुझे एक जानकारी दे दो। योजना मैं बता दूँगा। कुछ कर दिखाने की उम्मीद में उसकी आँखों की चमक बढ़ गई। बाजू फड़कने लगे—क्या जानकारी चाहिए? मैंने बताया—मुझे पाकिस्तान जाना है। कैसे जाऊँ? वो चौंक गया—नापाक देश जा कर क्या करोगे? वो सवाल करने लगा। उसकी आदत बिगड़े, इससे पहले ही सवालों को मारने वाली हाफिज सईद की खबर सुना दी। उसे ये नहीं बताना पड़ा—हाफिज सईद का पुतला फूँक दो। कुछ कर दिखाने का अवसर आ गया है, ये वो समझ गया था।

फिर मैंने पूछा—कैसे जाऊँ? उसने बताया—देशद्रोहियों के साथ चले जाओ। उसका जवाब सुन मैं समझ गया, अपने बड़े नेताओं द्वारा दिखाए मार्ग पर आ गया है। मैंने राहत की साँस ली। आदत बिगाड़ने का आरोप मेरे ऊपर नहीं लगेगा। मैंने कहा—गुप्त अभियान पर जाना है। जासूस की तरह। उसने बताया—अगर ऐसा है, तब देशी जेम्स बांड के पास जाओ। वे रास्ता बताएँगे। मैंने हूँ में सिर हिलाया। वो जारी रहा—जानते हो न, वे पाकिस्तान की उतनी गलियाँ जानते हैं, जितनी पाकिस्तान वाले भी नहीं जानते। वे गाड़ी में आँख पर पट्टी बाँधकर बैठते हैं। ड्राइवर को निर्देश देते रहते हैं—28 सेकेंड बाद बाएँ मुड़ना। तीन मिनट बाद दाएँ मुड़ना। मैंने वाह के साथ कहा—जा रहा हूँ देशी जेम्स बांड से मिलने। कुर्ते की बाजू मोड़ते हुए उसने कहा—जा रहा हूँ हाफिज सईद का पुतला फूँकने।

देशी जेम्स बांड के यहाँ पहुँचा। (वहाँ क्या-क्या देखा, इसका वर्णन अनुचित होगा। जासूस सरकार के लिए महत्त्वपूर्ण व्यक्ति होता है। उसके कार्य को गोपनीय रखा जाता है।)

देशी जेम्स बांड को अपना मन्तव्य बताया। उन्होंने गन्तव्य बताया—अमुक गली में दस मिनट सीधे चलना। दस मिनट पर बाएँ मुड़ चार मिनट सीधे चलना। चार मिनट पर दाएँ मुड़ सात मिनट सीधे चलना। सात मिनट पर चाय की दुकान मिलेगी। वहाँ अपना 'मिशन' पूरा कर सकते हो। चाय वाले को मैं तुम्हारे जाने की सूचना दे दूँगा। तुम्हें कोई दिक्कत नहीं होगी।

देशी जेम्स बांड को बता दिया था, पैदल जाऊँगा। उन्होंने पदयात्रा के अनुसार लगने वाले समय की गणना कर दाएँ मुड़, बाएँ मुड़ बताया। समय और मुड़ में सटीकता के लिए थोड़ी देर अभ्यास भी करवाया—एक कदम लगभग सत्तर सेंटीमीटर का हो। अन्त में चाय वाले को दिखाने के लिए एक टोकन दिया।

देशी जेम्स बांड के बनाए 'ब्लू प्रिंट' के अनुसार पाकिस्तान में उस चाय की दुकान पर पहुँचा। वहाँ हाफिज सईद की ही चर्चा चल रही थी। चाय वाले ने ग्राहक समझ चाय पूछी। मैंने मना कर दिया। चाय पीकर अपने देश की अर्थव्यवस्था कुपोषण का शिकार हो गई है। पोषण की भूखी अर्थव्यवस्था को सरकार ने लगातार चाय पिलाई। खाली पेट चाय पी-पीकर अपनी भूख मारते अर्थव्यवस्था कुपोषण का शिकार हो गई। उसकी दयनीय स्थिति देखी नहीं जाती। खुलकर बोल भी नहीं पा रही। काँखते-कूँखते किसी तरह बोल पा रही है। उधर की चाय का क्या भरोसा? अफीम मिलाकर पिला दी तो?

उसे टोकन दिखाया। टोकन देख उसने बैठने का इशारा किया। चर्चा कर रहे लोगों से मेरा परिचय हिन्दुस्तान से आए कलाकार के रूप में कराया। परिचय के बाद चर्चा सुनता रहा। अनुमान लगाता रहा-इनमें हाफिज सईद का समर्थक कौन-कौन है। पाँच में तीन मिले। वे तीन-पाँच बतिया भी रहे थे। एक से मैंने कहा—हाफिज सईद पर बेगुनाहों के कत्ल का आरोप है। उस पर गिरफ्तारी की तलवार लटक रही है। अपने नेता का विरोध सुन उसने तड़ से कहा—गिरफ्तारी तो नहीं हुई है ना? जब वे प्रधानमंत्री बन जाएँगे तो अपने ऊपर से सभी मुकदमे हटाने वाला कानून बना देंगे। मैं सोचने लगा, ये किसके बारे में बता रहा है। मेरी सोच को दूसरे ने भंग किया—हाफिज सईद तो कभी जिलाबदर घोषित नहीं किए गए हैं। तब मैं समझा, ये व्यंग्य बोल रहा है।

मैं हाफिज सईद के विरोध पर अड़ा रहा-नजरबन्द तो होते रहते हैं। उसने कहा—तुम्हारे यहाँ इमरजेंसी में कई लोग नजरबन्द किए गए थे। क्या वे सब अपराधी

थे? उनमें से कई बाद में संसद तक पहुँचे। उसकी बातें सुन मुझे अपनी भूल का अहसास हुआ—अपने साथ मोहल्ला प्रभारी को लेकर आना चाहिए था। वही इनका जवाब देता। पछता रहा था। तभी तीसरे ने पूछा—महात्मा गांधी को जानते हो? मैंने हाँ में सिर हिलाया। उसने बताया—तुम आधा जानते हो। आधा मानते हो। वो भी उलटा। हम पूरा जानते हैं। पूरा मानते हैं।

अफीम के डर से चाय मना कर दी थी। अन्दाजा नहीं था कि बातों की अफीम खानी पड़ेगी। वो जारी रहा—महात्मा गांधी ने कहा था—पाप से घृणा करो, पापी से नहीं। तुम उलटा करते हो। पापी से घृणा करते हो, पाप से नहीं। हमने महात्मा गांधी के कथन को पूरी तरह अपनाया है। हम पापी से घृणा नहीं करते। न ही पाप से। अधिक सहिष्णु कौन हुआ?

कब्ज का शिकार हो जाऊँ, उससे पहले ही वहाँ से उठ गया। दाएँ मुड़, बाएँ मुड़ करते हुए वापस चला। गांधी दर्शन का अपभ्रंश सुन, कदम लगभग सत्तर सेंटीमीटर का अभ्यास भूल गए। चाय की दुकान से सात मिनट सीधे चलने के बाद मुड़ना था। सात मिनट बाद बीच में अटक गया। बराबर दूरी पर आगे भी गली। पीछे भी। वापस चाय की दुकान से फिर सात मिनट शुरू किया। कई 'री-टेक' के बाद मिनट और मुड़ में सटीकता आई।

रास्ते में उसके बताए गांधी दर्शन के बारे में सोचता रहा। अपने यहाँ भी कई लोग सदुपयोग के नाम पर दुरुपयोग कर लेते हैं।

गांधी जयन्ती पर एक माध्यमिक विद्यालय में निबन्ध प्रतियोगिता आयोजित थी—वर्तमान दौर में गांधी की प्रासंगिकता। आयोजकों ने मेरा चयन बतौर निर्णायक किया। प्रतिभागियों द्वारा लिखे गए निबन्ध की कॉपी मेरे यहाँ पहुँचा दीं। मुझे सबसे अच्छा लिखने वाले का नाम तय करना था। जो निबन्ध मुझे सबसे अच्छा लगा, उसकी अविकल प्रस्तुति यहाँ दे रहा हूँ:

'महात्मा गांधी का पूरा नाम मोहनदास करमचन्द गांधी है। उनका जन्म 2 अक्टूबर 1869 को गुजरात के पोरबन्दर में हुआ था। उनके पिता का नाम करमचन्द गांधी, माता का नाम पुतलीबाई था। पत्नी का नाम कस्तूरबा गांधी था। देश की आजादी में उनका महत्त्वपूर्ण योगदान है। देश को दिये गए योगदान के लिए उन्हें महात्मा की उपाधि दी गई।

महात्मा गांधी के प्रति कृतज्ञता प्रकट करने के लिए प्रति वर्ष 2 अक्टूबर को गांधी जयन्ती के रूप में राष्ट्रीय पर्व मनाया जाता है। इस दिन महात्मा गांधी को याद किया जाता है। उनकी जीवनी, दर्शन आदि पर निबन्ध प्रतियोगिता आयोजित की

जाती है। शिक्षक और विद्यार्थी उन्हें 2 अक्टूबर को याद करते हैं। वहीं विमर्शों की भीड़ में प्रशस्ति पत्र और राजनीति के हुल्लड़ में वोट बनाने वाले पूरे वर्ष उन्हें याद करते हैं।'

वर्तमान दौर में महात्मा गांधी की प्रासंगिकता पर मुझे सबसे अच्छा निबन्ध यही लगा। सबसे अच्छे निबन्ध को अन्य प्रतिभागियों के सामने पढ़ा भी जाना था। उसके पहले आयोजकों ने पढ़ा। बड़े नाराज हुए। मेरे द्वारा घोषित सबसे अच्छे को रद्द कर दिया। दूसरे किसी निबन्ध को सबसे अच्छा घोषित कर दिया। मुझसे सम्बन्ध विच्छेद भी कर लिया।

निबन्ध की कॉपी चेक करते समय ही दुविधा में था—सबसे अच्छा लिखने वाले या सबसे अच्छा जानने वाले का चयन करूँ? लिखने वाले प्रथम स्थान या परीक्षा में अच्छे नम्बर लाने के लिए मोहनदास करमचन्द गांधी पर निबन्ध रट लेते हैं। परीक्षा हो गई। भूल गए।

रटने का शिकार सिर्फ महात्मा गांधी नहीं हुए हैं। हमारी प्राथमिक शिक्षा प्रणाली ने यही किया है—अमुक का पूरा नाम ये था। वहाँ पैदा हुए थे। क्रान्तिकारी थे। देश की आजादी में योगदान दिया था। यों कि किसी दोपाए पर निबन्ध लिखना है, जिसका गोबर किसी काम का नहीं। उनके विचार क्या थे? ये सत्वचन के रूप में विद्यालय की दीवारों पर दो-चार की संख्या में लिखे रहते हैं।

विद्यार्थी अपनी प्रतिभा विद्यालय की दीवार पर लिखे सत्वचनों पर दिखाते हैं। वे सत्वचनों का अपभ्रंश तैयार करते हैं। स को रा बना देते हैं। रा को स। विद्यार्थियों के पास अपनी प्रतिभा का अपभ्रंश ही बचता है। मूल प्रतिभा शिक्षा प्रणाली और माता-पिता की इच्छाओं के कब्जे में है। हमारी शिक्षा प्रणाली प्रतिभाओं की कद्र भले न करे, माता-पिता की इच्छाओं का पूरा ध्यान रखती है।

मेरे सामने एक दीवार पर किसी समाज सुधारक ने अपनी समझ के अनुसार सत्वचन लिखवाया—जय माँ दुर्गा जय माँ काली, घर-घर आम लगावा हाली। बच्चों ने इस पर भी अपनी प्रतिभा दिखा दी। म को खुरचकर ग बना दिया—घर-घर आग लगावा हाली।

अपभ्रंश प्रतिभाओं के बारे में सोचता-विचरता अपने देश पहुँचा। पहुँचते ही पश्चिमी उत्तर प्रदेश की एक खबर मिली। एक युवक मीडिया के सामने खुलकर अपना अपराध स्वीकार कर रहा था—

पहले मैंने इसको मारा। फिर पैसे न देने पर उसको मारा। छूटने के बाद उसको मारूँगा। क्यों मारते हो? शौक है मेरा। मैं पश्चिमी उत्तर प्रदेश का सबसे बड़ा डॉन बनना चाहता हूँ।

इसके पास भी ब्लू प्रिंट है। उसने आधा बताया। वो माफिया से माननीय बनना चाहता है। जब वो डॉन बन जाएगा, तब संसद या विधानसभा में बैठने का नामांकन करेगा। तब वो मीडिया को बताएगा—वे अपराध जनप्रतिनिधि बनने का ब्लू प्रिंट थे।

हाफिज सईद का भी यही ब्लू प्रिंट है। वो प्रधानमंत्री बनना चाहता है। इसलिए उसके अपराध का दायरा देश-विदेश व्यापी है। प्रदेश को प्रभावित करने वाले अपराध करेगा तो मुख्यमंत्री, उपमुख्यमंत्री बनेगा। जिले को प्रभावित करने वाला अपराध करेगा तो विधायक या सांसद बन सकता है। पश्चिमी उत्तर प्रदेश का डॉन बनने की तैयारी कर रहा अपराधी इसी ब्लू प्रिंट का पालन कर रहा है।

आत्मा की पुकार

एक आदमी की आवाज उसके ऑफिस में नहीं सुनी जा रही थी। उसे समझौते करने पड़ रहे थे। मन मारकर काम करना पड़ रहा था। आजिज आकर उसने इस्तीफा दे दिया—मैं अपनी आत्मा की पुकार पर इस्तीफा दे रहा हूँ।

आत्मा की पुकार पर इस्तीफा देने की चर्चा चारों तरफ होने लगी। सभी शाबाशी देने लगे। हिम्मत की दाद देने लगे। कुछ लोगों ने क्रान्तिकारी का तमगा भी दिया। पर ये क्या! इस्तीफा देने के बाद वो आदमी फलक से गायब हो जाता है। ऐसा लगता है, आत्मा सिर्फ इस्तीफा दिलवाने के लिए जगी थी। आत्मा की पुकार सुन इस्तीफा देने वाले को आत्मा फिर नहीं बताई कि आगे क्या करना है! शायद उसकी आत्मा सुविधाभोगी हो गई होगी। सुविधाभोगी शरीर में रहते-रहते आत्मा को भी स्वार्थ की लत चुकी है। देश में ऐसी आत्माओं की संख्या अत्यधिक हो गई है, जो अपना फायदा देख आवाज सुनाती हैं, फिर हमेशा के लिए गूँगी हो जाती हैं। उस आदमी ने आत्मा की पुकार सुन इस्तीफा दे दिया। कई ऐसें हैं, जो जीवन भर आत्मा की आवाज ही नहीं सुन पाते।

किसी ने कहा, 'योग करने से मस्तिष्क और आत्मा का तार जुड़ता है।' योग का ये उपाय वे भी बताते हैं, जिनके मस्तिष्क और आत्मा का तार केवल धन से जुड़ता है।

सवाल है कि आत्मा है क्या? आत्मा, दुहाई दी जाने वाली संज्ञा। अभी तक इसका लिंग निर्धारण नहीं किया जा सका है। होती है, देती है के उच्चारण के अनुसार आत्मा को स्त्रिलिंग माना जा सकता है। आत्मा के लिंग का स्पष्ट निर्धारण भले न हो पर इसकी परिभाषाएँ बहुत हैं। मैं भी सोचता हूँ कि आत्मा क्या है? ये कैसे बनती है? मेरा मानना है कि—प्रेम, दया, ममता आदि मानवीय गुणों के संयोग से आत्मा का निर्माण होता है। वे मानवीय गुण जिन्हें भाव कहा जाता है, जो शरीर का हिस्सा नहीं होते, ना ही नजर आते हैं; पर उन मानवीय गुणों के बिना जीवन निरर्थक समझा जाता है। संक्षेप में कहा जाए तो साँस लेने वाला मुर्दा। आत्मा/अन्तरात्मा

की आवाज सुनने का अर्थ इन्हीं मानवीय गुणों का कहना मानना है। मरने के साथ ही देह भाव-विहीन हो जाती है। देह के साथ उसकी आत्मा भी समाप्त। फिर कौन सी आत्मा की शान्ति के लिए जप-तप किया जाता है?

मुझे लगता है आत्मा शान्ति के लिए होने वाले जप-तप का प्रभाव जीवित इनसानों की आत्मा पर अधिक पड़ता है। शान्त होकर आत्मा पुकारना बन्द कर देती है। मानवीय गुण शान्त हो जाते हैं, अमानवीय गुण चीखने लगते हैं। स्वार्थ की चीख, आत्मा की पुकार बन जाती है।

(आत्मा क्या है? है या नहीं है? है तो साकार है या निराकार है? इन पर विवाद और चर्चा होती रहती है। आत्मा के बारे में सबकी अपनी समझ है। परिभाषा है। धारणा है। आत्मा के बारे में अपने विचार इसलिए बताए ताकि जहाँ कहीं भी आत्मा का उल्लेख करूँ, वहाँ आत्मा की मेरी परिभाषा लागू हो। दूसरों की नहीं।)

आत्मा क्या है, का जवाब मैंने दे दिया है। अध्यात्म के बाजार में अपनी दुकान लगाने के इच्छुक नए दुकानदार चाहें तो मेरी आत्मा का दुरुपयोग करते हुए अपनी दुकानदारी चमका सकते हैं। अध्यात्म के दुकानदार मेरी बात मान लेंगे, पर धर्मगुरु जब तक नहीं मानेंगे, तब तक मेरी परिभाषा पर 'सर्टिफाइड' की मोहर नहीं लगेगी। तो क्या अपनी बात मनवाने के लिए जंगल में जाऊँ? तपस्या कर वापस आऊँ? चोला बदल बाबा बन जाऊँ?

मेरे परिजन, मेरे शुभचिन्तक मेरे भविष्य के प्रति चिन्तित रहते हैं—ये कुछ करता क्यों नहीं? मेरे परिजन और शुभचिन्तक भले ही मेरे भविष्य को लेकर चिन्तित होते हों, मैं नहीं होता। वे नहीं जानते, मैं प्रवचन बहुत अच्छा देता हूँ। जिस दिन मुझे अपने 'करियर' की चिन्ता हुई, मैं चोला बदलकर प्रवचन के बदले 'दान' लेने वाला बाबा बन जाऊँगा। अगर ऐसा हुआ (मान लीजिए) तो मेरे भविष्य के प्रति चिन्तित शुभचिन्तकों का सहयोग मैं लूँगा। उनसे कहूँगा कि अफवाह उड़ा दो—विभांशु में नागराज की आत्मा आ गई है। अपने पत्रकार मित्रों का भी सहयोग लूँगा—गौर से देखिए इन आँखों को! क्या आपको इन आँखों में नागराज की छवि नहीं दिखाई देती? फिर मेरे घर के सामने दूध का कटोरा लिए भक्तों की लाइन लग जाएगी।

मास्टर साहब बताए थे—साँप दूध नहीं पीता। दूध साँप के लिए हानिकारक हो सकता है। मास्टर साहब कुछ भी बताएँ, भक्त नागपंचमी के दिन दूध पिलाने के लिए साँप खोजते हैं। समझ में नहीं आता, भक्त पूजा करने के लिए साँप खोजते हैं या दूध पिलाकर मारने के लिए। मैं भक्तों को मास्टर साहब की बात याद दिलाने

की भूल नहीं करूँगा। मैं दूध पी जाऊँगा। क्योंकि मेरी दुकान अन्धविश्वास पर ही टिकी होगी।

नागराज के अवतार के पास भक्त दूध लेकर ही आएँगे, 'प्रभु! पी लीजिए।' नागराज कितना दूध पीएँ? छोटा सा पेट है, सभी भक्तों का मान रखने में पेट फट जाएगा। 'प्रभु चख ही ली लीजिए।' चखते-चखते भी बहुत हो जाएगा। 'नाराज न हों प्रभु, हम दूध आपके चरणों में रख देते हैं। आपकी जो मर्जी हो, दूध के साथ करिए।' भक्तों के जाने के बाद मैं दूध अपने सँपोलों को पिला दूँगा।

नागराज के अवतार के रूप में स्थापित हो जाने के बाद अपभ्रंश प्रवचन दूँगा। भले ही धर्मगुरु मुझे नागराज नहीं, आस्तीन का साँप घोषित कर दें। जो उनके भेस में उनके धन्धे को ही चौपट कर रहा है। अपभ्रंश प्रवचन के माध्यम से इनसानों के भेस में घूम रहे पत्थरों की पहचान बताऊँगा। उन पत्थरों को पहचानने का हुनर, जो मानवीय गुणों (आत्मा) से मुक्त हो चुके हैं। उनकी आत्मा शरीर में है ही नहीं, फिर भी जीवित हैं। जिन्दा कहे जाते हैं—

प्राचीन काल से चली आ रही कथाओं में कुछ ऐसे पात्र हैं, जिनके प्राण 'तोते' में बसते हैं। तोते की गर्दन मरोड़ देने से उनके प्राण पखेरू हो जाते हैं। कथाओं में अपने प्राण तोते में रखने वाले अकसर मनुष्यता विरोधी हैं। आधुनिक कथाओं में मनुष्यता विरोधियों को चकमा देने के लिए मनुष्य भी अपने प्राण तोते में रखने लगा है।

टेक्नोलॉजी ने मनुष्य को उन्नत बनाया है। अनेक सुविधाओं की सेवा प्रदान की है। उन सेवाओं के सहयोग से मनुष्यता की उन्नति हुई है। उन सेवाओं ने मनुष्यता विरोधियों से बचाव की ढाल प्रदान की है। मनुष्यता को मारने वालों को चकमा देना सिखाया है। अब मनुष्य के पास प्राण के साथ-साथ आत्मा को भी शरीर के बाहर रखने वाला तोता उपलब्ध है।

आधुनिक कथाओं में मानवता विरोधियों को चकमा देने वाले पात्रों की संख्या अत्यधिक है, जो अपने प्राण और आत्मा को शरीर से बाहर रखते हैं। आधुनिक दौर के ऐसे पात्र रियल स्टेट, फिल्म निर्माण, मीडिया इंडस्ट्री, एनजीओ, धर्म आदि नामक गुल्लक में धन नामक अपने प्राण को सुरक्षित रखते हैं। गुल्लक में प्राण सुरक्षित रखने के बाद चिन्ता हुई, आत्मा कहाँ छुपाकर रखी जाए। इस चिन्ता का समाधान बाजार ने किया। हजारों वर्ष की अपनी तपस्या के दम पर बाजार ने लोहे-लक्कड़ में भी जान डाल दी है। धन नामक प्राण को सुरक्षित रखने के बाद बाजार ने आत्मा को सुरक्षित रखने वाला लौह कवच पेश किया- आत्मा लोहे-लक्कड़ में रख दी जाए। आत्मा पर जंग भी नहीं लगेगी। जंग-रोधी

लोहा-लक्कड़ है। आत्माकतरे खूब फल-फूल रहे हैं।

भीड़ में चलते हुए उनके शरीर से अनजाने में या भूलवश कोई आदमी टकरा जाए तो उसे नजरअन्दाज कर सकते हैं। पर भीड़ में अनजाने में ही या भूलवश किसी ने उनकी गाड़ी को 'टच' भी कर दिया तो वे बमक जाते हैं। इंडिकेटर पर लगी खरोंच देख बौखला जाते हैं। बौखलाना स्वाभाविक भी है। जान और आत्माविहीन शरीर पर खरोंच लगे तो क्षमा किया जा सकता है। पर लोहे-लक्कड़ की गाड़ी में बसने वाली आत्मा पर खरोंच लगे तो उनका गुस्सा जायज है। इंडिकेटर की गर्दन मरोड़ देने से उनकी मृत्यु भी हो सकती है। वे अपनी आत्मा के टायर को कीचड़ में भी नहीं उतरने देते। टायर पहनकर चल रही आत्मा को रास्ता देने के लिए, चप्पल-जूते का टायर पहनकर पैदल चलने वाले आदमियों को भले ही कीचड़ में उतरना पड़ जाए। अपनी आत्मा पर कीचड़ कौन लगवाना चाहता है?

प्रवचन का उपर्युक्त मौलिक 'पीस' प्रस्तुत करने के बाद भी मुझे ऐसा लगता है, मेरे शुभचिन्तक मुझे नागराज का अवतार घोषित करने में मेरा सहयोग नहीं करेंगे! क्यों? अवतार घोषित होने के बाद मैं साल-दो साल में ही करोड़पति बन जाऊँगा। वे कई वर्षों से अपने करियर की चिन्ता में लीन हैं, पर लखपति भी नहीं बन पाए। मैं अपनी सभी शुभचिन्तकों को वचन देता हूँ कि मैं सबको हिस्सा दूँगा। पत्रकार मित्रों को विज्ञापन दूँगा। आखिर सबने मिल कर बेवकूफ बनाया है। पाप की कमाई बाँटूँगा, तभी पाप भी बँटेगा।

अपभ्रंश ही सही, मैं मौलिक प्रवचन दूँगा। इतिहास गवाह है, मौलिकता हमेशा प्रभावित करती है। मौलिक झूठ भी प्रभावित करता है। मौलिक झूठ पर आसानी से विश्वास जम जाता है। कुछ झूठे विश्वासों की उम्र कम होती है। कुछ हजारों वर्ष से सच के रूप में स्थापित हैं। खंडन के बाद भी अखंड विश्वास बने हुए हैं। आधुनिक इतिहास गवाह है, जहाँ सच से अधिक मौलिक झूठ ने प्रभावित किया है। पत्थर के गणेश बच्चों का दूध पी गए। मुँहनोचवा सच का मुँह नोच ले गया। चोटीकटवा सच्चाई की चोटी काट ले गया।

अपभ्रंश नागराज...उफ्फ्फ (बार-बार अवतार-अवतार सुनते-सुनते मेरा स्वार्थ भी अपभ्रंश नागराज को सच मान बैठा!) विभांशु, तुम फिर बहके। (ये मेरा स्वार्थ बोला) त्राहिमाम स्वार्थ जी। अब आपका कहना मानता हूँ—

एक ब्रह्म भी होता है। ब्रह्म का निर्माण भी आत्मा के निर्माण की तरह ही होता है। सिर्फ नाम अलग है। ब्रह्म का दुरुपयोग सबसे अधिक होता आया है। इस देश में एक ऐसा प्राणी पाया जाता है, जो खुद को श्रेष्ठ समझता है। जीवित रहता है, तब कहता है—अगर मुझे सताया तो मरने के बाद ब्रह्म बनकर परेशान

करूँगा। श्रेष्ठता के भूत का कमाल देखिए; मरने के बाद भी श्रेष्ठ ही बनना है! मरने के बाद भी श्रेष्ठ बने रहने के लिए इस प्राणी ने बता रखा है—ब्रह्म सबसे अधिक शक्तिशाली भूत होता है।

श्रेष्ठता के भूत से पीड़ित आत्मा या ब्रह्म का निर्माण अहंकार, स्वार्थ, लालच आदि के संयोग से होता है। पुकार पर इसकी चीख हावी है।

ईर्ष्या सद्गुण है!

मेरे निठल्लेपन में देश के प्रथम प्रधानमंत्री और दूरदर्शी आदमी पंडित जवाहर लाल नेहरू का नारा 'आराम हराम है' खलल डालता है। मुझे हमेशा आराम से पड़ा देख मेरा भला चाहने वाले कहते हैं—कुछ करो। यूँ बैठकर जीवन व्यर्थ न करो। आराम हराम है। मैं कुछ करना नहीं चाहता। तो जो मुझे कुछ करने की सलाह देता है, मुझे उससे ईर्ष्या होती है।

ईर्ष्या ने ही मुझे अपने निठल्लेपन के बचाव की नई-नई तरकीबें सोचने की शक्ति दी है। जब मुझसे कोई कहता है—आराम हराम है, तब मेरी ईर्ष्या उसे जवाब देती है—तुम्हें लग रहा है कि मैं आराम कर रहा हूँ; पर सोचने वाली मेरी ग्रंथि हमेशा सक्रिय रहती है। आराम हराम है; पर शरीर का नहीं। शरीर को आराम नहीं दोगे तो वो टूट जाएगा। आराम हराम है मस्तिष्क का। जब तक जगे हो, तब तक कुछ न कुछ सार्थक सोचते रहो।

मुझे निठल्लों की तरह बैठा देख कोई 'कुछ कर दिखाने वाली' योजना भी सुनाता है। मुझे भी तरक्की दिलाने के लिए अपनी योजना का हिस्सा बनाना चाहता है। मेरी ईर्ष्या वहाँ भी मेरे निठल्लेपन का बचाव करती है। ईर्ष्या कहती है—मेरे शुभचिन्तको! आप मेरे भविष्य के प्रति तनिक भी चिन्तित न हों। मेरे पास समय की पूँजी है। काम कर मैं उसे बर्बाद नहीं करना चाहता। अपने बचाव में दिए गए मेरे तर्क सुन मेरे शुभचिन्तक कहते हैं—बेहया है।

मेरे शुभचिन्तक मुझे बेहया कह अमर बना देते हैं। मैं कुछ करना नहीं चाहता। ता-उम्र अपने शुभचिन्तकों का बेहया बने रहता चाहता हूँ। बेहया की तरह अमर होने के अन्य इच्छुकों को अपने अमरत्व की कथा सुनाता हूँ। (अब मैं लाउडस्पीकर लगाकर बोल रहा हूँ, क्योंकि चीखना हमारी एकता का प्रतीक बन चुका है। शान्ति प्राप्त करने का उपाय बताने वालों को भी लाउडस्पीकर लगाकर चीखना पड़ता है। मधुर और कोमल वाणी संस्कारों में गिनी जाती है; पर ऐसी वाणी भी चीखने के बाद ही सुनी जाती है!)

हाँ, तो अब अपने अमरत्व की कथा सुनाता हूँ—

पवित्र और शाश्वत साहित्य अमरता की कथाओं से भरा पड़ा है, पर बेहया का वर्णन कहीं नहीं मिलता। कथाओं में जिन पात्रों को अमरत्व मिला था, वे सभी किसी न किसी तरह मार दिए गए। अमरत्व का सच्चा वरदान बेहया को मिला है। बेहया को जला दो, काट कर फेंक दो, फिर से उग जाता है। सूखे के दिनों में मिट्टी में यों पड़ा रहता है, जैसे मर गया हो। जहाँ पानी मिला, जी उठता है।

पवित्र और शाश्वत साहित्य की कथाओं में देवी-देवता हैं। चमत्कारी तीर-कमान हैं। ब्रह्मास्त्र भी है। कथाओं के अनुसार बनी धारणा के अनुसार-ये अस्त्र देवी-देवताओं ने बनाए थे। देवी-देवताओं के निर्माण को आदम बहुत पहले ही पीछे छोड़ चुका है। देवी-देवता किसी को अमर नहीं बना सके। अमरत्व का वरदान दिया भी तो किसी न किसी तरह मार दिए जाने के 'टर्म एंड कंडीशन अप्लाई' के साथ। आदम ने प्लास्टिक को अमरत्व का वरदान दे दिया है। प्रकृति के अमरत्व को समाप्त करने के लिए आदम ने प्लास्टिक को जन्म दिया। प्लास्टिक, प्रकृति और उसकी सन्तान बेहया की निर्मम हत्या करने वालों से बदला लेगी। प्लास्टिक को अमरत्व का वरदान देने वाले आदम को अपने 'देवत्व' के बारे में सोचना चाहिए। आदम ने ही ईश्वर को अमरत्व का वरदान दिया है।

धैर्य और शान्ति के साथ अमरत्व की कथा सुनने वाले इच्छुकों का धन्यवाद। विषय पर लौटते हैं। (लाउडस्पीकर बन्द कर रहा हूँ)

समाज बेरोजगारों के साथ अछूतों जैसा व्यवहार करता है। बेरोजगारी को लेकर कोई भी छेड़ देता है। ताना मार देता है। बेरोजगारों को छेड़ने और ताना मारने वालों को माकूल जवाब देने के लिए मुझे बहुत बोलना पड़ता है। अपने निठल्लेपन के बचाव ने मुझे बातूनी बना दिया है। मेरे बचाव से किसी को ईर्ष्या होती है तो वो कह देता है—'अधिक बोलना मूर्खता की निशानी है।' अधिक बोलना मूर्खता की निशानी है या नहीं; पर निरर्थक दो मिनट भी बोलना मूर्खता की सच्ची निशानी है। निरर्थक बोलने वाले मूर्ख श्रेष्ठता के अहंकार से पीड़ित होते हैं। श्रेष्ठता के अहंकार से पीड़ित आदमी अपनी मूर्खताओं को भी अपनी विद्वता समझता है।

निरर्थक बोलने वाले मूर्खों का आत्मविश्वास और उनकी बढ़ती संख्या, कम बोलकर बुद्धिमान होने का दिखावा करने वाले धूर्तों की देन है। ऐसा माना जाता है कि आवश्यकतानुसार बोलना बुद्धिमानों का नैसर्गिक गुण होता है। बुद्धिमान कहे जाने के लिए कई मूर्ख भी कम बोलने का दिखावा करते हैं। कम बोलकर बुद्धिमान होने का दिखावा करने वाले बुद्धिमान नहीं, धूर्त होते हैं। धूर्तता, मूर्खता की सुपरलेटिव डिग्री है। श्रेष्ठता का ताज सभी पहनना चाहते हैं। धूर्त आदमी भी

मूर्खता की सुपरलेटिव डिग्री खुशी-खुशी ग्रहण करता है। धूर्तता और बुद्धिमानी नदी के दो किनारे हैं, जिनका मिलन नहीं होता।

मुझे ईर्ष्या होती है कि सिर्फ मूर्ख कहकर मेरी क्षमता का गलत आकलन किया जाता है। मूर्खता के पास भी श्रेष्ठता का स्वाभिमान होता है। अकड़ होती है। बुद्धिमान भले ही मूर्खों की खिल्ली उड़ाएँ, पर वे उनकी बराबरी नहीं कर सकते। उन्हें पछाड़ नहीं सकते। मैं मूर्खता की नित नई रचनाएँ करने वाला श्रेष्ठ मूर्ख हूँ। मेरी मूर्खताओं का खंडन कोई बुद्धिमान करके दिखाए तो जानूँ।

मूर्खों की कमियाँ गिनाना आसान है। उनकी खूबियाँ गिनाना मुश्किल। मूर्ख हूँ, वो भी श्रेष्ठ, तो मैं अपनी खूबियाँ गिनाऊँगा—

मूर्खों का उपहास किया जाता है। उपहास की आड़ में उनकी खूबियों को नजरअन्दाज कर दिया जाता है। मूर्ख सबसे अधिक रचनात्मक होते हैं। मूर्खों की भीड़ में वे खुद को मूर्ख श्रेष्ठ साबित करने के लिए नित नई मूर्खताओं की रचना करते रहते हैं। मूर्ख, बुद्धिमानों की रचनात्मकता बढ़ाने का भी कार्य करते हैं। उनकी मूर्खताओं का खंडन करते-करते आदमी बुद्धिमान कहा जाने लगता है।

तमाम कमियों के बावजूद एक होने की खूबी मूर्खों को बुद्धिमानों से बीस साबित कर देती है। एक होने की खूबी के चलते ही मूर्खों को संगठित करना आसान होता है। बुद्धिमानों के पास एक होने की खूबी का अभाव होता है। खरबूजा, खरबूजे को देखकर रंग बदलता है। ये कहावत बुद्धिमान खरबूजों पर लागू नहीं होती। बुद्धिमानी का अहंकार भी मूर्खता करने पर विवश करता है।

मूर्खता के बढ़ते बोलबाले से बुद्धिमानों का आवश्यकतानुसार बोलने वाला नैसर्गिक गुण संकट में है। बोलकर दखल देने के अवसरों में बेतहाशा वृद्धि हुई है। चौबीस घंटे बोलने के अवसर उपलब्ध हैं।

इधर एक बुद्धिवादी हैं। वे अपनी बुद्धिमानी का नैसर्गिक गुण बचाए रखने के लिए बोलने के अवसरों पर भी चुप्पी साध लेते हैं। कहते हैं—बोलने की आवश्यकता है तो क्या हुआ? चौबीस घंटे में सिर्फ एक बार बोलना मेरा नैसर्गिक गुण है। वे बुद्धिवादी मुर्गा हैं, जो भोर में बाँग देकर दखल देता है—जागो रे। फिर दिन भर दाना चुगता है।

किसी को मूर्ख घोषित कर देने से क्या कोई बुद्धिमान हो जाता है? मूर्ख है कौन? ट्रेंड के अनुसार—'जो मुझसे असहमत है, वो मूर्ख है।' अपने-अपने समय के विद्वानों ने विभिन्न तरीकों से मूर्खों के लक्षण बताए हैं—जो ये मानता है कि वो सब कुछ जानता है, मूर्ख है।

अपने समय के विद्वानों के कथन को मैं सही मान लेता, पर मैं भी कहता हूँ

कि मैं सब कुछ जानता हूँ। तो क्या मैं मूर्ख हूँ? मेरी ईर्ष्या नहीं कहती कि तुम ये मान लो कि तुम मूर्ख हो। वो सवाल करती है—विद्वानों के अनुसार-जो ये मानता है कि वो सब कुछ जानता है, मूर्ख है; विद्वानों का ये कथन जानने वाले मूर्ख भी अपने को बुद्धिमान साबित करने के लिए कह सकते हैं—मैं कुछ नहीं जानता हूँ।

मूर्खों का लक्षण बताने के लिए विद्वानों को मूर्खों का अध्ययन करना पड़ा होगा। मूर्खों को गुरु और खुद को शिष्य मान, सीखना पड़ा होगा। इससे साबित होता है—मूर्ख, बुद्धिमानों के गुरु होते हैं।

सदाचार का उपदेश देने वाले ईर्ष्या को अवगुण बताते हैं। ईर्ष्या की इस एकतरफा अवधारणा के सम्बन्ध में मैं उपदेशकों से सहमत नहीं हूँ। मेरा मानना है कि ईर्ष्या सद्गुण भी है! कैसे? साबित करता हूँ-

सदाचार का उपदेश देने वाले ईर्ष्या को दुर्गुण बताते हैं। वर्तमान औद्योगिक सभ्यता के बाबा और सन्त भी कहते हैं—मनुष्य को ईर्ष्या का त्याग कर देना चाहिए। ये उपदेश देने वाले बाबा और सन्त बहकाते हैं। वे ईर्ष्या नहीं करने का उपदेश देते-देते ही करोड़ों-अरबों के मालिक बन जाते हैं। ईर्ष्या नहीं करने का उपदेश देने वाले सभी बाबा और सन्त एक-दूसरे से ईर्ष्या करते हैं। ईर्ष्या ही बाबाओं और सन्तों को तरक्की की तरकीब बताती है।

एक बाबा पहली पंक्ति में बैठ प्रवचन सुनने वालों से बीस हजार लेता है। ये जानकर दूसरे बाबा को ईर्ष्या होती है। वो पहली पंक्ति में बैठ प्रवचन सुनने वालों से तीस हजार ऐंठने की तरकीब निकालता है। इन दोनों से ईर्ष्या करने वाला तीसरा बाबा पहली पंक्ति में बैठ प्रवचन सुनने वालों से चालीस हजार वसूलने की तरकीब निकालता है।

एक सन्त मूसलाधार बारिश में प्रवचन देने के लिए वाटरप्रूफ पंडाल बनवाता है। वो पहली पंक्ति में बैठ प्रवचन सुनने वालों से एक लाख लेता है। दूसरे सन्त को ईर्ष्या होती है। वो पहली पंक्ति में बैठ प्रवचन सुनने वालों से डेढ़ लाख लेने के लिए रेगिस्तान में वातानुकूलित पंडाल बनवाता है। तीसरे सन्त को इन दोनों से ईर्ष्या होती है। वो पहली पंक्ति में बैठ प्रवचन सुनने वालों से दो लाख लेने के लिए पहाड़ पर भीषण बर्फ़बारी के बीच ब्लोअर वाला पंडाल बनवाता है।

जो जितना अधिक ईर्ष्यालु होगा, वो उतनी अधिक तरक्की करेगा। ईर्ष्या का त्याग करने का प्रवचन देने वाले नहीं चाहते कि प्रवचन सुनने वाले तरक्की करें। ईर्ष्या का त्याग करने का प्रवचन देने वाले बाबाओं और सन्तों ने अगर ये कह दिया कि मनुष्य को एक-दूसरे से ईर्ष्या करनी चाहिए तो प्रवचन सुनने वाले इच्छुकों को बाबाओं और सन्तों की कमाई से ईर्ष्या होने लगेगी। फिर बीस हजार देकर पहली

पंक्ति में बैठ प्रवचन सुनने की जगह बीस रुपये की सीडी खरीद घर में टीवी के सामने पहली पंक्ति में बैठ प्रवचन सुनने लगेंगे।

ईर्ष्या का त्याग करने का प्रवचन देने वाले बाबा और सन्त ये कभी नहीं बताएँगे कि ईर्ष्या तरक्की की सीढ़ी होती है। जो ईर्ष्या नहीं करेगा, वो तरक्की नहीं कर पाएगा। आदमी अगर पड़ोसी से ईर्ष्या करना छोड़ दे तो पड़ोसी को पीछे छोड़ने और खुद को आगे बढ़ाने वाली तरकीबें सोचना बन्द कर देगा। ईर्ष्या तरक्की की तरकीब सोचने की शक्ति बढ़ाने वाली टॉनिक है।

साहित्य समाज का दर्पण होता है। इस दर्पण के सहारे अपना शृंगार करने वाले कई लेखक और कवि भी एक-दूसरे से ईर्ष्या करते हैं। ईर्ष्या ही उन्हें एक-दूसरे से बेहतर लिखने और आगे निकलने के लिए प्रेरित करती है। कई आलोचक और समीक्षक ईर्ष्या की सीढ़ी के सहारे ही सफलता की छत पर चढ़े हैं। वे साहित्यकार, जिनकी साहित्येतर गतिविधियाँ आलोचना और समीक्षा हैं, ईर्ष्या की सीढ़ी के सहारे इतने ऊपर पहुँच गए हैं, जहाँ से वे अपने हाथ से चाँद का मुँह सीधा कर सकते हैं। इंस्पेक्टर मातादीन को चाँद से धक्का दे सकते हैं। चाँद को कफन ओढ़ा सकते हैं।

ईर्ष्या नहीं करने का प्रवचन देने वालों बाबाओं और सन्तों की बात मान आदमी अपना नुकसान कर रहा है।

मुझे काटने वाले कुत्ते के नाम

सेवा में,

जुगालिया क्लिनिक नई दिल्ली के पीछे वाली गली में रात को खड़े होने वाले ऑटो के नीचे बैठने वाला चितकबरा कुत्ता।

विगत दिल्ली प्रवास के दौरान मुझे काटने वाले कुत्ते, ये पत्र मैं सिर्फ शिकायत करने के लिए नहीं लिख रहा हूँ। ये बताने के लिए भी लिख रहा हूँ कि मैंने तुम्हारा नामकरण कर दिया है—टम्पी!

तुम्हारा नामकरण करने के लिए मुझे बहुत माथापच्ची करनी पड़ी। कई दिन तक सोचता रहा—तुम्हारे परिजनों ने तुम्हें नाम दिया होगा। अपनी भाषा में वे तुम्हें उसी नाम से पुकारते होंगे। मैं तुम्हारे परिजनों का नाम-पता नहीं जानता। जानता तो उनसे मिल तुम्हारा नाम पूछता। तुम्हारे नामकरण के पीछे एक मजबूरी है। पत्र में तुम्हारे सम्बोधन के स्थान पर 'मुझे काटने वाले कुत्ते' लिखता तो तुम आहत होते—बार-बार कुत्ता कह रहा है। तुम्हें आहत होने से बचाने के लिए तुम्हारा नामकरण करना पड़ा। नाम तय करने में भी काफी माथापच्ची करनी पड़ी।

तुम्हारा नाम ऐसा रखना था जो आदम का नहीं रखा जाता हो। कई कुत्तों के ऐसे नाम रखे गए हैं, जिन्हें सुन लगता है, मालिक ने किसी से बदला लेने के लिए रखा हो—तेरे नाम का कुत्ता पालूँ। आदम के नाम वाले कुत्तों के बीच रहते-रहते मैं कुत्तों से भी बात करने लगा हूँ। सोचता हूँ, आदम का नाम है, पता नहीं कब भौंकने की जगह बोलने लगे—आदम के नाम वाला कुत्ता। अभी तक किसी कुत्ते ने भौंकने की जगह बोलना नहीं शुरू किया, पर आदम बोलने की जगह भौंकना शुरू कर चुका है। शायद नाम का असर होगा—कुत्ते के नाम वाला आदम।

टम्पी, तुमने अहसान भी किया है। तुम्हें उस अहसान की याद दिलाने के लिए भी लिख रहा हूँ। दु:ख प्रकट करने के लिए भी लिख रहा हूँ। दु:ख है, तुमने दिल्ली के कुत्तों जैसा व्यवहार नहीं किया था। वो रात शायद तुम भूल गए होगे, जब तुमने मुझे काटा था।

रोज रात की तरह उस गली से होकर मैं अपनी गली की तरफ बढ़ रहा था। रोज की तरह उस गली में घरों के दरवाजे के सामने और गली के बीच कई कुत्ते लेटे हुए थे। सब के सब हृष्ट-पुष्ट। कुत्तों का स्वास्थ्य देख मुझे साँड़ों की याद आई।

बनारस की गलियों में साँड़ मिलते हैं। हृष्ट-पुष्ट। छुट्टा घूमने और कूड़ेदान से बीनकर खाने वालों का स्वास्थ्य देख गौशालाओं में बँधी गायों की भी याद आती है। उनके लिए नियमित चारे की व्यवस्था होती है। फिर कई प्रदेशों में गौशालाओं में सैकड़ों गाएँ भूख से कैसे मर गईं? शायद चारा नकली होगा। बोरी पर लिखा रहता हो—असली पशु आहार। पर बोरी के अन्दर नकली माल भरा रहता हो।

टम्पी, गौरक्षा का गोरखधन्धा करने वाले नकली पशु आहार की बोरी की तरह होते हैं। ऊपर से चमाचम। भीतर से जरेठा—मन न रँगाए, रँगाए जोगी कपड़ा। विकास की बाढ़ में आई गौरक्षा का गोरखधन्धा करने वालों की लहर जानलेवा हो गई है। जिन्दगियाँ लील रही है। टम्पी, तुम्हें गोरखधन्धे की एक लघुकथा सुनाता हूँ—

"वे विश्वविद्यालय में विज्ञान के प्रोफेसर थे। सामाजिक जीवन में विज्ञान विरोधी हैं, पेट की मजबूरी उन्हें विज्ञान की दुनिया में ले आई थी। मजबूरी में जैसा पढ़ाया जाता है, वैसा ही पढ़ाते थे। उन्हें पढ़ाने का शौक भी था। शौक पूरा करने के लिए रविवार को अवकाश नहीं लेते थे। रविवार को विशेष कक्षा लेते। विशेष कक्षा के दौरान विश्वविद्यालय की क्लास में मजबूरी में पढ़ाए गए विज्ञान पर अपने सांस्कृतिक विज्ञान की लिपाई करते। कालान्तर में उन्होंने कुलपति का पद प्राप्त किया। कुलपति बनने के बाद उन्होंने पढ़ाना कम कर दिया। एक या दो क्लास ही लेते। रविवार की विशेष कक्षा भी बन्द कर दी। बचे समय में 'रिटायरमेंट प्लान' के बारे में सोचते। उलझन में थे, कौन सा प्लान लूँ?

कुलपति के रूप में उनकी नियुक्ति में सांस्कृतिक राजनीति ने महत्त्वपूर्ण सहयोग किया था। फिर भी वे राजनीति से अपने सम्बन्ध को नकारते थे। कुलपति के रूप में उनकी नियुक्ति प्रक्रिया के गवाह बताते हैं, कुलपति का राजनीति से सम्बन्ध वैसा है, जैसा भाजपा का आरएसएस, विहिप, बजरंग दल आदि से है—पुत्रो न पुत्री। पुत्रो के बाद अल्प विराम लिया तो पुत्र हो गए। न के बाद अल्प विराम लिया तो पुत्री। कहीं भी अल्प विराम नहीं लिया, तो न पुत्र हुए न पुत्री। जैसी जरूरत पड़ी, वैसी व्याख्या कर दी।

यहीं से उनको सुरक्षित, शानदार, भरोसेमन्द रिटायरमेंट प्लान मिला—धार्मिक राजनीति। राजनीति में गौरक्षकों की चमक देख उन्होंने अपना रिटायरमेंट प्लान तैयार किया। प्लान को अमलीजामा पहनाने के लिए आचार्य का चोला भी धारण किया। विश्वविद्यालय के खेल मैदान को गौरक्षा आश्रम में बदला। आश्रम के प्रवेश

द्वार पर चेतावनी लिखवा दी—विज्ञान और वैज्ञानिकों का प्रवेश वर्जित। आश्रम खोलने के बाद विशेष कक्षा प्रतिदिन लेने लगे। कुलपति के रूप में कभी-कभार विश्वविद्यालय की क्लास में विज्ञान पढ़ाते हैं। आचार्य बन आश्रम की विशेष कक्षा में प्रतिदिन गौरक्षा का विज्ञान पढ़ाते हैं। आश्रम में आने वाले भक्त उनकी राजनीतिक महत्त्वाकांक्षा नहीं भाँप पाते। राजनीति से दूरी और नजदीकी का उनका समीकरण उनके भक्तों की समझावली में नहीं है।

सुरक्षा की दृष्टि से विदेश से आयातित दो बछड़ाकद कुत्ते आश्रम में चक्रमण करते हैं। कुत्ते आश्रम में बँधे बछड़ों और बछिया से अधिक तन्दुरुस्त हैं। उनकी सेवा देख आश्रम के गोवंश सोचते हैं—काश वे भी आचार्य का कुत्ता होते। आश्रम में आठ-दस खूँटे ही हैं। 'ऑनपेपर' गौरक्षा के सैकड़ों खूँटे गड़े हैं। सरकारी खजाने से गौरक्षा के लिए प्रति खूँटा तीस रुपया दिया जाता है। ऑन पेपर खूँटों के नाम पर सरकारी सहायता के अतिरिक्त धर्मभीरुओं की तरफ से दान भी मिलता है। सरकारी सहायता और दान का आधा हिस्सा आचार्य और उनकी देह पर 'तेज' का मेकअप करने वालों के मेवे में खर्च हो जाता है। एक हिस्सा दोनों कुत्तों की सेवा में खर्च होता है। बचा एक हिस्सा दानदाताओं के दिव्य प्रसाद और गायों की नाद में रूखा-सूखा बनकर जाता है।

आचार्य का दोनों कुत्तों पर दृढ़ विश्वास है। दोनों कुत्तों को विज्ञान और वैज्ञानिकों की गन्ध पहचानने में महारत हासिल है। विज्ञान या वैज्ञानिक आश्रम के नजदीक से अपने रास्ते जाते हैं, तब भी कुत्ते भौंकने लगते हैं। एक बार आचार्य से मैंने पूछा-आप तो स्वदेशी वाले हैं। फिर ये विदेश से आयातित कुत्ते क्यों? ये कुत्ते तो देश में भी बनने लगे हैं।

आचार्य ने बताया—देश में बनने वाले विदेशी कुत्तों की नस्ल शुद्ध नहीं होती। कोई न कोई 'डिफेक्ट' आ ही जाता है। हम आश्रम की आन्तरिक सुरक्षा जैसे संवेदनशील विषय को डिफेक्टिव कुत्तों के भरोसे नहीं छोड़ सकते। तुम तो जानते ही हो, हम शुद्धता का पालन करने वाले हैं।"

टम्पी, पहले मुझे गली में मौजूद कुत्तों से डर नहीं लगता था। अब लगता है। कारण, बनारस के साँड़ हैं। वे अब जानलेवा हो गए हैं। अपने बल प्रदर्शन की चपेट में लेकर जनहानि करने लगे हैं। कुत्तों से डर का कारण वही साँड़ हैं। साँड़ों की तरह हृष्ट-पुष्ट कुत्ते। दिल्ली प्रवास के दौरान कुत्तों के डर से मुक्त होने के लिए, गली से गुजरते समय मैं प्रार्थना करता हूँ-चुपके से, पीछे से आकर मत काटना। पहले भौंक कर चेतावनी देना ताकि मुझे अपने बचाव की मोहलत मिले। टम्पी, कुत्तों से बचाव के लिए मैं जेब में 'हड्डी' रखता हूँ। भौंकते हुए जो कुत्ता

मेरी तरफ बढ़े, उसके आगे हड्डी फेंक दूँ।

टम्पी, तुमने ऐसा नहीं किया था। तुमने धोखा दिया था। पूरा दोष तुम्हारा नहीं है। मैं तुम्हारे 'स्टंट' के झाँसे में आ गया था। तुम याद करो, उस रात तुम सभी कुत्तों से दूर एक ऑटो के नीचे बैठे थे। तुम याद करो, अन्य कुत्तों के पास से गुजरते समय मैं चौकन्ना था। हड्डी वाली जेब में मेरा हाथ था। तुम्हारी दयनीयता ने मुझे असावधान बना दिया।

बनारस में बन्दर भी हैं। कोई बन्दर अगर छलाँग लगाते समय गिर जाए तो उसे बन्दरों के समूह से निष्कासित कर दिया जाता है। निर्वासित कर दिया जाता है। मुझे लगा, शायद तुमसे भी कोई चूक हुई हो, जिसके कारण तुम किसी समूह से खदेड़े गए हो। पुराने इलाके से खदेड़े जाने के बाद नए ठिकाने की तलाश में इस गली में आए हो। नहीं, कुत्तों के साथ ऐसा कभी हुआ हो, इसका साक्ष्य नहीं मिलता। फिर मुझे लगा, तुम सबसे अलग हो। यही तुम्हारा स्टंट था। ये दिखाने का कि तुम सबसे अलग हो।

याद करो टम्पी, उस रात जब मैं ऑटो के आगे बढ़ा, तुम बिना भौंके मेरे पीछे आए और मेरी पैंट पकड़ ली। मुझे लगा तुम्हारा कोई साथी नहीं है। तुम मेरे साथ 'शिकार' खेलना चाहते हो। तुम्हारी दयनीयता से मेरा मन पहले से ही द्रवित था। तुम अकेले हो, ये सोचकर मैंने तुम्हारा साथ देने का मन बना लिया। मैं तुम्हारे साथ शिकार खेलने की कलाबाजी दिखाऊँ, उससे पहले ही तुम्हारे नुकीले दाँत पैंट को छेदते हुए पैर के माँस में पहुँच गए। तुम्हारे दाँत मन की नाजुक जमीन तक भी पहुँच गए। तब मुझे साक्ष्य मिला, तुम किसी समूह से खदेड़े गए हो। तुम सबसे अलग नहीं हो। तुम दिल्ली के कुत्ते नहीं हो।

दिल्ली के कुत्ते बहुत भौंकते हैं। दिल्ली में, मेरी अस्थायी गली वाले कुत्तों को एकाध दिन कोई नजर नहीं आता, जिस पर वे भौंके तो वे एक-दूसरे पर भौंकने लगते हैं। उनके भौंकने की अदा देख लगता है, वे एक-दूसरे को काट लेंगे। एक कुत्ता दूसरे की गर्दन अपने जबड़े में फँसा लेता है। पर दाँत नहीं लगाता। वो पूछता है—'जब दाँत लगने लगे तो बता देना। छोड़ दूँगा।' वे शिकार खेल अपना मनोरंजन करते हैं।

टम्पी, तुम्हें दिल्ली की राजनीति के आदर्शों का पालन करना चाहिए। अरविन्द केजरीवाल सबूतों का पुलिन्दा लेकर शीला दीक्षित पर चीखते थे। लोकसभा चुनाव के पहले भाजपा सबूतों का पुलिन्दा लेकर रॉबर्ट वाड्रा के खिलाफ चीखती थी। सत्ता मिलने के बाद दोनों की आवाज नहीं निकलती। या वे चीखते होंगे, आवाज नहीं निकलती होगी। चीखते-चीखते गला बैठ गया होगा। कपिल मिश्रा को याद करो।

अरविन्द केजरीवाल के खिलाफ सबूतों की फाइल लेकर चीख रहे थे। फाइल पर लिखा था—अरविन्द केजरीवाल के खिलाफ सबूत। सबूत इतने महत्त्वपूर्ण थे कि चीखते-चीखते उनके दाँत लग गए, बेहोश हो गए, फिर भी हाथ से फाइल नहीं छूटी। तुम्हें समझना चाहिए, वे सबूतों की फाइल के साथ शिकार खेल रहे थे।

संसद में भी वे शिकार खेलते हैं। आरोप-प्रत्यारोप की फाइलों के साथ शिकार खेलकर क्लीनचिट की अपनी फाइलें मोटी कर लेते हैं। देश को शिकार का मनोरंजन दिखाकर अपनी पार्टियों को मिले विदेशी चन्दे की फाइल गायब कर दी। उनके मनोरंजन की चपेट में आकर देश रेबीज की चपेट में है। जनता आपस में तू-तू मैं-मैं कर रही है।

टम्पी, तुम जानते होगे, पाले गए कुत्तों का साथी के अभाव में जब शिकार खेलने का मन करता है, वे मालिक के कपड़े पकड़ कलाबाजी दिखाने लगते हैं। कपड़ा फटे, उससे पहले ही मालिक प्लास्टिक वाली हड्डी उन्हें पकड़ा देता है। वे नकली हड्डी के साथ शिकार खेलने में मस्त हो जाते हैं।

टम्पी, तुम्हें भी ऐसा करना चाहिए था। तुम मेरे ऊपर भौंकते। मैं बचाव का उपाय करता। जेब में रखी हड्डी मैं तुम्हारे सामने फेंक देता। हड्डी पाकर तुम्हारी आवाज भी बैठ जाती। तुम्हारी जवान भौं-भौं, नवजात कूँ-कूँ में बदल जाती। तुम्हें फुसलाने की हड्डी बाजार में मिलती है। प्लास्टिक की। जो मैं जेब में रखता हूँ।

टम्पी, मुझे दुःख है कि तुमने दिल्ली के कुत्तों जैसा व्यवहार नहीं किया। वे शिकार खेलते हैं। एक-दूसरे को काटने का अभिनय करते हैं। सचमुच नहीं काटते। तुम्हें दिल्ली का कुत्ता मान मैं सचमुच शिकार हो गया। हजारों कुशल अभिनेताओं के बीच रहने के बाद भी तुम्हें अभिनय करना नहीं आया। दिल्ली के अभिनेताओं से तुमने कुछ नहीं सीखा, टम्पी।

टम्पी; दिल्ली जो देश की राजधानी का नाम है, मीडिया की टीआरपी के लिए एक बड़े स्टूडियो का नाम है। इस स्टूडियो में स्वाँग रचने वाले कलाकार सस्ती दर पर उपलब्ध हैं; जो नित नए स्वाँग रचते हैं। दिल्ली नामक स्टूडियो में होने वाले स्वाँगों को न्यूज चैनल प्रसारित करते हैं तो दर्शकों को लगता है कि वो सच्ची घटना देख रहे हैं। स्वाँगों से परे दिल्ली और देश में जन-आन्दोलन होते हैं। उनकी तरफ मीडिया अपने कैमरे का मुँह नहीं घुमाती। उन आन्दोलनों में सस्ती दर वाले कलाकार नहीं होते। इसलिए मीडिया उनका मुँह न देखना चाहती है, और ना ही अपने दर्शकों को दिखाना चाहती है।

टीआरपी के विज्ञापन पर चलने वाली मीडिया, टीआरपी का उपभोग करने वाले दर्शकों के सौन्दर्यबोध का बारीक से बारीक ध्यान रखती है। विडम्बनाओं से

भरे उनके आराम में खलल नहीं डालना चाहती। माटी के लोगों को अछूत बनाए रखने के लिए टीआरपी, कृत्रिम वैचारिकता के मेकअप से लिपे-पुते चेहरों को मौलिक साबित करती हैं। टम्पी, न्याय उसे मिलेगा, जो टीआरपी की मौत मरेगा।

टम्पी, जन-आन्दोलनों के प्रति अविश्वास पैदा करने के लिए हुए आन्दोलन से निकली आम आदमी पार्टी वर्ष-दो वर्ष में ही भाजपा और कांग्रेस के लिए देशव्यापी चुनौती बन गई। सत्तर विधानसभा सीट वाले केन्द्र शासित प्रदेश दिल्ली के मुख्यमंत्री अरविन्द केजरीवाल प्रधानमंत्री पद के पहले-दूसरे-तीसरे सबसे बड़े दावेदार बन गए। भाजपा और कांग्रेस के लिए राष्ट्रीय चुनौती बन गए। वहीं तीन-चार सौ विधानसभा सीटों वाले प्रदेशों के लगातार मुख्यमंत्री बनने वाले अपने प्रदेश के बाहर ही नहीं निकलने पा रहे हैं। 'बनने' और 'बनाने' के खेल में इस बात से इनकार नहीं किया जा सकता है कि चुनौती बनने के लिए अरविन्द केजरीवाल ने हार्डवर्क किया है। हार्डवर्क का मुकाबला हार्डवर्क ही कर सकता है। यथा लोहे को लोहा ही काटता है।

जन-आन्दोलनों के प्रति अविश्वास पैदा करने के लिए हुए प्रायोजित आन्दोलन के सभी जंतर-मंतर अपने सभी उद्देश्यों में कामयाब हुए हैं। अविश्वास के प्रायोजक रिटर्न के रूप में वैश्विक अमीरों की सूची में नित नए पायदान ऊपर चढ़ रहे हैं। प्रायोजित समूह के नए सदस्य, सूखे का शिकार हुई धरती की तरह फटी किसानों की एड़ियों, शरीर पर बनियान की तरह चीथड़े-चीथड़े हुई तलवों की चमड़ी, बलात्कार की बेबस चीखों और निर्दोषों की हत्या के कोहराम को भी प्रायोजित होने का विश्वास दिला रहे हैं।

टम्पी, सूत्रों के अनुसार अरविन्द केजरीवाल राजनीति को बदलने की शुरुआत केन्द्र शासित प्रदेश अंडमान और निकोबार से करना चाहते थे। अंडमान निकोबार में दिल्ली की मीडिया की टीआरपी काम नहीं करती, इसलिए मजबूरन अरविन्द केजरीवाल को राजनीति को बदलने की शुरुआत दिल्ली से करनी पड़ी। अंडमान में अरविन्द केजरीवाल अपनी पीड़ा व्यक्त करते-मैं काम करना चाहता हूँ, पर वे करने नहीं दे रहे हैं; तो कौन सुनता? देश, राजनीति और मीडिया की राजधानी दिल्ली में कहते हैं, तब पूरा देश सुनता है। अरविन्द केजरीवाल की पीड़ा सुनते-सुनते द्रवित हुई जनता कहेगी—आप हमारे राज्य में आ जाओ। हमारे यहाँ कोई नहीं रोकेगा। हमारा प्रदेश केन्द्र शासित नहीं है।

चुनौती बनने के लिए राहुल गांधी भी हार्डवर्क कर रहे हैं। लोहे को काटने के लिए लोहा बन रहे हैं। जंग खाकर जगह-जगह से झर रहे पुराने लोहे पर नया पानी चढ़ा रहे हैं। कांग्रेस का कायाकल्प करने की कोशिश कर रहे हैं। राहुल गांधी को

भारतीय राष्ट्रीय कांग्रेस का नाम बदलकर कांग्रेस (नरम हिन्दुत्व दल) कर देना चाहिए। गरम हिन्दुत्व दल की धर्मनिरपेक्षता का पालन भाजपा कर रही है। विकास के बुलडोजर को सरपट दौड़ाने के लिए गुजरात की ऊबड़-खाबड़ जमीन समतल करने के बाद नरेन्द्र मोदी ने धर्मनिरपेक्षता की जिम्मेदारी अपने कन्धों पर ले ली है। मन्दिर के साथ-साथ वे किसी मजार पर धर्मनिरपेक्षता की चादर भी चढ़ा देते हैं। वे किसी भाजपा शासित प्रदेश के मुख्यमंत्री को कह सकते हैं—अमुक (बदला हुआ नाम) ने राजधर्म का पालन नहीं किया।

टम्पी, दिल्ली में होने वाला राजनीतिक धर्मयुद्ध न्यूज चैनल की डिबेट में बैठे हिन्दू और मुस्लिम धर्मगुरुओं-चिन्तकों-रक्षकों के बीच होने वाले स्वाँग की तरह है—जगह छेक कर रखनी है। इसके लिए एक-दूसरे को गाली ही क्यों न देनी पड़े। इससे टीआरपी देने की जिम्मेदारी भी पूरी हो जाती है।

टम्पी, you know ना, भारत विविधताओं का देश है। यहाँ विभिन्न धर्मों और समुदायों के लोग मिल-जुलकर रहते हैं। जिनका धर्म झूठ है, वे भी घुल-मिलकर रहते हैं। झूठ जिनका धर्म है, वे भी अपने धर्म की रक्षा को धर्मयुद्ध की संज्ञा देते हैं।

अपने-अपने नेताओं के पीछे समर्थकों को आपस में नहीं लड़ना-झगड़ना चाहिए। इससे विश्व-बन्धुत्व और वसुधैव कुटुम्बकम का सन्देश देने वाले विश्वगुरुओं के देश के प्रति दुनिया के अन्य देशों में गलत सन्देश जाता है। देश की छवि खराब होती है।

छवि अति-प्रगतिवादियों और रूढ़िवादियों के बीच होने वाली डिबेट से बनती है। जेएनयू में सीट कटौती के बाद दोनों के बीच राष्ट्रद्रोह के स्तर वाली डिबेट नहीं हुई। ना ही तेरह प्वाइंट रोस्टर के खिलाफ डिबेट हुई। दोनों की छवि को लेकर देश और दुनिया में गलत सन्देश जा रहा है। कहा जा रहा है—अपने-अपने पक्ष को उत्प्रेरित करते रहने के लिए 9 फरवरी, 2016 को जेएनयू में 'साझा प्रयास' से तीन उत्प्रेरकों का क्रान्तिकारी आविष्कार हुआ था—जिस पदार्थ की उपस्थिति से अभिक्रिया की गति बढ़ जाती है उसे उत्प्रेरक कहते हैं। उत्प्रेरक अभिक्रिया में भाग नहीं लेता, केवल क्रिया की गति को प्रभावित करता है। क्रान्तिकारियों की प्लेसमेंट हो गई है। नए आएँगे तो उनकी प्लेसमेंट के लिए नई क्रान्ति होगी।

पत्र के अन्त में तुम्हें धन्यवाद। तुम्हारा आभार टम्पी। तुमने मेरी आँखें खोली हैं। जख्म देने के साथ अहसान भी किया है। नकली भावनाओं की उफनती नदी में बहने से बचने का सबक सिखाया है। मैंने भी अभिनय सीख लिया है टम्पी।

प्रेषक

तुम्हारे शिकार का एक पीड़ित

मेरे साहित्यिक वर्ष का लेखा-जोखा

वर्ष के अन्त और नए वर्ष की शुरुआत में साहित्य जगत का लेखा-जोखा प्रस्तुत किया जाता है।

अब जैसा कि प्रकाशन जगत कॉर्पोरेट शैली अपना रहा है या अपना चुका है, ऐसे में साहित्य का वार्षिक लेखा-जोखा 'मार्च क्लोजिंग' के समय प्रस्तुत किया जाना चाहिए।

साहित्य के वार्षिक लेखा-जोखा में कवियों, लेखकों की रचनाओं की समीक्षा की जाती है—अमुक के रूप में साहित्य की नई सम्भावना का उदय हुआ। अमुक कवि ने प्रभावी उपस्थिति दर्ज कराई। अमुक लेखक ने अपनी रचनाओं से नई बयार चलाई। अमुक उपन्यास ने नई चेतना का संचार किया।

वार्षिक लेखा-जोखा प्रस्तुत करने वाली साहित्य की एक अन्य 'ब्रांच' ने दावा किया—'इस वर्ष कविता का नया युग भी आया है'। कविता का नया युग लाने में एक-दूसरे की मिजाजपुर्सी और कविता की मातमपुर्सी करने वाले कवियों ने जी-तोड़ मेहनत की है। उनके द्वारा किया गया परिश्रम कविता 'लाइक' करने वालों की सूची में भी नजर आता है। कविता लाइक करने वाले नब्बे प्रतिशत कविता लिख रहे हैं। प्रकाशित हो रहे हैं। तुमने मेरी कविता पसन्द की, लो मैं तुम्हारी करता हूँ। तुमने मेरी कविता पर वाह-वाह की, लो मैं तुम्हारी पर करता हूँ। तुम मुझे निराला कहो, मैं तुम्हें पन्त।

इधर एक कवि रहते हैं। वर्षों तक संग्रह के लिए कविता से संघर्ष करते रहे। संग्रह पूरा नहीं हो रहा था। अपने पड़ोस में रहने वाले एक पाठक को कविता सुनाते। पाठक खारिज कर देता। वे पाठक से नाराज हो जाते—कविता के बारे में जानते ही क्या हैं आप? कविता लिखकर बताने लगे—कविता ऐसी होती है। मैं कविता के बारे में इतना जानता हूँ। उस कवि की कविता सिर्फ चलती है। मेरी कैट वाक करते हुए चलती है। उस कवि की कविता सिर्फ भांगड़ा करना जानती है। मेरी कविता तो हिप हॉप भी कर लेती है।

पाठक द्वारा कविता पर सवाल उठाने के बाद वे भावनाओं के बहाव में नई कविता लिखते—कविता ऐसी होती है। मैं कविता के बारे में सबसे अधिक जानता हूँ। पाठक को कविता के बारे में बताते। 'मैं कवि हूँ' साबित करते उनका संग्रह तैयार हो गया। संग्रह में मैं भी था। तुम भी था। नहीं थी तो बस कविता। पाठक ने उन्हें संग्रह की बधाई देने की औपचारिकता निभाई और पूछा—अगला संग्रह कब आएगा? कवि ने बताया—मैंने अपनी आत्मकथा पद्य के रूप में लिख दी। आत्मकथा और संस्मरण लिखने के बाद साहित्यिक सफर पूरा हुआ, ऐसा माना जाता है। साहित्यिक सफर पूरा करने के बाद वे दूसरे मुसाफिरों को 'कविता क्या है', 'कविता कैसे लिखें' बताएँगे।

कविता के बारे में मैं भी थोड़ा बताता चलूँ, भले ही वे खारिज कर दें—'तुम आउट ऑफ डेटेड बात करते हो। कविता डिस्कोथेक में रीमिक्स हो रही है, तुम अभी वहीं अटके हुए हो।' कविता की सबसे अच्छी परिभाषा सुदामा पांडेय 'धूमिल' की मानता हूँ—कविता भाषा में आदमी होने की तमीज है। तमीज ही थी जिससे धूमिल ने गुदाद्वार की देशज पर्यायवाची से मारक पटकथा लिख दी। धूमिल पर अधिक नहीं कहना है। अधिक कहने पर 'मादा' खटकने लगेगा। विषयान्तर हो जाएगा। केन्द्र धूमिल बन जाएँगे। जबकि उनसे सिर्फ भूमिका बनाने का काम लिया है।

कविता पर चर्चा के दौरान किसी ने कहा—कविता भावनाओं का बहाव है। कविता की ये परिभाषा भी मुझे समझ आई। समझ इसलिए आई, क्योंकि इससे मेरा काम बनता है। जिससे मेरा काम बनता है, वही समझ आता है। कविता की और भी परिभाषाएँ हैं। पर उनसे मेरा काम नहीं बनता है। इसलिए वे परिभाषाएँ मुझे समझ नहीं आतीं। भविष्य में अगर किसी और परिभाषा से मेरा काम बना तो उसका भी उल्लेख करूँगा।

किसी परिभाषा या विचार आदि पर विश्वास तब जमता है, जब वो हमारे जीवन में या आस-पास घटित हो। इस अनुसार धूमिल की परिभाषा से मेरा विश्वास डगमगा गया है। इसीलिए धूमिल की परिभाषा से मेरा काम नहीं बनेगा। कविता भावनाओं का बहाव है, ये परिभाषा मेरे आस-पास के दैनिक जीवन में अकसर घटित होती है। इससे अपना काम बनाता हूँ—

कविता बहुत सोच कर नहीं लिखी जाती। जब भावना की नदी बहती है, कविता की संरचना का रास्ता खुद बना लेती है। रास्ते में पड़ने वाले बिम्ब, शिल्प आदि बाधाओं के पत्थरों को तोड़ती अपनी मंजिल तक पहुँच जाती है। बाढ़ का रौद्र रूप धारण करने के बाद भी भावनाओं की नदी अति नहीं करती। अपने दायरे को सँभाले रखती है। गुदाद्वार के देशज पर्यायवाची के प्रयोग से भी आक्रोश का सौन्दर्य पैदा

कर देती है। आक्रोश का सौन्दर्य प्राथमिकता पर निर्भर करता है। एक निरीह जब शक्तिशाली के सामने प्रतिरोध करता है, आँख में आँख डाल उसके सामने अड़ जाता है, इस आक्रोश में सौन्दर्य होता है। साहस का आकर्षण होता है। वहीं जब एक शक्तिशाली, झुंड बनाकर किसी एक निरीह को कुचलता है, उसके आक्रोश में भोंडापन होता है। साहस में विद्रूपता होती है। खैर, कविता में 'अतिक्रमण' नहीं करना चाहता। अतिक्रमण के लिए आवश्यक भाषा के लच्छेदार सौन्दर्य से वंचित हूँ।

इधर एक कवि हैं। कविता रचने के उनके अन्दाज से लगता है कि उनके पास जो भावनाओं की नदी है, वो हमेशा बाढ़ग्रस्त रहती है। वे नदी के आक्रोश को सँभाल नहीं पाते। सँभालने के लिए नदी पर बाँध बना दिया है। बाँध अत्याधुनिक तकनीकी से निर्मित है। स्वचालित है। बाएँ कान में पेन डालते हैं तो बाँध के फाटक खुल जाते हैं। भावनाएँ शोर मचाते, उफनते हुए बहने लगती हैं। दाहिने कान में पेन डालते हैं तो बाँध के फाटक बन्द हो जाते हैं। भावनाएँ सूख जाती हैं।

एक सुबह उन्होंने बाएँ कान में पेन डाली। बाँध का फाटक खुला। भावना बही। कविता बाहर आई। एक पंक्ति के बाद दाहिने कान में पेन डाल फाटक बन्द कर दिया। आलमारी से एक मोटी किताब निकाली—कविता कैसे लिखें। फाटक खुलने से निकली कविता की एक पंक्ति को 'कविता कैसे लिखें' की कसौटी पर कसना शुरू किया। तीन-चार घंटे की काट-छाँट कर उसे 'कविता कैसे लिखें' के निर्देशों पर खरा उतार दिया। फिर 'कविता कैसे लिखें' को वापस आलमारी में रख दूसरी पंक्ति के लिए बाएँ कान में पेन डाल दिया। ये कवि दूसरी पंक्ति को भी कविता कैसे लिखें की कसौटी पर कसेंगे।

साम्राज्यवाद की बाढ़ आई। उनकी भावनाओं का फाटक खुला। एक पंक्ति आई। आलमारी से...।

साम्राज्यवाद की बाढ़ सब कुछ तबाह कर चली गई, तब उनकी भावनाओं ने कविता का रूप धरा। शीर्षक-बाढ़ आई है। इनकी भावनाएँ कविता का सौन्दर्य पाने में बहुत समय लगाती हैं। दूसरे कवि के पास चलते हैं। उनकी भावनाओं का फाटक हमेशा खुला ही रहता है। लप्प-लप्प कविता उत्पादित करते हैं।

उनकी कविता पढ़ता हूँ, तो लगता है अनुवाद पढ़ रहा हूँ। जिसके अनुवादक स्वचालित फाटक वाले कवि हैं। हालाँकि ऐसा है नहीं। उनके मूल को अनुवादित समझ लेता हूँ, इसमें उनका क्या दोष? दोष मेरी समझ का है। जिससे काम बनता है, उसे पता नहीं क्या-क्या समझ लेती है।

हिन्दी वर्णमाला के सभी स्वर और व्यंजनों का थैला उनके पास है। अपने लड़कपन के दिनों में होली के दौरान वे अपने झोले (स्कूल बैग) में आलू रखते

थे। बीच से कटे आलू पर उलटा चोर लिखा रहता था। चोरी से वे किसी की पीठ पर आलू से बनी मुहर मार देते थे। फिर किसी के कान में चोरी से प्राप्त की गई अपनी उपलब्धि बताते—उसकी शर्ट पर चोर लिखा है।

उनके प्रौढ़ होने के साथ झोले की समझ भी बढ़ी। वो थैला हो गया। थैले में वे अपनी प्रौढ़ावस्था के सबूत लेकर चलते हैं। उनके थैले में रखे स्वर और व्यंजन प्लास्टिक के बने हैं। जैसे आँगनबाड़ी केन्द्र पर मिलते हैं। उनको भी आँगनवाड़ी केन्द्र पर ही मिले थे।

वे बच्चों से बेहद प्रेम करते हैं। बच्चों का प्रेम उन्हें आँगनबाड़ी केन्द्र खींच ले जाता है। वहाँ बच्चों के बीच वे भी बच्चा बन जाते हैं। बच्चों के साथ खेलते हुए वे अपना थैला खोलते हैं। स्वर और व्यंजन बिखेर देते हैं। बच्चे स्वर और व्यंजन के साथ खेलने लगते हैं। एक निश्चित समय के बाद वे सभी बच्चों को 'स्टैच्यू' बोल देते हैं। फिर बारीकी से बिखरे हुए स्वर और व्यंजनों में बिम्ब, शिल्प और सौन्दर्य खोजते हैं। उसे कागज पर कविता का रूप देते हैं। कागज पर कविता के रूप में उतारने के बाद वे 'स्टैच्यूज' को अगले दिन तक की छुट्टी दे देते हैं। कविता लिखना उनके लिए बच्चों का खेल है। वे स्वच्छन्द छन्द के क्रान्तिकारी कवि हैं।

इन दोनों कवियों और उनके पर्यायवाचियों ने धूमिल की परिभाषा पर कायम मेरे विश्वास को डगमगा दिया है। फिर भी उनकी कविता पर मेरा विश्वास जमा हुआ है—"एक आदमी रोटी बेलता है, एक आदमी रोटी खाता है, एक तीसरा आदमी भी है, जो न रोटी बेलता है, न रोटी खाता है, वह सिर्फ रोटी से खेलता है, मैं पूछता हूँ—यह तीसरा आदमी कौन है? मेरे देश की संसद मौन है।" कोई मुझे बताएगा—वह तीसरा आदमी कौन है, जो सिर्फ कविता से खेलता है?

साहित्य का लेखा-जोखा प्रस्तुत करने वालों द्वारा कविता का नया युग आ गया, ऐसा दावा किया गया। युग का बखान सिर्फ सन्दर्भ और प्रसंग के सहारे नहीं किया जा सकता। इसलिए युग की व्याख्या करनी पड़ी। युग वर्षों का होता है। आगे भी चलता रहेगा। युग की कालावधि नए युग की खोज तक होगी।

मेरे युग की अवधि बहुत छोटी है। मात्र एक वर्ष। मेरा वर्ष बहुत छोटा गुजरा। मेरे वर्ष का आकार शब्द सीमा पर निर्भर रहा। ये शिकायत नहीं, आत्म-आलोचना है। लेखन सार्थक हो, तब शब्द सीमा के बन्धन टूट जाते हैं। आदर्शों के अपभ्रंश के भीषण दौर में, जब साहित्य विज्ञापन की तरह भी प्रकाशित हो रहा हो, ऐसे समय में शब्द सीमा की शिकायत को आत्म-आलोचना की श्रेणी में रखा जाना चाहिए।

इस वर्ष में मेरी उपलब्धियों की संख्या शून्य रही। ऐसे में अपनी उपलब्धियों के महिमामंडन का आनन्द नहीं ले सकता। दूसरों की उपलब्धियों पर सवालिया

निशान लगाने के लिए आलोचक बनना पड़ेगा। आलोचक की नकल करने के लिए इस वर्ष प्रकाशित संग्रहों के गुण-दोषों की चर्चा ईमानदारी से करनी होगी। ईमानदार, जो कि मैं हूँ नहीं तो आलोचक नहीं बन सकता। पाठक ईमानदार आलोचक होता है। मैं ईमानदार पाठक भी नहीं हूँ। उपलब्धिविहीन होने के दु:ख को कम करने के लिए दूसरों की उपलब्धियों में वर्तनी दोष खोज सकता हूँ।

साहित्यिक वर्ष का लेखा-जोखा प्रस्तुत करने वाले साहित्य के प्रतिष्ठित साक्षात्कार व्यंग्य को हाशिये पर रखते हैं। कविता, कहानी, उपन्यास की तरह व्यंग्य की चर्चा नहीं करते। इसी तरह चर्चा कर दें-इस वर्ष ऐसी कोई व्यंग्य रचना नहीं आई जो उल्लेख करने योग्य हो। खैर, किसी समकालीन को क्या दोष दूँ, व्यंग्य सदा से ही प्रतिष्ठित आलोचकों के लिए अबूझ पहेली के जैसा रहा है। या उपेक्षा का शिकार रहा है। इसलिए व्यंग्य विसंगतियों पर प्रहार की जिम्मेदारी निभाने के साथ अपनी आलोचना भी कर लेता है। व्यंग्यकार इस जिम्मेदारी को बखूबी निभा भी रहे हैं। 'स्वयं से साक्षात्कार' कराने वाले व्यंग्यकार मेरे आदर्श हैं। उनसे प्रेरणा लेते हुए मैं 'जो मन खोजा आपनो' करूँगा। आलोचक बनने के लिए ईमानदार होने का अड़ंगा है। इसलिए दूसरों की आलोचना की जगह अपनी आलोचना करूँगा।

शपथ पत्र

"अपनी आलोचना करने के लिए मुझे अभिधा में व्यक्तिकेन्द्रित होना पड़ेगा। आलोचना का विषयान्तर व्यक्ति से प्रवृत्ति, व्यक्तिकेन्द्रित से विसंगतिकेन्द्रित और अभिधा से व्यंजना और लक्षणा होने की दशा में आलोचना को खारिज कर दिया जाए। कूड़ा घोषित कर दिया जाए।"

उम्र के अनुसार मैं 'युवा' की श्रेणी में आता हूँ। इसी युवा पुरस्कार की घोषणा के साथ ही युवा की उम्र सीमा पर विवाद भी छिड़ता है। मैं वरिष्ठों के बारे में सोचने लगता हूँ—अकादमी और पीठ पाने के लिए क्या काँपती कलम के साथ लिखना अनिवार्य है? खैर, अपनी बात करता हूँ। युवा की बात। वरिष्ठ अपनी सोचें।

'युवा', वर्ष का विवादास्पद शब्द। विवादों में पिछले कई वर्षों से रहा है, पर स्मार्टफोन का घनत्व और सोशल मीडिया का प्रभाव बढ़ने से युवा के नाम पर होने वाले विवाद, उन घरों में भी पहुँच गए, जिन घरों में सिर्फ समाचार पत्र के पाठक रहते हैं।

वर्ष की चौथी तिमाही में दिल्ली में एक युवा कवि कुतुबमीनार के ऊपर चढ़ गया। कविता के सुधि पाठक और श्रोता बड़े खुश हुए—कवि कुतुबमीनार के

मंच से कविता सुनाएगा। पर कवि तो नाराज था—मुझे युवा पुरस्कार क्यों नहीं मिला? रहस्य छन्द के कवि को क्यों दिया गया? गुस्से में वीभत्स रस के कवि ने कविता की जगह रौद्र रस का भाषण देना शुरू किया। पुरस्कार न मिलने के गुस्से से उत्पन्न हुआ रौद्र रस करुणा उत्पन्न कर रहा था। कविता के सुधि पाठक और श्रोता, ये सोचकर कवि के भाषण पर वाह-वाह करते रहे कि थोड़ी देर में कवि के ऊपर शहर की हवा असर करेगी; कवि कविता सुनाना शुरू करेगा। हुआ भी यही। कवि के ऊपर शहर की हवा ने असर किया। कवि कुतुबमीनार से नीचे उतर आया और पुरस्कार देने वालों के दरवाजे की ओर बढ़ गया। समझौता हो गया—भई, तुम तो वरिष्ठ हो युवा पुरस्कार लेकर क्या करोगे? हम तुम्हें वरिष्ठ कवि की उपाधि दे देते हैं।

वरिष्ठता भी एक उपलब्धि है। जिनको ये उपलब्धि मिलती है, वे इसका महत्त्व जानते हैं। इस उपलब्धि को प्राप्त करने के बाद उनकी मन:स्थिति पर कवि कैलाश गौतम का प्रकाश डालता हूँ—मनै मन छोहारा मनै मन मुनक्का।

हरिशंकर परसाई के अनुसार—'साहित्यिक पत्रिकाएँ ब्राह्मण हैं, व्यंग्य शूद्र।' हालाँकि उनके समय में ही व्यंग्य को शूद्र समझे जाने की धारणा में बदलाव हो चुका था। आज लगभग सभी पत्र-पत्रिकाएँ व्यंग्य को स्थान दे रही हैं। व्यंग्य के पराक्रम से सहमकर कई पत्र-पत्रिकाएँ व्यंग्य को 'फिलर' के रूप में भी प्रकाशित कर रही हैं। विसंगति प्रहारक व्यंग्य की बढ़ती प्रासंगिकता के बाद भी युवा शब्द पर होने वाला विवाद समाप्त नहीं हो रहा है!! युवा शब्द पर होने वाला विवाद समाप्त हो जाता, गर बढ़ती प्रासंगिकता के साथ साहित्य का वार्षिक लेखा-जोखा प्रस्तुत करने वाले व्यंग्य की दुनिया में हो रहे नए प्रयोगों और ईजाद की जा रहीं नई उपाधियों पर ध्यान देते। सोशल मीडिया के बढ़ते प्रभाव से साहित्यिक गोष्ठियाँ अब ऑनलाइन भी होने लगी हैं। साहित्य का वार्षिक लेखा-जोखा प्रस्तुत करने वालों को व्यंग्य की ऑनलाइन गोष्ठियों पर नजर रखनी चाहिए। युवा सहित कई विवादों का समाधान चुटकी बजाने जितनी मेहनत में ही मिल जाएगा। इसीलिए सूर्यकान्त् त्रिपाठी 'निराला' ने कहा है—गद्य अगर जीवन संग्राम की भाषा है तो व्यंग्य इस संग्राम का सबसे शक्तिशाली शस्त्र।

व्यंग्य ने युवा शब्द पर होने वाले विवाद का निपटारा वर्ष की दूसरी तिमाही में ही कर लिया था। अधेड़ावस्था में उदीयमान एक व्यंग्यकार के पहले व्यंग्य संग्रह के प्रकाशन के बाद एक समारोह के दौरान उन्हें 'अर्ध-वरिष्ठ' की उपलब्धि प्रदान की गई (अर्ध-वरिष्ठ जी क्षमा करें, उनकी उपलब्धि पर सवालिया निशान लगा रहा हूँ। पर जैसा कि पहले ही बता चुका हूँ कि उपलब्धिविहीन होने का अपना दु:ख कम

करने के लिए उपलब्धियों में वर्तनी दोष खोज सकता हूँ। हालाँकि इस उपलब्धि में भाव खोजना चाहिए—ये उपलब्धि है या किसी व्यंग्य रचना का शीर्षक)। उपलब्धि पाकर वे 'मनै मन छोहारा मनै मन मुनक्का' हुए।

उदीयमान उम्र के बन्धन से परे होता है। पचास पार की उम्र में भी उदित हो सकता है। 'साहित्येतर गतिविधियाँ' मजबूत हों, तब पचास पार की उम्र में उदित होने के बाद भी अगले दस-पन्द्रह वर्ष तक युवा होने की उपलब्धि बरकरार रखी जा सकती है। भारत युवाओं का देश है, जनगणना के अनुसार ऐसा माना जाता है। देश का भविष्य युवाओं के कन्धों पर है, ऐसा मतगणना के अनुसार माना जाता है। पार्टियाँ देश के भविष्य को ध्यान में रख, युवाओं को आकर्षित करने के लिए तमाम योजनाओं की घोषणा करती हैं। पर ये नहीं बतातीं कि योजना का लाभ जनगणना वाले युवाओं को मिलेगा या पार्टी वाले युवाओं को।

61 वर्ष औसत आयु वाले देश का युवा मतदाता उम्र के एक पड़ाव के बाद युवा होने का मोह त्याग देता है, पर वरिष्ठ कहे जाने से बचने के लिए सौन्दर्य प्रसाधनों के माध्यम से जवान नजर आने की कोशिश करता है। कृत्रिम सौन्दर्य को ना-पसन्द करने वाले साफगोई पसन्द युवा सौन्दर्य प्रसाधनों का उपयोग नहीं करते या न्यूनतम करते हैं।

पार्टी वाला युवा, तब तक खुद को युवा रखने की जिद ठाने रखता है, जब तक उसे पार्टी में कोई ऊँचा पद न मिल जाए। जिस दिन पद मिलता है, उस दिन वरिष्ठ कहे जाने के लिए राजी होता है। पद मिलने की कीमत के रूप में वो पार्टी कोष में अपनी युवावस्था जमा करता है—पार्टी आलाकमान से मेरी गुजारिश है कि मेरे बाद जो इसके साथ न्याय करने योग्य हो, उसे दी जाए। पद न मिलने से नाराज कई साठ-पैंसठ की उम्र में भी युवा बने रहते हैं। वे ता-उम्र युवा नेता रह जाने की कसक लिए काल के क्रूर पंजों का शिकार हो जाते हैं।

इधर एक साहित्यकार हैं। वे ता-उम्र युवा बने रहना चाहते हैं। खुद को दी जाने वाली सुपरिचित, ख्यातिलब्ध, प्रतिष्ठित साहित्यकार की उपलब्धियों को खारिज कर देते हैं। क्योंकि युवावस्था पार कर चुके साहित्यकारों को मिलने वाली उपलब्धियों में उनकी नहीं 'चलती'। युवा पुरस्कारों, विशेषांकों में उनकी ही चलती है।

भारतीय औसत आयु को पार करने के दशकों बाद उनकी मृत्यु होगी, तब मुझे दुःख होगा। मृत्यु का दुःख सबको होता है, मुझे विशेष दुःख होगा; साहित्यिक दुःख—90 वर्ष की अल्पायु में ही काल के क्रूर पंजों ने एक ता-उम्र युवा को हमसे छीन लिया। भविष्य में काल किसी ता-उम्र युवा के साथ ऐसा क्रूर मजाक न कर पाए, इसके लिए मैं साहित्य के पंच परमेश्वरों से आग्रह करूँगा कि वे युवावस्था

की उम्र और बढ़ा दें। ताकि काल 120 वर्ष के पहले ता-उम्र युवाओं की तरफ देखने का दुःसाहस न कर सके।

पचास पार के साफगोई पसन्द युवा भी होते हैं। युवा बनकर अर्जित की गई उपलब्धियों की गठरी ढोते-ढोते जब पैर काँपने लगते हैं, तब घोषणा करते हैं—

'मैं युवाओं के अधिकार पर चेष्टा जताने की कुचेष्टा नहीं कर सकता। अतएव, मैं बिना किसी दबाव के अपने पूरे होशो-हवास में घोषणा करता हूँ—मैं अब युवा नहीं रहा।

—आपके 'रिकॉर्ड' को देखते हुए कैसे भरोसा कर लें? शपथ पत्र दीजिए।

—ठीक है, आज के बाद मैं अपने बालों में खिजाब नहीं लगाऊँगा।

—साहित्य में बूढ़े तो आप उसी दिन हो गए थे, जब अपने साहित्य का युवापन, नयापन बचाए रखने के लिए नए विचारों पर सोच-विचार किए बिना ही उन्हें खारिज करना शुरू कर दिया था। नए विचारों पर प्रतिबन्ध लगा दिया था—उन पर विचार करने वालों को साहित्यद्रोही घोषित कर दिया जाएगा। बिना विचारे खारिज कर आपने अपनी गम्भीरता की जड़ता का परिचय दे दिया था।'

बालों में खिजाब न लगाने का शपथ पत्र देने के बाद भी युवा से उनका मोह नहीं छूटा। युवा पुरस्कारों या विशेषांकों की घोषणा सुनकर शपथ पत्र का उल्लंघन करते हैं। एक-एक सफेद बाल गिनते हैं—अभी आधे ही तो सफेद हुए हैं।

बालों में खिजाब मुझे बारह-पन्द्रह वर्ष की उम्र से ही लगाना पड़ रहा है। तीन-चौथाई बाल उस उम्र में ही सफेद हो गए थे। मैं बारह-पन्द्रह वर्ष की उम्र से ही बुजुर्ग चला आ रहा हूँ। मेरी युवावस्था आई ही नहीं। बचपन के बाद सीधे बुढ़ापा। युवावस्था पर बालों की सफेदी 'जम्प' मार गई।

बचपन का एक मित्र मुझे बारह-पन्द्रह वर्ष की उम्र से ही 'का बुढ़े' कहकर बुलाता है। मामा मुझे 'ठूँठे' कहते हैं। मैं बुरा नहीं मानता। मैं प्रयोगधर्मी बूढ़ा हूँ। बालों में एक ही रंग का प्रयोग हमेशा नहीं करता। रंगों के साथ प्रयोग करता रहता हूँ। प्रयोगधर्मिता मेरे बालों की सफेदी को युवावस्था के रंग में रँग देती है। देखने वाले कहते हैं—युवा है।

एक युवा साहित्यकार हैं, उम्र के अनुसार भी। बेहद गम्भीर। साफगोई पसन्द। दिखावा पसन्द नहीं करते। युवावस्था में कदम रखते ही, उनके बालों ने सफेदी में कदम रख दिया था। वे अपने बालों की सफेदी नहीं ढँकते। कहते हैं—मैं अन्दर (बाल अन्दर से बाहर आते हैं) से जैसा हूँ, वैसा बाहर भी दिखना चाहता हूँ।

साफगोई की छाप उनके साहित्य में भी झलकती है। अपने साहित्य में भी वे अपनी गम्भीरता की जड़ता को नहीं ढँकते। उनके मित्र-यार और घरेलू समझाते हैं—तुम पर हमेशा एक रंग अच्छा नहीं लगता। ठूँठ की निर्जनता पर रंग चढ़ाया करो। सुझाव की लाज रखने के लिए वे प्रयोग करते हैं। ठूँठ के शीर्ष पर बैंगनी-पीला-गुलाबी लगा लेते हैं। उनका नया रंग-ढंग देख चितकबरे भौंकने लगते हैं। घबराकर वे एकरंगीय गम्भीरता में वापस लौट जाते हैं।

बहुत से लोग प्रयोग करने से डरते हैं। उन्हें फेल होने, असफल होने, खारिज किए जाने या आलोचना से डर लगता है। ऐसे लोग हमेशा सफल होना चाहते हैं। हमेशा सही करना चाहते हैं। ऐसा सही, जो पहले से ही किसी और द्वारा प्रमाणित है। इसमें दोष हमारी परम्पराओं का है। ऐसी धारणा बना दी गई है कि लीक छोड़कर चलने वाला झंडू समझा जाता है। इसी चक्कर में एक लीक पर अन्तहीन लाइन लगी हुई है। लाइन में लगे पैर लीक को घिसते जा रहे हैं। घिसते-घिसते लीक खोखली हो चुकी है। इसी बीच जब कोई झंडू नई लीक बना देता है, तब-मैं तो शुरू से ही कहता था कि ये कुछ नया करेगा।

असफलता या गलती के डर से प्रयोग करने से नहीं डरना चाहिए। कितने आविष्कार या खोजें प्रयोग के दौरान हुई गलतियों या दुर्घटनाओं का ही परिणाम हैं। गलती के डर से ही अभी ना जाने कितने आविष्कार पाइप लाइन में हैं। वे इन्तजार में हैं कि कोई प्रयोग तो शुरू करे। पाइप लाइन में पड़े आविष्कारों को बाहर लाने के लिए बिना डरे प्रयोग करना होगा। मुझे घरेलू आलोचकों पर पूरा भरोसा है। इन्हीं आलोचक के दम पर मैं प्रयोग करने से नहीं डरता हूँ। घरेलू आलोचक मेरे प्रयोग की स्थापना कर देंगे। हाँ, ये है कि अभी तक किसी आलोचक को घरेलू नहीं बना सका हूँ। ना ही किसी आलोचक का घरेलू बन सका हूँ। आधुनिक युग की इस कमी या माँग को दूर करने के लिए प्रयासरत हूँ।

इस वर्ष भी हिन्दी साहित्य (दिल्ली) पर आरोपित किया जाता रहा—हिन्दी साहित्य लीक छोड़कर नहीं चलना चाहता है। इसलिए यथार्थहीन हो जाता है। नया दर्शन स्वीकार नहीं करता। इसलिए प्रदर्शन अधिक करता है। यथार्थवादी पुरखों की जयन्ती और पुण्यतिथि के दिन यथार्थवाद को श्रद्धांजलि अर्पित करता है। यथार्थवाद को शत-शत नमन करता है। यथार्थ का वर्णन करने वाले प्रदर्शन नहीं करते, इसलिए हिन्दी साहित्य उनकी खोज-खबर नहीं लेता। समकालीन साहित्य में वे कोने में पड़े हुए हैं। यही कारण है कि ये विश्व साहित्य में प्रभावी उपस्थिति दर्ज नहीं करा पाता। हिन्दी साहित्य पर लगाए जाने वाले इन कथित आरोपों से मैं असहमत हूँ (इसीलिए

आरोप के पहले कथित लगाया है)। समकालीन हिन्दी साहित्य में यथार्थवाद आकाश में तारों की तरह बिखरा पड़ा है।

कथित आरोप लगाने वालों के लिए यथार्थ की परिभाषा, उसका दर्शन जो भी हो, वे ही जानें, मैं जिस यथार्थ की बात कर रहा हूँ, उस पर तारों की टिमटिमाहट डालता हूँ—

हिन्दी के साहित्यकार यथार्थवादी हो रहे हैं। रहे भी हैं। हिन्दी साहित्य के समकालीन परिदृश्य में यथार्थवादी साहित्यकारों की संख्या पूँजी कृपा के लेखकों, कवियों, सम्पादकों और प्रकाशकों की तरह बढ़ी है। वे बिना डरे यथार्थ का वर्णन कर रहे हैं। इनका यथार्थ भूत के लोटे में रखा हुआ है। ये विचारधारा के झंडे को वस्त्र की तरह पहनते हैं, पर झंडे की जगह अपना 'पर्सनल एजेंडा' ऊँचा करते हैं। भूत के लोटे में यथार्थ की अस्थियाँ रखी हुई हैं। लोटे के काँपने की स्थिति में अस्थियों को चोट लगती है। बचाव के लिए अस्थियों को क्षेत्रवाद, जातिवाद और शिष्यों की राख के मखमली गद्दे में लपेटा गया है। लोटे में बौद्धिक घुसपैठ की आतुर अस्थियाँ भी होती हैं। वे कड़बड़ाकर लोटाधारी को याद दिलाती हैं—मैं भी आपके पैत्रिक स्थान का निवासी हूँ। तरक्की की आँधी में तिनके की तरह उड़ता हुआ यहाँ चला आया। घुसपैठ की उम्मीदवारी पर पूरी तरह खरा उतरता हूँ।—मैं आपकी दादी की मुँहबोली मौसी का दूर का रिश्तेदार हूँ। मेरी घुसपैठ करा दूर के रिश्ते के हाथ कानून के हाथ से भी लम्बे होते हैं, ये साबित कर दीजिए। घुसपैठ की योग्यता जाँचने के बाद लोटाधारी अस्थियों को घुसपैठ का उचित अवसर उपलब्ध कराता है। साहित्य की सीमा पर लगी कँटीले तारों की बाड़ उठा देता है। रेंगते हुए अस्थियाँ सीमा के अन्दर पहुँच जाती हैं। फिर वे भूत का लोटा लेकर दिल्ली से गया वाया बनारस, साहित्य को तृप्त करती हैं।

अपने नाम के अनुसार प्रगतिशीलता नए को स्वीकारने में लचीली है। खुले विचारों का होने के कारण प्रगतिशीलता की सीमा निर्धारित नहीं है। निर्धारित न होने के कारण सीमा पर कँटीले तार की बाड़ नहीं लगी है। खुली सीमा है। सीमा खुली होने के कारण घुसपैठ में आसानी होती है। प्रगतिशीलता के खुले विचारों को सार्थक करने के लिए कई नंगे भी सीमा के अन्दर निछद्दम टहल रहे हैं। लचीलेपन का लाभ लेते हुए बौद्धिक घुसपैठिए अतिथि बनकर प्रगतिशीलता को यदा-कदा सम्पादित भी करते हैं।

हमारे यहाँ मरने के बाद सभी को 'चाल-चलन के बहुत अच्छे थे' की सान्त्वना दी जाती है। भूत का लोटा ढोने वाले यथार्थवादी साहित्यकार इस लीक को तोड़ रहे हैं। मृत्यु पश्चात बदमाश साहित्यकार को बदमाश ही कहा जा रहा

है। ट्रेजडी ये है कि मरने के बाद कहा जा रहा है। जीते जी उसके आभामंडल से आतंकित होकर यथार्थ का वर्णन नहीं किया गया। जीते जी उसकी बदमाशी को सीढ़ी बनाकर मुकाम बनाए जाते रहे।

जवानी में यथार्थ से अनभिज्ञ रह गए कई साहित्यकार बुढ़ापे में साहित्य की ट्रेजडी को दूर करने के लिए प्रयासरत हैं। वे जीवित बदमाश को बदमाश कहने का प्रयोग कर रहे हैं। सभी प्रयोग सफल ही हों, ऐसा हमेशा नहीं होता। प्रयोग जब असफल होता है, तब उनके यथार्थ की चड्ढी खिसक जाती हैं। असफल होने के बाद वे अतीत में गलतियों से हुए आविष्कारों का स्मरण करते हैं। उनसे प्रेरित होकर नए जोश, उमंग और ऊर्जा के साथ फिर से प्रयोग में लग जाते हैं। जिस दिन यथार्थ को नंगा कर देंगे, उस दिन प्रयोग सफल होगा। नया आविष्कार होगा—नंगे यथार्थ का वर्णन करने वाली नई विधा।

बुढ़ापे में यथार्थवादी होने के उचित कारण हैं। दर्शन या फिलॉसफी अनुभव का दूसरा नाम है। अतीत के अनुभव का सबक नया दर्शन बन जाता है। उम्र बढ़ने के साथ अनुभव बढ़ता है। नए दर्शन का दायरा बढ़ता है। आमजन का मस्तिष्क बुढ़ापे में कम कार्य करता है। स्मृति लोप का शिकार होने लगता है। पर साहित्यिकजन के साथ ऐसा नहीं होता। बुढ़ापे में साहित्यकार की स्मृति और मजबूत होती है। आँख के आगे भले ही ऐनक की मोटी दीवार तन जाए, पर अन्दर की दृष्टि और साफ हो जाती है। अपनी ऐनक को मखमली कपड़े से सहलाते हुए पोछता है। अन्दर की दृष्टि को बालू कागज से रगड़-रगड़ साफ करता है। हाथ से सफाई में माहिर साहित्यकार अनुभव के बुढ़ापे से अन्दर की दृष्टि को रगड़ उसका दायरा बढ़ा देते हैं। वो ताँक-झाँक भी करने लगती है। मृतक के चरित्र का भी आँखों देखा हाल सुनाने की योग्यता प्राप्त कर लेती है। अनुभव के बुढ़ापे में हाथ से सफाई में माहिर साहित्यकार की स्मृति उसे याद दिलाती है कि तुम जवानी का अमुक अध्याय भूल रहे हो।

साहित्यकार को याद आता है कि साहित्य के बोझ तले वो अपनी जवानी के अध्याय को भूल गया था। वो प्रायश्चित करता है। बुढ़ापे में यथार्थ की चड्ढी उतारता है। जवानी में यथार्थवाद से वंचित रह गए साहित्यकारों को बुढ़ापे में प्रायश्चित का अवसर देने के लिए विशेषांक आते हैं। इधर बीच प्रायश्चित करने वालों की संख्या बढ़ी है। एक के बाद एक प्रायश्चित विशेषांक आ रहे हैं।

प्रायश्चित करने के लिए इतिहास भी मजबूर करता है। बुढ़ापे में त्रिकालदर्शी हुई दृष्टि भविष्य दिखाती है—इतिहास में इस तरह याद किए जाओगे। इतिहास में अपना अंजाम देख वो प्रायश्चित करता है। भूत के लोटे को ढोते रहने की मजबूरियाँ

गिनाता है। वो जानता है, खुले विचारों वालों की प्रगतिशीलता उसे क्षमा कर देगी। सुबह का भूला शाम को घर लौट आए तो उसे माफ कर देना चाहिए कहते हुए उसे अपना लेगी। ऐसा दिन जब सुबह को शाम होने में कई दशक लगे, सबके हिस्से में नहीं आता।

वर्ष की पहली तिमाही में व्यंग्य केन्द्रित एक ऑनलाइन साहित्य गोष्ठी हुई। हालांकि मैं उस गोष्ठी में आमंत्रित नहीं किया गया था, पर 'डिजिटलाइजेशन' के बढ़ते प्रभाव से ताँक-झाँक आसान हो गई है। मैंने गोष्ठी को सूँघ लिया था। सूँघने की कला मुझे राजधानी के एक लेखक ने सिखाई—

राजधानी में एक गुप्त साहित्य सम्मलेन आयोजित हुआ। सम्मेलन स्थल के पास ही उसका निवास है। उसे सम्मेलन में आमंत्रित नहीं किया गया था। उसकी जन्मस्थली राजधानी नहीं है। साहित्य के सम्पर्क में रहने के लिए राजधानी चला आया था। आयोजन स्थल पर होने वाली तैयारियों से उसे आयोजन को सूँघ लिया था। वो भी आमंत्रण के इन्तजार में था। उसने आयोजक को फोन कर अपने आमंत्रण की याद भी दिलाई थी—प्रणाम सर! क्या आपने फोन किया था?

—नहीं तो।

—आपकी मिस कॉल पड़ी हुई है।

—मैंने तो इधर बीच आपको याद भी नहीं किया।

—ओहहह... सर पुरानी मिस कॉल है। मिस कॉल की डीटेल पर अभी ध्यान दिया। एक महीने पहले की है। सॉरी सर।

—कोई बात नहीं। इसी बहाने बात हो गई।

फिर हाल-चाल की औपचारिकता पूरी हुई। आमंत्रण नहीं मिला तो उसने खुद को सान्त्वना दी—इतिहास गवाह है, राजधानी पर राज करने वाले राजधानी में पैदा नहीं होते।

व्यंग्य केन्द्रित ऑनलाइन गोष्ठी के आयोजन को मैंने भी सूँघ लिया था। गोष्ठी में शामिल होने के लिए मैंने उपर्युक्त वर्णित प्रक्रिया का पालन किया। फिर भी आयोजक का दिल नहीं पसीजा। गोष्ठी में सभी विधाओं के साहित्यकार शामिल थे। गोष्ठी में इस बात पर चिन्ता जताई गई कि कुछ व्यंग्यकार राजनीतिज्ञों के नाम का प्रयोग कर लिख रहे हैं। फिर चिन्तन हुआ—ऐसा क्यों हो रहा है? चिन्तन के पश्चात कारण बताओ तर्क प्रस्तुत किए—नाम का प्रयोग करने से छपने की गारंटी मिल जाती है। नाम का प्रयोग करने वाले अपनी खीझ का प्रदर्शन करते हैं। ऐसा करने वाले कुंठित हैं... आदि। सुझाव दिया गया—नाम लेने की जगह प्रतीकों का

प्रयोग किया जाए। व्यंजना व्यंग्य की कसौटी है। अभिधा की जगह व्यंजना में अपनी बात कही जाए। जैसे केजरू, पप्पू, फेंकू, चारा चोर आदि।

गोष्ठी की चिन्ता और चिन्तन का प्रभाव मेरे ऊपर नहीं पड़ा। सुझाए गए प्रतीकों का प्रभाव पड़ा। सुझाव के तर्कों का अनुसरण करते हुए मैंने एक जगह लिखा-तेलंगाना के मुख्यमंत्री। मुख्यमंत्री का नाम नहीं लिया; इस उम्मीद के साथ कि पढ़ने वालों को भी 'तेलंगाना के मुख्यमंत्री' के उल्लेख से के. चन्द्रशेखर राव का नाम याद नहीं आएगा। व्यंजना व्यंग्य की कसौटी है, के अनुसार ऑनलाइन व्यंग्य गोष्ठी में चिन्ता-चिन्तन-सुझाव वालों के नाम का उल्लेख नहीं किया है। उसी उम्मीद के साथ अपने-अपने चिन्ता-चिन्तन-सुझाव पढ़कर उनके जेहन में भी नहीं आएगा—ये मैंने कहा था।

गोष्ठी के प्रभाव से निकला तो सोचने लगा—मैंने के. चन्द्रशेखर राव क्यों नहीं लिखा? सिर्फ गोष्ठी के प्रभाव से छपने की गारंटी छोड़ने का महात्याग मैं नहीं कर सकता। अगर गोष्ठियों, नैतिक विचारों आदि का प्रभाव पड़ता, तब इस देश की दशा और दिशा कुछ और ही होती।

आलोचक को बोलने का अवसर मिल गया। आलोचक बोला-अगर नाम लिखोगे तब सरकारी-अर्धसरकारी उपलब्धियाँ कैसे मिलेंगी? पार्टी समर्थन के नाम पर उन्मादी और हिंसक हो चले ट्रोल्स की मनबढ़ई के निशाने पर आने का भी डर है। जैसा कि मैं इस आलोचक को डाँट-फटकार देता हूँ; मैंने फिर डाँट दिया—शट अप। व्यंजना में लिखने के लिए भी शरद जोशी को नौकरी छोड़नी पड़ी थी। वो फिर बोला—सबका एक मजबूत पक्ष होता है। कमजोर पक्ष भी होता है। दोनों पक्षों के अनुसार बचाव के तर्क होते हैं। मैंने फिर डाँटा—शटअप, जबान लड़ाते हो मुझसे! अब बोले तो गला घोंट दूँगा तुम्हारा।

आलोचक को मैंने शट अप करा दिया, पर एक दन्त कथा भी याद आ गई। एक साहित्यकार के गेट पर पड़ोसी का कुत्ता नित्य क्रिया कर जाता। एक दिन मैंने पूछा—कुत्ते को डाँटते क्यों नहीं? उन्होंने बताया—कुत्ता मालिक पुरस्कार देने वाली समिति के सदस्य हैं। कुत्ते को डाँट दूँगा तो पुरस्कार देने वाली समिति मुझे दुत्कार देगी।

पुरस्कार उन्हें चारों तिमाहियों में मिलते रहते हैं। बसन्त में सरस्वती पूजा समिति पुरस्कृत कर देती है। फागुन में होली मिलन समारोह के दौरान पुरस्कृत हो जाते हैं। रमजान में इफ्तार पार्टी के दौरान पुरस्कृत हो जाते हैं। नवरात्र में दुर्गा पूजा समिति वाले पुरस्कृत कर देते हैं। समाज वाली समितियाँ बिना शुभ लग्न के ही पुरस्कृत करती रहती हैं। पुरस्कारों के नजरिये से समिति प्रिय होने के बाद भी उन्हें उस

पुरस्कार की कामना है, जो उन्हें कालजयी साबित कर दे।

कालजयी साबित करने वाला पुरस्कार पाने की कामना ही उनकी रचनाशक्ति को बढ़ाती है इसलिए मैं कामना करता हूँ कि उन्हें कालजयी साहित्यकार साबित करने वाला पुरस्कार न मिले! वो पुरस्कार मिल गया तो लिखना छोड़ दूसरों को कालजयी बनाने लगेंगे।

पुरस्कार के साथ जुड़ी ऐसी दन्त कथाओं का वर्णन आत्मकथा और संस्मरण में नहीं मिलता। पुरस्कार की उम्मीद में उनके दोनों लटके हुए है। मिल जाता तो जीवन मुकम्मल होता। दोनों सम्पूर्ण हो जाते। परम्परा के अनुसार, वे भी पुरस्कार से जुड़ी अपनी दन्त कथा का वर्णन आत्मकथा और संस्मरण में नहीं करेंगे। पर हाँ, पुरस्कार प्राप्त अपने अप्रिय लेखकों की दन्त कथाओं का वर्णन करते समय उनका साहित्य अपनी चरम अवस्था में पहुँच जाता है। ये भी उनकी एक उपलब्धि है।

उपलब्धि के लिए कुतुबमीनार पर चढ़े कवि की तरह पुरस्कार की उम्मीद में कुत्ते की अवमानना बर्दाश्त कर रहे साहित्यकार की बेबसी से मेरे अन्दर करुणा उत्पन्न हुई। जिन्हें दो वक्त की रोटी मयस्सर नहीं, जिनके पास स्थायी छत नहीं, उन्हें देख मेरे अन्दर करुणा उत्पन्न नहीं होती। किसी साहित्यकार को पुरस्कार के लिए दुखी होते देखता हूँ, तब करुणा उत्पन्न हो जाती है। यही साहित्य का चमत्कार है, जो पत्थर में भी प्राण फूँक देता है। पवित्र और शाश्वत साहित्य ने करोड़ों पत्थरों में प्राण फूँक उन्हें पूज्य बना दिया है। राम ने पत्थर छुआ स्त्री बन गई; ये भी साहित्य का ही चमत्कार है, पर भक्त मानते नहीं।

करुणा के वशीभूत हो, पुरस्कार और उनके बीच की दूरी और कम करने के लिए सोचा कह दूँ—कुत्ते को अपना आँगन दिखा दीजिए। सोचा, पर कहा नहीं। कह भी देता, पर वही आलोचक कहता है—ऐसी बानी बोलिए, मन का आपा खोय...।

अपने स्वार्थ के अनुसार स्वयं के आलोचक की बात मान लेता हूँ—पुरस्कार दिलाने के सहयोग की एवज में अगले पुरस्कार पर मेरी दावेदारी के लिए वे 'लॉबिंग' करेंगे।

सहयोग करने के रूप मैं उनसे शपथ पत्र ले चुका हूँ। इसके बावजूद आलोचक की बात मान पुरस्कार और उनके बीच की दूरी कम करने वाला उपाय न बता पाने की पीड़ा वर्ष भर मुझे सालती रही। पीड़ा से मुक्त होने के लिए, हो सकता है, अगले नए वर्ष की पहली तिमाही में ही उन्हें उपाय बता दूँ।

सत्यनारायण का पीढ़ा

फिलहाल शरीर का आयतन बढ़ा हुआ है। कुछ भावनाओं के सम्मान के बोझ से शरीर का 'ग्रॉस वेट' बढ़ गया है। जेब में रखे पदार्थों का वजन भी जोड़ दिया जाए, तो ग्रॉस वेट बॉडी मास इंडेक्स के अनुसार 'ओवरवेट' हो गया है। बीएमआई से कम या अधिक वजन स्वास्थ्य के लिए खतरे की घंटी माना जाता है। तरक्की के लिए खतरे की घंटी को अनसुना कर देता हूँ।

एक धर्माचार्य का बॉडी मास इंडेक्स देखने पर हैरत में पड़ जाता हूँ। ओवरवेट शरीर का आयतन अंड-बंड है, फिर भी खतरे की घंटी नहीं बज रही। वजन इतना अधिक है कि उसका पेट उसके पैर से दो कदम आगे ही रहता है। गर्दन का पता ही नहीं चलता। पैर घुटने के नीचे के नजर आते हैं। इसकी शारीरिक संरचना के बारे में बताना हो तो कहा जा सकता है कि सिर है, बाकी सब पेट है। धड़ नहीं है।

बनारस-धर्म की नगरी, संस्कृति की नगरी, सर्व विद्या की राजधानी, सबसे प्राचीन शहर। कोई विशेषण छूट रहा हो तो अपने से जोड़ लें।

बनारस के साथ उपर्युक्त विशेषण इलेक्ट्रॉनिक मीडिया के पत्रकार खबरों के 'इंट्रो' में प्रयोग करते रहे हैं। अब नहीं करते। अब वे इंट्रो में 'प्रधानमंत्री नरेन्द्र मोदी के संसदीय क्षेत्र' का प्रयोग करते हैं। ठीक ही करते हैं। जब धर्माचार्यों ने हर-हर महादेव को हर-हर मोदी में बदल दिया है तो पत्रकारों ने भी बदलाव को स्वीकार कर लिया। बदलाव के साथ पत्रकारों ने काशी को कुछ झूठे विशेषणों से मुक्ति भी दिलाई है। ठीक ही किया।

पत्रकारों को अगले बदलाव के लिए भी तैयार रहना चाहिए। हो सकता है, धर्माचार्य हर-हर मोदी को हर-हर गोलवलकर, हर-हर गोडसे में बदल दें। ऐसी स्थिति में पत्रकारों के लिए कोई विशेषण बचेगा ही नहीं। पत्रकार खुद एक विशेषण हो जाएँगे—एक थे पत्रकार।

इंट्रो के लिए एक विशेषण बचा हुआ है। पर उस विशेषण की तरफ अब तक नहीं देखा है। तो आगे भी देखने की जुर्रत न करें। जब हर-हर गोलवलकर

और गोडसे हो जाएगा, तब उस विशेषण की तरफ देखने वाले को गोली मार दी जाएगी। उस विशेषण का नाम सुनते ही पोंगापंथ के छप्पन भोग की थाली का स्वाद कसैला हो जाता है। उस विशेषण की तरफ देखने से धर्माचार्यों की आँख में किरकिरी पड़ जाती है।

केदारनाथ सिंह ने उस किरकिरी के बारे में बताया है—

इस शहर में बसन्त
अचानक आता है
और जब आता है तो मैंने देखा है
लहरतारा या मडुवाडीह की तरफ से
उठता है धूल का एक बवंडर
और इस महान पुराने शहर की जीभ
किरकिराने लगती है

किरकिरी के सिर पर मोरपंख है। *बंच ऑफ थॉट्स* की शाखाएँ जब उस किरकिरी के ललाट पर त्रिपुंड की स्थापना कर देंगी, तब उस विशेषण की तरफ देखा जा सकता है। शर्त ये रहेगी कि उस विशेषण के उन्हीं 'थॉट्स' का प्रयोग करना होगा, जो धर्माचार्यों द्वारा 'सर्टिफाइड' होंगे। अर्थात गुड़ को गोबर कहना होगा। गोबर को गुड़।

बनारस में *बंच ऑफ थॉट्स* की अनेक दुकानें हैं। कुछ स्थायी हैं। कुछ चलती-फिरती हैं। स्थायी दुकान वालों की 'वेल्थ' अच्छी है। चलती-फिरती वालों की वेल्थ कमजोर है। उनके वेल्थ की कमजोरी दूर करने के लिए 'ईडब्ल्यूएस' की व्यवस्था की गई है।

गरीब के लिए 'सरकारी गरीब' बनना कठिन होता है। काफी दौड़-भाग करनी पड़ती है। वहीं अमीर कुछ ले-देकर बैठे-बैठे सरकारी गरीब भी बन जाता है। ये आरोप नहीं है। व्यवस्था है।

ईडब्ल्यूएस कोटे के एक प्रचारक सुबह-शाम घूम-घूम चन्दन का त्रिपुंड लगाते हैं। दोपहर में दुकान रोक देते हैं। दोपहर में उनके ललाट का पारा चढ़ने लगता है। चन्दन की शीतलता को गर्मी सताने लगती है। शीतलता छाँव में विश्राम करने चली जाती है।

त्रिपुंड की वाई-फाई से जब से गोबर के वैज्ञानिक गुणों का प्रचार-प्रसार हुआ है, गोबर की सरकारी खरीद शुरू हुई है, तब से गोबर महँगा हो गया है। पाँच रुपये में उतना गोबर नहीं मिलता, पाँच रुपये में जितना चन्दन ललाट पर लगा देते हैं।

बनारस में ललाट पर चन्दन का त्रिपुंड सावधानी से लगवाना चाहिए। यहाँ चन्दन में चूना लगाने वाले बहुत हैं। चूने का त्रिपुंड मस्तिष्क पर आघात कर सकता है। मस्तिष्क को चूना लगा सकता है। पाँच रुपये में ललाट पर चन्दन में चूना ऐसे चिपोरते हैं, जैसे जनवाद की चेतना की आत्मा पर गोबर लीप रहे हों।

ईडब्ल्यूएस कोटे वाले प्रचारक चन्दन का चूना लगाने के लिए ललाट की तलाश में थे। उन्हें मेरा ललाट दिखा—लगा लो बच्चा। मैंने मना कर दिया—पहले ही ठंडा हो चुका हूँ। प्रतिरोध की ऊर्जा को मार चुका हूँ। चन्दन की शीतलता लेते-लेते शरीर ठंडा पड़ चुका है। ठंडे पड़ चुके शरीर को श्मशान जाना पड़ता है। उधर ही जा रहा हूँ। मुर्दे को चन्दन लगाने का क्या फायदा? प्रचारक ने समझाया—ऐसा नहीं होता बच्चा। देखो, कितने लोग वर्षों से चन्दन का त्रिपुंड लगाकर अस्सी से राजघाट के बीच घूम रहे हैं। वे अब तक मणिकर्णिका घाट नहीं गए। प्रचारक को मैंने समझाया—उनके मस्तिष्क में प्रतिरोध की ज्वाला धधकती है। ज्वाला को शान्त रखने के लिए वे ललाट पर चन्दन लगाते हैं। उनके ललाट पर रोज चन्दन लगाया करिए। नहीं लगाएँगे तो प्रतिरोध की ज्वाला की चपेट में आकर वे तख्तापलट कर देंगे।

प्रतिरोध की ज्वाला में धधकते हुए लप्प-लप्प कविता रचने वाले जनता के एक कवि बनारस आए। ललाट पर सफेद चन्दन का त्रिपुंड लगवा लिया। कवि के ललाट पर त्रिपुंड से साहित्य जगत में ऊर्जा बढ़ गई। प्रतिरोध का साहित्य दो गुटों में बँट गया—एक त्रिपुंड के समर्थन में। एक विरोध में। प्रतिरोध के साहित्य में 'आउटसाइडर' भी आ गए। दक्षिणपंथी भी त्रिपुंड की वाई-फाई के वैज्ञानिक गुणों को बताने लगे।

कवि ने अपने समर्थन में देश भर के त्रिपुंड साहित्य को प्रस्तुत कर दिया। कवि के विरोधी तब भी शान्त नहीं हुए। मुझे लग रहा था, त्रिपुंड के शास्त्रार्थ में कवि नए पुराण क़ी रचना कर देंगे—त्रिपुंड पुराण। जिस तरह वे लप्प-लप्प प्रतिरोध की कविता रचते हैं, उसके अनुसार त्रिपुंड पुराण की रचना उनके लिए चन्दन घिसने जितनी आसान है। विरोधियों के झाँसे में आकर वे शाश्वत रचने से चूक गए।

मुझे कवि के त्रिपुंड लगाने से कोई शिकायत नहीं। हो सकता है, कवि ने अपने 'रिसीवर' की भावना का सम्मान करने के लिए अपने ललाट पर त्रिपुंड बनवाया हो। कवि को अपने मस्तिष्क में धधकने वाली प्रतिरोध की ज्वाला के वशीभूत होकर क्रान्तिकारी कदम उठाने से बचने के लिए त्रिपुंड की शीतलता लेते रहना चाहिए। कवि अगली बार बनारस आएँ, तो 'रिसीव' करने का अवसर मुझे प्रदान करें। मेरे पास स्पेशल क्वालिटी का सफेद चन्दन है। जब तक कवि त्रिपुंड पुराण की रचना

नहीं कर लेंगे, तब तक चन्दन का रंग नहीं उतरेगा।

बनारस में प्रतिरोध की ज्वाला को शान्त करने वाले 'रिसीवर क्रान्तिकारी' बहुतायत में हैं। उनमें से ही किसी एक ने कवि को भी रिसीव किया होगा।

एक रिसीवर क्रान्तिकारी कवि भी है। प्रगतिशील भी है। जनवादी भी है। संस्कार भारती भी है। देवी-देवताओं की शरण में जाने वालों को 'गाइड' भी करता है। प्रतिरोध के साहित्य का पुरोहित है। लहरतारा भी जाता है। जैसी जरूरत पड़ती है, वैसा मास्क लगा लेता है।

लहरतारा की तरफ जाने पर संस्कार भारती के पान में किरकिरी पड़ जाती है। किरकिरी को सुपारी समझ पान के साथ चबा जाता है। लाभ की पीक को बाहर नहीं थूकता। पेट के अन्दर ही थूक लेता है। लाभ की पीक पेट में थूकते-थूकते उसका पेट पैर से एक कदम आगे रहने लगा है। पेट दो कदम आगे रहने लगेगा, तब साहित्य में उसकी प्रोन्नति होगी। पुरोहित से महन्त बन जाएगा।

त्रिपुंड प्रकरण के कुछ दिन पूर्व रॉयल्टी प्रकरण भी उठा था। साहित्य के पुरोहित और महन्त भी रॉयल्टी को तर्कसंगत बनाने की माँग कर रहे थे। नरो वा कुंजरो के अन्दाज में।

लेखन को ईश्वर की असीम अनुकम्पा मानने वालों को पारिश्रमिक न मिलने का दुखड़ा नहीं रोना चाहिए, या पारिश्रमिक की माँग ही नहीं करनी चाहिए। जिसकी असीम अनुकम्पा से वे लिख रहे हैं, पारिश्रमिक भी वही ले ले रहा है। मैं तो कहता हूँ ईश्वर की असीम अनुकम्पा वालों को अपना पुरस्कार किसी मन्दिर में चढ़ा देना चाहिए। पुरस्कार राशि दान पेटी में डाल देनी चाहिए।

अकसर सुनने को मिलता है—अमुक ने फलाने भगवान को लाखों रुपये का स्वर्ण मुकुट चढ़ाया। अमुक ने फलानी देवी को अपनी जीभ चढ़ाई। ऐसा कभी नहीं सुनने को मिला—अमुक ने अपना पुरस्कार चढ़ाया। ये करोड़ों देवी-देवताओं के साथ सरासर धोखा है। अन्याय है। जिसकी असीम अनुकम्पा से पुरस्कार मिला, उसे पुरस्कार चढ़ाकर उसके साथ न्याय किया जाए।

मेरे एक मित्र का नाम ईश्वर है। जब कभी 'ईश्वर की असीम अनुकम्पा से हमारे चिरंजीवी पुत्र अमुक का विवाह' वाला निमंत्रण पत्र मिलता है, तब उससे पूछता हूँ—क्या बे, मैरिज ब्यूरो का भी काम शुरू कर दिया? वो बताता है—आज तक मैंने कुछ किया ही नहीं। सब जबदरस्ती मेरा नाम हर काम में घुसेड़ देते हैं।

वैज्ञानिक चेतना से सम्पन्न दृष्टिकोण रखने वाले एक मार्क्सवादी आलोचक एक बार सत्यनारायण के पीढ़े पर बैठे हुए बरामद हुए। उनकी वैज्ञानिक चेतना

पर सवाल उठे। उन्होंने सवालों का खंडन किया—वे पत्नी की भावना का सम्मान करने के लिए सत्यनारायण के पीढ़े पर बैठे थे।

इधर वैज्ञानिक चेतना से सम्पन्न दृष्टिकोण रखने वाला एक शोषित क्रान्तिकारी रहता है। शोषितों से उसका वर्ग नहीं मिलता, पर रिश्तेदारों की भावनाओं का सम्मान करते-करते वो शोषित हो गया। वो प्रतिदिन वैज्ञानिक चेतना की चिता से उठने वाला धुआँ सोखता है। उसकी सास की इच्छा है कि उसे मोक्ष मिले। वो काशी में मरे। अगर काशी में न मरे तो चिता मणिकर्णिका घाट पर ही जले। उसकी सास की भावना का सम्मान करते हुए एक दिन मैंने उससे कहा—हरिश्चन्द्र घाट पर अन्तिम संस्कार करवाना। बिजली से भक्क से जल जाओगे। ज्यादा धुआँ भी नहीं होगा। तुम्हारे मरने के बाद लोग कहेंगे कि वैज्ञानिक चेतना से सम्पन्न थे, इसलिए बिजली से जले। उसने बड़ी मासूमियत से बताया—बिजली का नाम सुनते ही सास की भावना पर वज्रपात हो जाएगा।

इधर हँसी-मजाक में कहा जाता है—जिसकी तरफ धुआँ अधिक जाता है, उसकी सास उसे बहुत मानती हैं। सास की भावना का सम्मान करते हुए उसने इसे सच कर दिखाया है। उसके सिर पर सास की भावना से चौबीस घंटे वैज्ञानिक चेतना की चिता से उठने वाला धुआँ छाया रहता है।

इंट्रो में मैंने बताया है कि फिलहाल शरीर का आयतन बढ़ा हुआ है। ओवरवेट हो गया हूँ। ओवरवेट होने का कारण बनारस आने वाले साहित्यकारों का रिसीवर बनने की इच्छा है। रिसीवर बनने के लिए जेब की संख्या बढ़ानी पड़ी। बीस-बाईस जेब रखता हूँ। जेब में बीड़ी, खैनी, सिगार, जनेऊ रखता हूँ। पता नहीं कब किसी साहित्यकार को भावना का सम्मान करने की जरूरत आन पड़े। मुक्तिबोध पोज के सम्मान के लिए बीड़ी जलानी पड़े। नागार्जुन पोज के लिए खैनी रगड़नी पड़े। चे ग्वेरा पोज के लिए सिगार दगानी पड़े। निराला पोज के लिए जनेऊ पहनानी पड़े। महादेव की जड़ी और बूटी भी रखता हूँ। जिसको जरूरत होगी, चुपके से दूँगा। किसी को नहीं बताऊँगा। उनके तांडव की अवधि खुद बताएगी कि उन्होंने जड़ी ली थी या बूटी।

महँगाई के दौर में भी मैं स्पेशल क्वालिटी का सफेद चन्दन रखता हूँ। इसका आविष्कार मैंने खुद किया है। चूने में फेविकोल मिलाकर सफेद चन्दन का आविष्कार किया है। शीतलता लाने के लिए फ्रीजर में रखता हूँ। मुफ्त में ललाट पर लगने वाला मेरा चन्दन टिकाऊ रहता है। पाँच रुपये वाले की तरह पसीने से अंड-बंड फैलने नहीं लगता। अपने चन्दन का चूना जिसको लगा दूँगा, वो त्रिपुंड पुराण की रचना किए बिना नहीं रुकेगा।

बीड़ी, खैनी, सिगार, जनेऊ, स्पेशल चन्दन का वजन बहुत नहीं है। वजन पीढ़े का है। पीढ़ा भी रखता हूँ। किसी साहित्यकार को किसी अपने की भावना का सम्मान करने के लिए सत्यनारायण के पीढ़े पर बैठना पड़े तो पीढ़ा तुरन्त हाजिर कर दूँगा।

इन सबका वजन मैं प्रतिरोध का मास्कवादी क्रान्तिकारी बनने के लिए ढो रहा हूँ। वजन तले दब कर तरक्की करना चाहता हूँ। पहले पुरोहित बनूँगा फिर महन्त। फिर प्रतिरोध को चूना लगाऊँगा। मुफ्त में।

सरकारी कार्य में बाधा

यूपी बोर्ड की इंटरमीडिएट परीक्षा का एक पेपर 'आउट' हो गया। पेपर आउट की सूचना जिस पत्रकार ने दी, उसके खिलाफ मुकदमा दर्ज हो गया। पत्रकार का दोष था कि उसने सरकार द्वारा बाँधे गए ईमानदारी के बाँध में हुए एक और लीक की सूचना सार्वजनिक कर दी। सरकार की ईमानदारी का मान और अपना इकबाल सुरक्षित रखने के लिए पुलिस को पत्रकार के खिलाफ सरकारी कार्य में बाधा उत्पन्न करने वाली धाराओं में मुकदमा दर्ज करना चाहिए। हो सकता है, खुश होकर सरकार प्रोन्नत कर दे। किसी लीकेज पॉइंट पर तैनात कर दे-इधर जो देखे, उसकी आँख में संगीन भोंक देना।

प्राथमिक विद्यालय के अध्यापक छुट्टा पशु पकड़ेंगे।

एक जिले की ये भी एक सूचना है। मास्टर जी, आपके ऊपर पहले से कई शिक्षणेतर जिम्मेदारियाँ हैं। अब आप जान लीजिए कि अगर आपने उन शिक्षणेतर कार्यों के अतिरिक्त अपना मूल कार्य शिक्षा देना शुरू किया तो आप सरकारी कार्य में बाधा पहुँचाने के आरोपी बना दिये जाएँगे। सरकार चाहती है कि सरकारी विद्यालयों में शिक्षा न दी जाए। सरकारी विद्यालय बन्द होंगे, तभी तो उस संस्कृति का विकास होगा, जिसके विकास के लिए डबल इंजन की सरकार काम के घंटे बढ़ाती जा रही है। पहले अठारह घंटे। फिर बीस घंटे। चौबीस घंटे के लिए प्रयासरत है। ईमानदारी के सभी लीकेज पॉइंट पर चौकीदार तैनात कर देने के बाद कार्य की अवधि चौबीस घंटा हो जाएगी।

मास्टर जी, एक बात बताइए—आपको शिक्षणेतर कार्य देने की शुरुआत कब हुई थी? सरकारी विद्यालय को जाहिल बनाने की शुरुआत कब हुई थी?

मास्टर जी, मिड डे मील प्राथमिक शिक्षा का बलात्कार करने के बाद दिया गया मुआवजा है।

मास्टर जी, आपने ही मुझे प्राथमिक शिक्षा दी है। अब गुरु दक्षिणा देने का समय आ गया है। आपको उपाय बताता हूँ। छुट्टा पशु पकड़ने में समय बचेगा।

मास्टर जी, आपके विद्यालय के अन्तर्गत आने वाले सभी छुट्टा पशुओं की फोटो लीजिए। उनका नामकरण कर दीजिए। नामकरण सत्ताधारी पार्टी के विधायकों के नाम के अनुसार करिएगा। बड़े डील-डौल वाले छुट्टा पशुओं के नाम कैबिनेट मंत्रियों के नाम के अनुसार रखिएगा। किसी एक का नाम केन्द्र में एक राज्य मंत्री के नाम पर भी रख सकते हैं। पहले भली-भाँति परख लीजिएगा। जो सबसे अधिक उत्पाती हो, जो फसल चरने के साथ किसानों को अपनी खुर के टायरों से रौंदता भी हो, उसका नाम केन्द्र वाले राज्य मंत्री के नाम पर रख सकते हैं।

मास्टर जी, छुट्टा पशुओं की फोटो लेकर नजदीकी पुलिस स्टेशन चले जाइएगा। पुलिस को फोटो दिखाते हुए बताइएगा—माननीय मंत्री जी हमारी पकड़ में नहीं आ रहे हैं। इनके खिलाफ सरकारी कार्य में बाधा उत्पन्न करने का प्रकरण दर्ज किया जाए।

मास्टर जी, मरियल से दीखने वाले छुट्टा पशुओं का नाम विपक्षी विधायकों के नाम पर रखिएगा। उनकी शिकायत आप ईडी और सीबीआई से कर सकते हैं।

मास्टर जी, हो सकता है, कुछ ऐसे भी मिलें, जो अलग सुर में रम्भा रहे हों। लीक छोड़ कर चल रहे हों। उनका सुर न पक्ष से मिलता हो, न विपक्ष से। उनको पाल लीजिएगा मास्टर जी। वो भी गुरु दक्षिणा देगा। जीवन भर विज्ञान की कमाई खाने के बाद भी आपका स्वर्ग जाने का मन करे तो गुरु दक्षिणा के रूप में उससे गोदान माँग लीजिएगा।

मास्टर जी, आपका प्रकरण समाप्त हुआ। जरूरत पड़ी तो आपको फिर याद करूँगा। तब तक पा..ल्लगी।

मेरे घर के ठीक बगल में एक धार्मिक स्थल है।

धार्मिक स्थलों का आकार देखने पर लगता है, ये पूँजीवाद की गुल्लक हैं। इनका नक्शा बनाने वाला श्रमिक कार्ल मार्क्स का गुरु रहा होगा। संकेत देकर गया।

मेरे घर के ठीक बगल में स्वर्ग जाने वालों की भीड़ इकट्ठा होती है। फिलहाल नौ दिन वाला अखंड आयोजन चल रहा है। लाउडस्पीकर गरज रहा है। डीजे धधक रहा है। पिछले कुछ वर्षों तक आयोजक को लगता था कि उसका ऊपरवाला ऊँचा सुनता है तो वो सिर्फ लाउडस्पीकर लगाता था। अब आयोजक को लगने लगा है कि उसका ऊपरवाला बहरा हो गया है। इसलिए बहरों को सुनाने के लिए लाउडस्पीकर के साथ डीजे का धमाका भी करता है। भगत सिंह को याद करते भी नहीं अघाता है।

अभी वो ऊपरवाले को सुना रहा है—विनती सुन लो मेरी...(डीजे पकौड़ी गाजीपुर)..नहीं तो कुर्सी हिला दूँगा तेरी...यो।

उसकी विनती के बीच-बीच में डीजे वाला अपना भी नाम-पता बताता रहता है।

हे आयोजक, तुम्हारा ऊपरवाला भले ही बहरा हो गया हो, पर मुझे सुनाई देता है। जहाँ मेरे कान नहीं रहते, वहाँ की बातें भी सुन लेता हूँ। तुम्हारी 'लाउड' विनती से मेरे कान के पर्दे हिलते हैं—बूम बूम।

किसी और पार्टी की सरकार होती तो रात दस बजे के बाद शोर मचाने के खिलाफ पुलिस को सूचित करता। इस सरकार में तो ऐसा सोचना भी अपराध है। पुलिस उलटा मुझे ही सरकारी काम में बाधा डालने के आरोप में गिरफ्तार कर लेगी—सरकार सबको स्वर्ग पहुँचाना चाहती है। तुम नरक भेजना चाहते हो।

एक बार एक प्रकरण की छानबीन करने क्षेत्राधिकारी मेरे गाँव आए। गाँव देखा तो कहा—बहुत 'रिच' गाँव है। हाँ साहब, रिच तो है ही। इतना रिच है कि आज से दस-पन्द्रह वर्ष पहले ही वारंट लेकर आने वाले को हजार-पन्द्रह सौ दे देता था।

मेरा गाँव आबादी के मामले में भी रिच है। मेरे गाँव में कई ऐसे आदमी हैं, जो दो-तीन सौ वर्षों से जीवित हैं। वो नजर नहीं आते, फिर भी उनका नाम सुनते ही पसीना छूटने लगता है। ऐसा नहीं है कि सभी उनसे डरते हैं। मेरे गाँव में उनसे बात करने वाले भी हैं। पहले एक था। एक मजार थी। कुछ दिन बाद दूसरे भाई को भी अपनी शक्ति का अहसास हुआ-तुमसे अच्छी बात तो मैं कर सकता हूँ। नतीजा, अब दो हैं। दो मजार हैं। दोनों वर्ष में एक बार आगे-पीछे उर्स का आयोजन करते हैं। उर्स की रात दोनों की आर्थिकी का 'क्लास' बदल जाता है।

अमीर भय के अधीन होकर दान करे तब भी दानवीर, दयालु ही कहा जाता है। अमीर नंगे घूमने लगें तो फैशन कहा जाने लगेगा—फैशन के मामले में बहुत रिच हैं। वहीं कोई पैसे के अभाव में चीथड़े पहनकर घूमे तो वो मानसिक विक्षिप्त कहा जाता है।

एक बात करने वाला गाँव की सीमा पर आश्रम बनाकर रहता है। उसके आश्रम के लिए जमीन देने वाले एक की अपने भाई के साथ खेत की मेड़ काटने के झगड़े में हूरा-फाइटिंग हुई थी।

अब गाँव के लोगों का गया जाना कम हो रहा है। गया वालों के सहोदर भाइयों ने गाँव में ही गया की ब्रांच खोल ली है।

मेरे गाँव की आबादी की 'रिचनेस' जाँचने गिनीज बुक ऑफ वर्ल्ड रिकॉर्ड वाले आए थे। मजार और आश्रम वालों ने उन्हें बैरंग लौटा दिया—अपने यहाँ के आबादी की जाँच करो। हमारे सहोदर भाई चर्च के पादरी से मिलो।

मास्टर जी, आप जनगणना का कार्य भी करते हैं। आप जनगणना का कार्य सरकार के मन-मुताबिक नहीं करते हैं। ये भी पूछा करिए—आपके घर में कितने

सदस्य ऐसे हैं, जो पिछले दो-तीन सौ वर्षों से जीवित हैं। मास्टर जी, प्रधानमंत्री देश की सही जनगणना कर चुके हैं।

प्रधानमंत्री ने एक बार देश की आबादी छह सौ करोड़ बता दी। प्रधानमंत्री ने देश की आबादी में उनको भी शामिल किया, जो दो-तीन सौ वर्षों से जीवित हैं। जो नजर नहीं आते।

वो आबादी जो नजर नहीं आती और जो उनसे बात करने की शक्ति रखते हैं, उनके खिलाफ झाड़-फूँक, टोना-टोटका, अन्धविश्वास निवारण कानून के तहत मैं मुकदमा दर्ज नहीं करा सकता। दोनों के दरबार में बा-वर्दी कानून-व्यवस्था का भी आना-जाना होता है। मेरे खिलाफ ही सरकारी कार्य में बाधा उत्पन्न करने का प्रकरण दर्ज हो जाएगा-सरकार सबको अमर बनाना चाहती है। तुम उन्हें बे-मौत मारना चाहते हो।

ऐसा नहीं है कि जो दो-तीन सौ वर्षों से जीवित हैं, नजर नहीं आते, वे खाते-पीते नहीं हैं। खाते हैं। सामान्य आदमी से अत्यधिक। कभी-कभार पूरा गोदाम ही खा जाते हैं। घोटाले की खबर आती है। उत्तर प्रदेश के अठारह कस्तूरबा विद्यालयों में छात्राएँ आई ही नहीं। उनके भोजन के नाम पर नौ करोड़ खा गए। डकार भी नहीं ली।

अमेरिका देश-के-देश खाने के बाद भी डकार नहीं लेता है। एक बार उसकी डकार पूरी दुनिया ने सुनी थी। हिरोशिमा और नागासाकी पर परमाणु बम गिराकर उसने डकार ली थी। उस डकार लीक के बाद अमेरिका को बहुत शर्मिन्दगी झेलनी पड़ी।

सभ्य समाज के बीच डकार लेना 'गुड मैनर' नहीं माना जाता। अमेरिका अब खाने के मैनर का पालन करता है। सभ्यताओं को निगलने के बाद डकार नहीं लेता है।

एक पत्रकार ने सरकार की ईमानदारी के बाँध में लीक दिखाया—मिड डे मील में भात और नमक खिलाया जा रहा है। उस पत्रकार के ऊपर भी मुकदमा दर्ज कर दिया गया।

मिड डे मील से पहले आँगनवाड़ी का मील आता है। आँगनवाड़ी के भोजन का मेन्यू पढ़ा तो जठराग्नि दहकने लगी। कुपोषित बच्चों को सामान्य बच्चों से दो-गुनी खुराक। सोचने लगा-मुझे भी आँगनवाड़ी केन्द्र जाने को मिलता तो कुपोषण दूर हो जाता। यही सोचते हुए आँगनवाड़ी केन्द्र गया भी। वहाँ जाकर पता चला कि खुराक सिर्फ आँकड़ों की पकती है। मेन्यू की थाली में सिर्फ सत्तू मिलता है।

मास्टर जी, नामकरण के तहत निर्धारित नामधारी छुट्टा पशुओं की फोटो लेकर आँगनवाड़ी वाले विभाग में भी जाइएगा। पहचान कराइएगा कि इनमें से कितनों ने आँगनवाड़ी का सत्तू खाया है।

देश-विदेश के चक्कर में अपने गाँव की रिचनेस को भूल ही गया। मेरा

गाँव इतना रिच है कि मुआवजे से अधिक रिश्वत दे देता हैजह। मेरा गाँव गंगा नदी के डूब क्षेत्र में आता है। बाढ़ के बाद फसल नुकसान का मुआवजा मिलता है। मुआवजा लेने की प्रतिस्पर्धा शुरू हो जाती है—कौन सबसे पहले लेता है। मुआवजा सोर्स-जुगाड़ का भौकाल बनाने के काम भी आता है—मुझे सबसे पहले चेक मिला। अच्छा, कितना देने के बाद मिला? ये वो नहीं बताएँगे। सोर्स-जुगाड़ का भौकाल जो डूब जाएगा। मुआवजे की जितनी रकम थी, उससे अधिक रिश्वत देकर मुआवजे का चेक सबसे पहले लेकर आए। सबसे पहले का सुख रिश्वत के दुख को डुबा देता है।

रिश्वत देकर मुआवजा लेने वालों के खिलाफ रिश्वत देने का अभियोग बनता है। बनता है, पर शिकायतकर्ता के साथ वही होगा—सरकारी काम में बाधा डालने के आरोप में आपको गिरफ्तार किया जाता है—सरकार देश के सभी गाँवों का विकास तुम्हारे गाँव की तरह करना चाहती है। तुमसे विकास बर्दाशत नहीं हो रहा है।

मास्टर जी...। अरे, इस बार आपकी याद बहुत जल्द आ गई। मास्टर जी मेरा गाँव भी 'डेली सोप्स ओपेरा' के दिखावे की नौटंकियों से अछूता नहीं है। आर्थिक उदारीकरण के सभी फायदे उठाता है। रिश्वत देने के लिए भी कर्ज लेता है।

मास्टर जी, मुझे लगता है देशहित की कथित कल्याणकारी योजना 'आर्थिक उदारीकरण' पब्लिक सेक्टर को ध्वस्त करने के साथ गाँवों को भी मिडिल क्लास बनाने की योजना थी। कथित इसलिए क्योंकि मुझे लगता है कि 'स्टेट' कभी कल्याणकारी नहीं हो सकता।

देशहित के नशे का 'हैंगओवर' लम्बा चलता है। आर्थिक उदारीकरण देशहित का सामान्य पैग था। सौ प्रतिशत एफडीआई देशहित का पटियाला पैग है। इन दो नशों का हैंगओवर खत्म ही नहीं हुआ, उसके पहले ही निजीकरण के नशे की इक्कीस हजार करोड़ की खेप मुंद्रा पोर्ट पर आ गई।

मेरा एक मित्र मास्टर जी विधानसभा चुनाव के दौरान शिक्षणेतर कार्य में लगाया गया। उसे मजिस्ट्रेट बनकर चेकपोस्ट पर निगरानी करनी थी। चुनाव के दौरान शराब और कैश पकड़ना था। चुनाव बीत गया। वो कुछ नहीं पकड़ सका।

इस बार विधानसभा चुनाव के दौरान कैश की बरामदगी न के बराबर रही। अब मतदाताओं को रिश्वत देना सांस्थानिक हो गया है। कैश अब मतदाताओं के खाते में 'डायरेक्ट बेनीफिट ट्रांसफर' किया जा रहा है। राशन कार्ड पर पाँच किलो अनाज के रूप में दर्ज हो रहा है।

डायरेक्ट बेनीफिट ट्रांसफर योजना किसी और सरकार ने शुरू की थी। इस समय उस योजना के लाभार्थियों की सरकार है।

मतदाताओं को दी जाने वाली सांस्थानिक रिश्वत रोकने के लिए मुझे सीधे सुप्रीम कोर्ट में जाना होगा। वहाँ भी सरकारी काम में बाधा डालने का आरोप लग जाएगा? तो सीधे उनके पास जाऊँगा, जिन्होंने लोकतंत्र के चारों खम्भों को खुद से 'रिप्लेस' कर दिया है। वे ही देश हैं। उनके दो हाथ दो पैर लोकतंत्र के चार स्तम्भ हैं। उनकी अंगुलियाँ स्वतंत्र कही जाने वाली संस्थाएँ है। लोकतंत्र उनकी चलती-फिरती दुकान है। जहाँ जाते हैं, साथ ले जाते हैं—भावनगर वाले सेठ, चाहिए क्या? जामनगर वाले सेठ चाहिए क्या?

वे लोकतंत्र सेठों को बेच चुके हैं। अब नया तंत्र विकसित कर रहे हैं। तंत्र का नया भवन निर्माणाधीन है। भवन मालिक सेठ होंगे। मैनेजर तिलकधारी होंगे। (तिलकधारी मेरे गाँव में एक आदमी का नाम है) बाकी सब चंगू-मंगू होंगे।

सेठ मैनेजर से पूछेंगे—मैनेजर, करतब दिखाएगा? मैनेजर-दिखाएगा मालिक। सेठ—गोबर खाएगा? मैनेजर—खाएगा मालिक। सेठ-चंगू-मंगू गोबर खाने में ना-नुकुर करेंगे तो? मैनेजर—उनके खिलाफ सरकारी काम में बाधा डालने का मुकदमा दर्ज होगा मालिक।

स्टिकर काल

ग्राम प्रधान से बदलाव की उम्मीद रखने वाला एक लड़का दूध लेने आया। दूधिया भैंस दूहने के कार्य में लगा हुआ था। दूध निकलने में समय था। लड़का मेरे पास आकर बैठ गया। बैठते ही वो प्रधान की शिकायत करने लगा। लड़का प्रधान को दोष दे रहा था पर राजनीति की चालों से अनभिज्ञ था।

जमीन बेचकर या आठ-दस लाख रुपये खर्च कर प्रधान बना आदमी पहले अपने चुनाव खर्च की वसूली करेगा। 'उम्मीद पर दुनिया कायम है' के अनुसार प्रधान बनने के बाद उसकी महत्त्वाकांक्षा बढ़ेगी। वो जिला पंचायत में जाने की तैयारी करेगा। जिला पंचायत का चुनाव लड़ने के खर्च की भी वसूली करेगा। अपना भविष्य सँवारने वाली वसूली करते-करते प्रधान का कार्यकाल खत्म हो जाएगा। फिर प्रधान गाँव और ग्रामीणों का वर्तमान कैसे सँवारे? चुनाव खर्च की वसूली जनता के नाम पर जारी होने वाले धन में से ही होती है।

लोकतंत्र में पूँजी का प्रभाव देख राजनीति चौंधिया गई है। वो योग्य, अयोग्य की पहचान ही नहीं कर पाती। स्वयंवर के दौरान पूँजी के गले में वरमाला डाल देती है। पति को परमेश्वर मान, पति के हर आदेश का अक्षरश: पालन करती है। भले ही पति कह दे—तुम आत्महत्या कर लो! तो वो आत्महत्या भी कर लेती है।

लड़का नहीं जानता था, साजिशन महँगा किया जा रहा चुनाव लोकतंत्र को पूँजीपतियों के हाथ में गिरवी रखने का खेल है। जो धनपति है, वही जनप्रतिनिधि भी बनेगा। जिसके पास मीडिया, होर्डिंग, शराब, वाहन खर्च के लिए अकूत धन हो, वही जनप्रतिनिधि बनेगा। भले ही वो वैचारिक रूप से कितना बड़ा दरिद्र क्यों न हो।

लड़का दूध लेकर चला गया। तब बछड़े ने मुझे अपने पास बुलाया। बछड़ा लड़के की शिकायत सुन रहा था। मैं बछड़े के पास पहुँचा। बछड़े ने कहा—मुझे प्रधानी का चुनाव लड़ा दो। मुझे लगा बछड़ा मजाक कर रहा है। मैंने कहा—तुम्हें कोई वोट नहीं देगा। बछड़ा बोला—वोट शराब और नोट को मिलता है। तुम भी आठ-दस लाख खर्च कर देना, मैं प्रधान बन जाऊँगा।

बछड़े द्वारा बताया गया चुनाव जीतने का नुस्खा सुन मैं समझ गया, बछड़ा मजाक के मूड में नहीं है।

मैंने कहा—तुम आदमी नहीं हो। तुम चुनाव नहीं लड़ सकते। मेरा कहा सुन बछड़ा हँसा—ही ही ही ही, फिर बोला—मेरे पास दिमाग नहीं है। मैं चोरी, बेईमानी करना नहीं जानता हूँ। ईमानदारी से अपना कार्य करना जानता हूँ। अगर कभी बेईमानी करने का मन हुआ तो अपने लिए एक मच्छरदानी खरीदूँगा। मच्छरों को अब आदमी का खून भी अच्छा नहीं लगता! जानवरों को काट रहे हैं।

बछड़ा आदम जाति का उपहास कर रहा था। मैंने अपमान का बदला लेने की सोची। बदले की भावना बड़ी-बड़ी मूर्खताओं को जन्म देती है। ऐसी ही एक मूर्खता का नाम है—दंगा। मूर्खों के बीच होने वाला संघर्ष हिंसक होता है। वैचारिक रूप में हो तो उन्मादी होता है।

बछड़े का उपहास करने के लिए मैंने कहा—तुम खूँटे से बँधे रहते हो। पढ़े-लिखे भी नहीं हो। तुम्हें कोई वोट नहीं देगा। कितने वोट बनाए हैं तुमने? बदले की भावना से उत्पन्न हुए मेरे मूर्खतापूर्ण विचार को सुन बछड़ा हँसा—ही ही ही ही, फिर बोला-महिला प्रधान भी तो पति नामक खूँटे से बँधी होती है। जनप्रतिनिधि बनने के लिए आड़ा-तिरछा दस्तखत बनाना सीखने वाले को तुम पढ़ा-लिखा मानते हो? तुम्हारे प्रधान का छोटा भाई भी प्रधानी का चुनाव लड़ने की तैयारी कर रहा था। चुनाव लड़ने के लिए अपने भाई से लड़ पड़ा। दोनों के बीच सुलह-सपाटे की जुटान हुई। पंचों ने छोटे भाई से प्रधान बनने की योग्यता पूछी-कितने वोट बनाए हैं? छोटे भाई ने बताया—मैंने अब तक छिहत्तर शादी और इक्कीस तेरहवीं में पत्तल उठाए हैं। बड़े भाई साहब से तेरह शादी और पाँच तेरहवीं अधिक। मेरे वोट उनसे अधिक है।

बछड़े द्वारा उम्मीदवारी की योग्यता की जंग का वर्णन सुन मैं मुस्कुराने लगा। हालाँकि पंचों ने बड़े भाई साहब को ही योग्य उम्मीदवार घोषित किया था। प्रधान बनने के बाद वे अधिकारियों की जूठन उठाते हैं। उनके खाने से जो बचता है, उसे गाँव की गली, खड़ंजे, सड़क आदि पर छिड़कते हैं। बछड़े ने अपनी उम्मीदवारी पर मुहर लगाई—जीत की इस योग्यता के अनुसार मेरे पास सबसे अधिक वोट हैं। मेरे गोबर से सैकड़ों घरों के चूल्हे जलते हैं। इतना कहकर बछड़ा हँसा—ही ही ही, फिर बोला—समझदारी और व्यावहारिकता डिग्री की मोहताज होती है, ये किस किताब में पढ़ लिया प्राणी श्रेष्ठ? मूर्खता भी डॉक्ट्रेट की डिग्री धारण कर सकती है। डॉक्ट्रेट धारण करने वाली मूर्खता सम्मानित भी की जाती है। उच्च शिक्षित मूर्खता का क्लास भी हाई होता है। हाई क्लास की मूर्खता गिनाऊँ तो तुम्हारी भावना आहत हो जाएगी। मेरी जान पर बन आएगी। मैं अनपढ़ हुआ तो क्या हुआ, खुर

का निशान लगाना जानता हूँ। स्याही भी नहीं लगेगी, निशान अमिट होगा। कहो तो तुम्हारे पैर के पंजे पर खुर का निशान बनाकर 'डेमो' दूँ?

डेमो वाली बात चेतावनी थी—खुद को बहुत होशियार मत समझो। बदले की भावना के वशीभूत होकर मुझसे हुई मूर्खता का खंडन बछड़े से सुन मैंने आत्मसमर्पण करते हुए कहा—अगर तुम प्रधान बन गए तो मुझे क्या फायदा होगा?

बछड़ा तपाक से बोला—स्टिकर काल में प्रधानपति होता है। सांसद/ विधायक/ महापौर/ पार्षद पुत्र होता है। वैसे ही तुम भी 'प्रधान बछड़ा मालिक' का स्टिकर लगाकर घूमना। आदमी तो अब कुत्ते की नस्ल से पहचाना जा रहा है! बब्लू जर्मन शेफर्ड वाले। बब्लू बुलडॉग वाले। बब्लू पामेरियन वाले। आदमी की अपनी पहचान ही नहीं बची है! तुम भी अपने बछड़े के नाम से जाने जाओगे। बछड़े की बात सुन मैं स्टिकर काल में प्रचलित विभिन्न प्रकार के स्टिकर के बारे में सोचने लगा।

एक गाड़ी के आगे स्टिकर लगा है—अध्यक्ष, इक्कीस सूत्रीय क्रियान्वयन समिति। गाड़ी के पीछे इक्कीस में से पाँच-छह सूत्रों का उल्लेख भी है। अध्यक्ष जी का एकसूत्रीय कार्यक्रम है—नेतागिरी, जिसके लिए इक्कीस सूत्र तैयार करने पड़े। एक गाड़ी के आगे स्टिकर लगा है—अध्यक्ष, अखिल भारतीय गोरक्षा आन्दोलन वाहिनी। अध्यक्ष जी बीफ एक्सपोर्टर वेलफेयर एसोसिएशन के सदस्य भी हैं। एक गाड़ी के आगे स्टिकर लगा है—अध्यक्ष, जल जंगल जमीन बचाओ दल। अध्यक्ष जी के घर जमीन खरीद-फरोख्त के खिलाड़ी दरबार लगाने आते हैं।

सरकार विज्ञापनों के माध्यम से बाघ बचाने की अपील करती है। कंक्रीट के जंगल में रहने वाला नागरिक बाघ बचाने में अपना योगदान कैसे दे? योगदान देने के लिए वो अपनी गाड़ी पर 'सेव दी टाइगर' का स्टिकर लगा लेता है। सरकार कहती है—जल बचाएँ। तो वो अपनी गाड़ी पर 'सेव वाटर' का स्टिकर लगा लेता है। भले ही प्रतिदिन गाड़ी धोते समय उस स्टिकर को हजारों लीटर पानी से नहलाता हो।

राष्ट्रपति, जिसके ऊपर तीनों सेनाओं का कमांडर होने का स्टिकर लगा है। राष्ट्रपति, कहने को देश का प्रथम नागरिक, तीनों सेनाओं का कमांडर, फिर भी ये पद उपहारस्वरूप या पार्टी के वफादार कार्यकर्ताओं को पारितोषिक के तौर पर या भविष्य की राजनीति साधने के लिए दिया जाता है। अच्छा, तो तुम प्रधानमंत्री बनना चाहते हो? चलो राष्ट्रपति बन जाओ। अच्छा, तो पार्टी के लिए किए गए त्याग के बदले तुम्हें कुछ नहीं मिला? चलो राष्ट्रपति बन जाओ। बीच-बीच में गैर-राजनीतिज्ञों को भी राष्ट्रपति बनाकर राष्ट्रपति पद की स्वायत्तता के भ्रम को बरकरार रखा जाता है।

राज्यपाल, जिसके ऊपर भी महामहिम का स्टिकर लगा है। लोकतंत्र के दंगल

में राज्यपाल संकटकालीन जीव हो गया है। इस पद पर बैठने वालों ने पार्टी प्रवक्ता की तरह व्यवहार कर राज्यपाल को संकटकालीन जीव बनाने में पूरा सहयोग दिया है। इस जीव का यही हाल रहा तो जल्द ही इसके अवशेष अशोक रोड और अकबर रोड के नीचे मिलेंगे। साबरमती नदी के किनारे एक बाड़े में भी राज्यपाल नामक कई जीव कैद करके रखे गए हैं। वहाँ भी अवशेष मिल सकते हैं।

राज्यपाल नामक जीव की रक्षा कैसे हो? लोकतंत्र के दंगल में राज्यपाल नामक जीव की रक्षा करने के लिए 'सेव दी गवर्नर' नामक स्टिकर भी उपलब्ध है। राजनीतिक दलों ने 'सेव दी गवर्नर' का स्टिकर लगाया हुआ है।

1947 में देश को अंग्रेजी उपनिवेश से आजादी मिली। जनता ने आजादी का जश्न मनाया। जनता आजादी के जश्न में डूबी थी, उसी दौरान 'स्टेट' के प्रतिनिधियों (जिन्हें जनता अपना प्रतिनिधि मानती है) ने देश पर लोकतंत्र का स्टिकर लगा दिया। स्टिकर को देख जनता ने कहा—'अहा, जनता का राज लागू हो गया।' अभी तक जनता जश्न मना रही है। जब कभी लोकतंत्र के साथ 'वार्डरोब मालफंक्शन' की दुर्घटना होती है, तब जनता को पता चलता है—अन्त:पुर में अब भी राजाओं का शासन चल रहा है। जनता शोर मचाती है—लोकतंत्र का चीरहरण हो रहा है। प्रतिनिधि फटाफट नया स्टिकर चिपका देते हैं। सत्ता परिवर्तन से लोकतंत्र सुरक्षित हो जाता है।

प्रतिनिधि स्टेट का सबसे वफादार मैनेजर बनने के लिए एक-दूसरे पर आरोप-प्रत्यारोप लगाते हैं। आरोप-प्रत्यारोप के सहारे वे मैनेजर की कुर्सी पाते हैं। स्टेट का मैनेजर बनने के लिए होने वाले प्रतिनिधियों के आपसी संघर्ष में जनता बेगानी शादी में अब्दुल्ला दीवाना है। विदेशी उपनिवेश से मिली आजादी के बाद यहाँ के प्रतिनिधियों ने देश को अपना उपनिवेश बना लिया। जनता पर 'देश आपके पैसों से ही चल रहा है' का स्टिकर चिपका दिया। स्टिकर की आड़ में वे टैक्स से जनता का खून-पसीना खींच स्टेट की बगिया सींच रहे हैं। इस स्टिकर को पीठ पर लादे, माथे पर चिपकाए जनता बेगानी शादी में अब्दुल्ला दीवाना बनी हुई है। बेगानी शादी में अब्दुल्ला की दीवानगी कम होने लगती है, तब प्रतिनिधि कोई नया स्टंट दिखाते हैं। अब्दुल्ला के माथे पर नया स्टिकर चिपका देते हैं।

सत्ता एक हाथ से दूसरे हाथ में जाने पर जनता कहती है, 'सरकार बदल गई। अमुक की सरकार आ गई।' जबकि सरकार नहीं बदलती, साहूकार बदल जाते हैं। साहूकार लोकतंत्र के प्रतिनिधि बिजूका का चेहरा बदल देते हैं। साहूकारों के पास इस समय शायद कोई अच्छा कलाकार नहीं है, जो बिजूका का चेहरा ठीक से बना सके। बिजूका का चेहरा वीभत्स हो गया है।

स्टिकर के बारे में सोच रहा था, इसी बीच बछड़े ने अपनी जीभ मेरे चेहरे पर

फेर दी। लगा किसी सोते हुए के मुँह पर पानी का छींटा मार दिया गया हो। बछड़े से बच निकलने के लिए उसके पास से उठा तो बछड़े ने अपनी जीभ से मेरी पैंट पकड़ ली। मैं समझ गया—पूरा नंगा किए बिना जाने नहीं देगा।

मैं रुका। बछड़े का मुँह चला—और तो और, तुम प्रधान बछड़े के मालिक हो, जैसे ही ये खबर ब्रेकिंग बनेगी, तुम्हारी पूछ राष्ट्रीय राजनीति में बढ़ जाएगी। गोरक्षा आन्दोलन वाले और पशुपालक दल वाले तुम्हें गोद लेने के लिए लालायित हो उठेंगे। मुझे प्रधान बनाकर तुम राष्ट्रीय स्तर के नेता बन सकते हो। सोच लो!

बिना दिमाग के बछड़े की बातें सुन मेरा दिमाग चकरा रहा था। बछड़े की बातें सुन मैं सोचने लगा—बछड़े को प्रधान बना देना मेरे लिए फायदे का सौदा है। मैंने तय कर लिया—अगली बार बछड़े को प्रधानी का चुनाव लड़ाऊँगा।

वफादारी की आदम नस्ल

गलियों के शहर बनारस की एक गली से गुजर रहा था। एक आदमी अपने घर से निकला। पीछे-पीछे आदमी का 'इम्पोर्टेड' टॉमी भी घर के बाहर आ गया। उसी गली में आवारा कहा जाने वाला एक कुत्ता भी टहल रहा था। आवारा कुत्ते को गले में पट्टा बाँध घर में कैद रहने वाले टॉमी पर दया आई। वो टॉमी को पुचकारने लगा। आवारा कुत्ते द्वारा टॉमी को पुचकारते देख आदमी ने अपने बेटे को आवाज लगाई और कहा—टॉमी को घर में ले जाओ। बाहर का कुत्ता उसे सूँघ रहा है। टॉमी बीमार हो जाएगा।

टॉमी के प्रति आदमी का प्यार सभ्यता के विकास की कहानी है। विकसित होते हुए सभ्यता उस अवस्था में पहुँच गई है जहाँ आदमी, आदमी के प्रति वफादार नहीं रह गया है। वफादारी जब से बिकाऊ होकर अनेक नस्लों में आने लगी, तब से आदमी कुत्तों का वफादार बनने लगा है। कुत्ता सदियों तक आदमी का वफादार रहा है। आदमी अब कुत्ते की वफादारी का कर्ज चुका रहा है।

बनारस में एक जगह विदेशी गर्म कपड़ों का बाजार लगता है, उनमें कुछ उतरन होते हैं, कुछ नए। उस बाजार में दुकान लगाने वाले सूत्रों से पता चला कि ये कपड़े विदेशों से जरूरतमन्दों को दान करने के लिए आते हैं। फिर किलो के हिसाब से पटरी पर दुकान लगाने वालों को बेच दिये जाते हैं। पटरी पर लगने वाले विदेशी ऊनी कपड़ों के बाजार में अब देश में निर्मित कपड़ों पर मेड इन इंग्लैंड की मुहर लगाकर बेचने वाले भी आ गए हैं।

ग्यारहवीं कक्षा में मटरगश्ती करता था, तब उतरन के बाजार से सत्तर रुपये में मेड इन इंग्लैंड जैकेट खरीदी थी। 'इम्पोर्टेड' पर आँख गाड़ाए रखने वालों की नज़र में वो जैकेट चढ़ गई। कितने की ली? दाम बताऊँ उसके पहले ही—दो हजार की तो होगी ही! सत्तर रुपये की है, ये बताऊँ उसके पहले ही—कहाँ से ली? अगला सवाल नहीं हुआ तो बता दिया—पटरी से ली। जगह बताई तो—मजाक करना कब छोड़ोगे?

मेड इन इंग्लैंड के भौकाल ने सच को भी मजाक बना दिया! सत्तर रुपये वाली मेड इन इंग्लैंड जैकेट की महिमा है कि आज भी दो सौ रुपये वाली मेरी टी शर्ट हजार की समझी जाती है। दो सौ रुपये वाली टी शर्ट को हजार की मानने वाले से दस-बीस रुपये माँगता हूँ, तो वो ये भी समझ लेता है कि मैं कंजूस हूँ। खैर, छोड़िए...

विदेशी गर्म कपड़ों के उतरन के बाजार में नफासती वर्ग भी आता है। उच्च वर्ग की जीवनशैली के अन्ध-अनुयायी नफासती वर्ग को सिर्फ मध्यवर्ग से नहीं जोड़ा जा सकता। इस वर्ग के अनुयायी किसी भी वर्ग से निकल सकते हैं। इस वर्ग के प्रतिनिधि गाँवों में भी बहुतायत में पाए जाने लगे हैं।

आर्थिक उदारीकरण के बाद टेलीविजन और टेक्नोलॉजी की 4G क्रान्ति के माध्यम से दिखावे की नौटंकियों ने घर-घर में सेंध लगाई है। गाँव भी दिखावे से अछूते नहीं बचे हैं। जाति और धर्म की छुआछूत भले ही जातियों और समुदायों को बाँटता हो, पर दिखावे के छूत ने उन सबको एक रखा है। जब दिखावे के छूत से पीड़ित दो व्यक्तित्व मिलते हैं तो वे जाति-धर्म की छुआछूत भूल अपने-अपने दिखावे के माध्यम को गले लगाते हैं। पुचकारते हैं। दिखावे के छूत ने कार्ल मार्क्स के वर्ग में भी विभेद पैदा कर दिया है। ये तय करना मुश्किल हो गया है कि कौन शोषक है और कौन शोषित!

गाँव में एक घर में कई कुत्ते हैं। उनमें से एक पर 'इम्पोर्टेड' की मुहर लगी है। घर में एक लड़का भी है। लड़का कुछ महीने पूर्व अन्य लड़कों के साथ घूमता था। अब उसका हृदय परिवर्तन हो चुका है। उसने अपने वर्ग को पहचान लिया है। अब वो इम्पोर्टेड के साथ घूमता है। जब लड़कों के साथ घूमता था, तब दूसरे गाँवों के लड़के भी उसके मित्र बने। वे जब इससे मिलने आते, तब उनके साथ कोई लड़का होता। उनका भी हृदय परिवर्तन हो गया। वे भी अपने वर्ग की पहचान लिए। अब वे मिलने आते हैं, तब उनके साथ भी इम्पोर्टेड होता है। मिलने पर दोनों के कुत्ते एक-दूसरे से बात करते हैं। वे दोनों अपने कुत्तों की बातें सुनते हैं। एक-दूसरे से बात नहीं करते। जब कभी एक-दूसरे से बात करते हैं तो कुत्तों के सुख-दुःख की चर्चा करते हैं। उन दोनों ने आदम के सुख-दुःख को कुत्तों के सुख-दुःख से 'रिप्लेस' कर लिया है। सुख उनका कुत्ता है। दुःख दूसरों का कुत्ता है।

उनकी ऐसी लगातार कई मुलाकातों के बाद मुझे लगा, शायद दोनों में कट्टी हो गई हो। कुत्तों के बीच दोस्ती बरकरार रखने के लिए वे मुलाकात के सिलसिले को जारी रखे हों। लगा, समाधान के लिए एक और मुलाकात के अवसर पर मैंने

एक से पूछा—दोनों में बात क्यों नहीं होती? एक ने बताया—होती तो है। भौंक-भौंक एक-दूसरे से बात करते हैं! मुझे आश्चर्य हुआ—मैं कुत्तों के बारे में नहीं, तुम दोनों के बारे में पूछ रहा हूँ। दूसरे ने बताया—अभी हम कुत्तों की भाषा सीख रहे हैं। सीख लेंगे, तब उसी भाषा में एक-दूसरे से बात करेंगे।

नफासती वर्ग में ताजा-ताजा शामिल हुआ एक सदस्य बड़े बाजार में जाता है। वहाँ एक किलो चीनी खरीदता है। एक किलो भारी पैकेट को ट्रॉली में रख कैश काउंटर तक जाता है। बिल चुकाता है। एक किलो भारी पैकेट से लदी ट्रॉली को धकेलते हुए बड़े बाजार से बाहर आता है। वहाँ ट्रॉली जमा कर देता है। आर्थिक मजबूती बढ़ने के बाद ये दो ट्रॉली लेगा। एक ट्रॉली में बैठकर खरीदारी करेगा। दूसरी में एक किलो का पैकेट रखेगा। दोनों ट्रालियों को धकेलने के लिए रोबोट खरीद लेगा।

बीस करोड़ गरीबों के इस देश में एक ऐसा भी समूह है, जो समाजसेवा करने के लिए पूरे वर्ष हर हफ्ते नए-नए त्योहार 'बनाता' है। बनाए गए नए त्योहारों को मनाने के दौरान नए-नए व्यंजन भी बनाता है। जिस देश की बीस करोड़ से अधिक की आबादी भूखे पेट सोने के लिए मजबूर है, वही देश अपनी खान-पान की विविधता के लिए विश्व प्रसिद्ध है!

अंग्रेजों के जमाने में उदित हुए इस समूह की दावतों और शानो-शौकत को देख महानगरों के बाद छोटे-छोटे शहर भी संक्रमित होते चले गए। छोटे शहरों में इस समूह में शामिल होने के लिए प्रयासरत, सम्भावित सदस्यों की आर्थिक मजबूरी से सर्दियों में विदेशियों की उतरन और चूड़ी, बिन्दी के साथ आर्टीफिशियल ज्वेलरी बेचने वाली दुकानों के पास छोटे शहरों के बड़े वाहन खड़े होने लगे हैं।

इस समूह के एक सम्भावित सदस्य सड़क के किनारे पटरी पर सजे विदेशी गर्म कपड़ों के उतरन के बाजार में पहुँचते हैं। लम्बी-चौड़ी कद काठी के सम्भावित सदस्य गाड़ी से उतरते हैं। अपने काले चश्मे को आँखों पर चढ़ा लेते हैं। चश्मा नहीं लगाने पर आँखों में उतरने वाले झूठ के सार्वजनिक हो जाने का डर।

वे एक दुकान पर पहुँचते हैं। दुकानदार से कहते हैं—कुछ बढ़िया दिखाओ यार। अपने ड्राइवर को देना है। दुकानदार साइज के बारे में पूछता है। वे बताते हैं—बिल्कुल मेरी साइज का है।

उधर उतरन के बाजार से थोड़ी दूर खड़ी गाड़ी में ड्राइवर सीट पीछे कर, डैश बोर्ड पर पैर पसार, हाफ स्लीपर की मुद्रा में बैठा मेमना साइज का ड्राइवर गाड़ी के अन्दर लगे शीशे में देखते हुए, माचिस की तीली से दाँतों में फँसी सुपारी की कतरन निकाल रहा होता है।

सदस्य की सदस्या का हाल। दोनों की कुंडली नहीं मिली थी, आदतों से वर्ग मिल गया। शादी के बाद वे 'मेड फॉर ईच अदर' हो गए। सदस्या के पहले सम्भावित हटाने के लिए वे घर के सभी खातों को हर हफ्ते 'ऑडिट' करवा रही थीं। उनकी आर्थिक स्थिति ऐसी थी कि दशमलव के बाद बढ़ने वाली महँगाई उन्हें मध्यवर्ग से निम्न मध्यवर्ग में धकेल देती। अनवरत जारी कोशिशों के फलस्वरूप समूह के एक वरिष्ठ सदस्य के दानपत्र की बदौलत समूह के कोषाध्यक्ष उनका पूर्णकालिक तबादला मध्यवर्ग में कर देते हैं। साथ ही समूह में शामिल हुए नए सदस्यों के स्वागत के लिए एक भव्य पार्टी के आयोजन की भी घोषणा की जाती है।

सदस्या पार्टी में चार चाँद लगाने के उपायों के बारे में सोच रही हैं। 'श्रृंगार तो बजट में आ जाएगा लेकिन स्त्री का आभूषण गहने होते हैं', ये सोचकर उनकी सोच का सिर दर्द करने लगता है। समूह में पहली बार पुराने गहने पहनकर जाऊँगी तो काम वाली बाई क्या सोचेगी? ये सोचते हुए वो बाजार का रुख करती हैं। चूड़ी बिन्दी के साथ नकली गहनों की दुकान के पास उनकी कार रुकती है। वे कार से उतरती हैं और दुकान की तरफ बढती हैं। उधर गाड़ी में बैठा ड्राइवर यथास्थिति में कतरन निकालने के कार्य में लग जाता है।

सदस्या के शारीरिक हाव-भाव उतरन के बाजार में उतरे सम्भावित सदस्य की तरह ही होते हैं। दुकान पर पहुँचती हैं। दुकानदार से कहती हैं—भैया, लेटेस्ट डिजाइन की बढ़िया ज्वेलरी दिखाना। दुकानदार अपने हाथ आभूषण वाले डिब्बों की तरफ बढ़ाता ही है, तभी सदस्या फिर बोल पड़ती हैं—आज अपनी काम वाली बाई को समूह की पार्टी में लेकर जाना है। उसी को ज्वेलरी देनी है।

उधर घर में काम वाली बाई सदस्या द्वारा पार्टी में पहने जाने वाले बुटिक में डिजायन हुए डिजायनर कपड़ों पर इस्तरी कर रही होती है।

ग्यारहवीं कक्षा में मटरगश्ती करने के दौरान जहाँ अस्थायी निवास था, वहाँ पास-पड़ोस में नफासती वर्ग के सदस्य भी थे। बगल में ही एक पाँच सितारा होटल था। होटल परिसर की चहारदीवारी में कई जगह छोटे-छोटे सुराख थे जिनसे नफासती वर्ग द्वारा आवारा घोषित कुत्ते-कुतिया होटल के बगीचे में पहुँच जाते थे।

चहारदीवारी के अन्दर सुरक्षा के लिए कई इम्पोर्टेड टहलते रहते थे। एक कुतिया सुराख के रास्ते होटल के बगीचे में जाती। उसे देख इम्पोर्टेड रक्षक भौंकते। कुतिया पर वर्चस्व साबित करने के लिए आपस में तू-तू भौं-भौं भी करते।

कुतिया के पीछे पड़े कुत्ते हजार शब्दों वाली, गागर में सागर भरने वाली सामाजिक परिदृश्य की तस्वीर बनाते हैं। तस्वीर के माध्यम से 'मर्द' मानसिकता, स्त्री दुर्दशा और लैंगिक अनुपात की प्रदर्शनी लगाते हैं।

आते-जाते कुतिया की एक इम्पोर्टेड से बनने लगी। दोनों का प्रेम परवान चढ़ा तो कुतिया गर्भवती हो गई।

कुत्ते और कुतिया के चरित्र पर शक नहीं करना चाहिए। खलील जिब्रान के अनुसार—महान से महान आत्मा भी अपनी शारीरिक जरूरतों को नजरअन्दाज नहीं कर सकती।

इम्पोर्टेड की आत्मा और कुतिया की आत्मा ने अपनी शारीरिक जरूरतों में से एक जरूरत को पूरा किया। कुतिया के पेट में कई आत्माएँ आ गईं।

आदमी भी अपनी शारीरिक जरूरत पूरा करने के लिए इधर-उधर नई आत्मा का बीज रोप देता है, पर उन्हें अपना नाम नहीं देता। कुत्तों का अभिभावक जरूर बन जाता है। चीथड़ा पहने हुए आदमी के बच्चे को दुत्कारता है। टॉमी को पुचकारते हुए कहता है—अले मेला बच्चा। अले मेला बाबू।

लड़का या लड़की होने के जिम्मेदार गुणसूत्र पुरुष के पास होते हैं, पर लगातार तीन-चार लड़कियाँ पैदा हो जाएँ तो 'औरत में ही कोई खराबी है' का ताना मिलता है। लगातार तीन-चार लड़के हों तो पुरुष के 'पौरुष में बहुत दम है' की दाद मिलती है। कुतिया पर इम्पोर्टेड की कृपा थी। उस पर मेड इन इंग्लैंड की मुहर लगी हुई थी। लड़की या लड़के का पता लगाने के लिए भ्रूण का लिंग परीक्षण कराने वालों को कुतिया के बच्चों के लिंग से कोई समस्या नहीं थी! पिल्ले हों या पिल्ली, भावी अभिभावक तैयार थे! मेड इन इंग्लैंड की महिमा।

वो वर्ग, जो आवारा कुत्ते-कुतिया से अपने टॉमी को बचाने के लिए कहता है—'टॉमी को अन्दर ले जाओ। बाहर का कुत्ता सूँघ रहा है। टॉमी बीमार हो जाएगा', वही वर्ग आवारा कुतिया की देखभाल के प्रति चिन्तित हो उठा। कुतिया के प्रसव की तारीख का अनुमान लगाने लगा। फलाँ महीने में बच्चा देगी। कितने बच्चे होंगे? पिल्ले काले हों तो अच्छा रहेगा। पिल्ली भूरी हो तो अच्छा रहेगा।

वो आत्माएँ जिनका न तो लिंग निर्धारित था और न ही देश, उन्हें गोद लेने की तैयारी थी। आदमी का शरीर पहनकर बहुत सी आत्माएँ अनाथ घूम रही हैं, उन्हें गोद लेने वाले दुर्लभ हो गए हैं।

विकास की रेसिपी

साधो, भारत का प्रधानमंत्री बनने के पहले गुजरात के मुख्यमंत्री नरेन्द्र मोदी के ट्वीट याद हैं? गरीबी, लूट, शोषण, कालाबाजारी, एफडीआई के खात्मे और स्वदेशी, रुपये की गिरती प्रतिष्ठा, किसान को उसका हक दिलाने वाले अन्य ट्वीट भी याद होंगे? चुनाव प्रचार के दौरान दिये गए भाषण भी याद होंगे? कई वर्ष हो गए हैं। हो सकता है, स्मृति धुँधली पड़ गई हो? मैं उन ट्वीट को री-ट्वीट कर याद दिलाता हूँ। ट्वीट-दर-ट्वीट की तर्ज पर पैरा-दर-पैरा।

साधो, गत लोकसभा चुनाव के दौरान विकास का बहुत शोर मचा था। विकास के शोर से प्रभावित होकर जनता ने उसकी ताजपोशी भी कर दी। ताजपोशी के बाद विकास का तेज मद्धम पड़ने लगा। विकास की रेसिपी का स्वाद कसैला होने लगा। विकास की रेसिपी के चक्कर में जनता ने पहले रहर की महँगी दाल खाई। विकास की रेसिपी का स्वाद बढ़ाने के लिए जनता अब भी कई वस्तुएँ महँगी खा और खरीद रही है; पर विकास के चटपटे मसालों से जनता कीमतों को पचाना सीख गई है।

साधो, नरेन्द्र मोदी के प्रधानमंत्री बनने के बाद महँगाई और बेलगाम हो गई। कीमतों के विकास में नरेन्द्र मोदी का कोई दोष नहीं है। दोष चूहों का है। बाजार में मोटे-मोटे चूहे हैं, जो गोदामों में रखा अनाज खा जाते हैं। वे चूहे किसके पालतू हैं, ये मैं जानता हूँ।

साधो, चूहों की कर्तव्यपरायणता के बारे में बताता हूँ। इधर शुगर के एक मरीज हैं। शहर के सबसे अच्छे डॉक्टर से इलाज कराते हैं। समय से दवा लेते हैं। डॉक्टर द्वारा बताए गए सभी परहेज भी बरतते हैं। फिर भी शुगर उनका पीछा नहीं छोड़ रही। शुगर के पीछा न छोड़ने का कारण चूहे हैं। डॉक्टर ने उनको चावल खाने से मना किया है, पर चूहे उन्हें चावल खिला देते हैं।

साधो, शुगर के मरीज को चावल खिलाने वाले चूहे पाले भी जाते हैं। चूहे गेहूँ और चावल की बोरियों में उछल-कूद मचाते रहते हैं। खेल ही खेल में चूहे एक किलो गेहूँ के आटे में सौ-दो सौ ग्राम चावल का आटा मिला देते हैं। सरकार चूहों

द्वारा की जा रही मिलावटखोरी रोकने में अक्षम है तो आटा चक्की वाले की क्या मजाल जो चूहों को रोके। न चूहों द्वारा फैलाए जा रहे रोगों का निदान हो रहा, न उनकी शुगर ठीक हो रही।

साधो, चूहे आतंकवाद के 'स्लीपिंग मॉड्यूल' हैं। वे बिना आवाज की जैविक गोली चलाकर हर वर्ष हजारों-लाखों को मौत के घाट उतार देते हैं। साधो, चूहे शान्तिप्रिय हैं। खामोशी से अपना कार्य करते हैं। शोर तब मचाते हैं, जब उनकी कर्तव्यपरायणता में बाधा उत्पन्न होती है। उनकी कर्तव्यपरायणता का वर्तमान अनुपात एक किलो में सौ-दो सौ ग्राम चल रहा है। कोई कहे कि पचीस-पचास ग्राम मिलाओ या मिलावट का खेल बन्द कर दो, तब चूहे शोर मचाएँगे—हमें कर्तव्य मार्ग से हट जावें कहा जा रहा है।

साधो, मैंने कीमतों के विकास से नरेन्द्र मोदी को दोषमुक्त घोषित कर दिया। फिर भी उनके 'विशेष' समर्थक मुझे बीजों के दाम बढ़ने की वैश्विक साजिश समझाते हैं। विशेष समर्थक नरेन्द्र मोदी के नसीब पर पूरा भरोसा करते हैं। मैं भी करता हूँ। नरेन्द्र मोदी के नसीब का ही कमाल है कि जब कीमतें कम होती हैं, तब विशेष समर्थक उनको श्रेय देते हैं। कीमतें बढ़ने का दोष पाकिस्तान पर मढ़ देते हैं। साधो, मैं तो कहता हूँ पाकिस्तान का निर्माण भी नरेन्द्र मोदी के नसीब से ही हुआ था।

साधो, अकाल से बचाने वाले कथित गोदामों में रखा अनाज खा कर महँगाई बढ़ाने की तरकीब चूहों ने निकाली है। देश का पेट भरने की जिम्मेदारी किसानों पर डाल दी है। जिम्मेदारी निभाने के लिए वे कमरतोड़ मेहनत कर रहे हैं। फिर भी अपने परिश्रम की फसल के डेढ़ गुना लागत के लिए गले में फन्दा कसने पर मजबूर हैं। साधो, महँगाई जितनी बढ़ेगी, चूहे गोदामों में रखा अनाज खाकर मोटे होते जाएँगे। साधो, मैं ये सोचता हूँ कि जब भारत भाग्य विधाता की कमर टूट जाएगी, तब भारत क्या खाएगा? पकौड़ा विथ हरी चटनी?

साधो, देश को खुले में शौच मुक्त बनाने का अभियान चल रहा है। गाँवों को सरकारी डंडे के दम पर खुले में शौच मुक्त बनाया जा रहा है। साधो, जिनके पास झोपड़ी लगाने के लिए अपनी जमीन नहीं है, वे किसकी जमीन पर शौचालय बनवाएँ? एक अभिनेत्री 'जहाँ सोच वहाँ शौचालय' बनवाने के लिए प्रेरित करती है। साधो, इस विज्ञापन को बन्द करवा देना चाहिए क्योंकि घर में शौचालय रहते हुए भी मैं 'जहाँ सोच वहाँ शौचालय' का उल्लंघन करता हूँ। विशेष भोजन वाले दिन खुले की तरफ जाता हूँ। खुले में 'जहाँ सोच वहाँ शौचालय' का एक प्रयोग करता हूँ। प्रयोग के कारण खुले में शौच करने से होने वाली सजा का डर नहीं लगता।

साधो, 'स्वदेशी' के बाजार में ऐसी बीटी/जीएम फसलें आ गई हैं, जिनसे पैदा होने वाले फलों में बीज नहीं होते। बीटी/जीएम फसलों के दुष्प्रभाव से पशु-पक्षियों द्वारा कहीं भी रोप दिये जाने वाले टमाटर, पपीता, पीपल आदि उगना बन्द हो चुके हैं। टमाटर से तो बीज पूरी तरह गायब हो गए हैं। देसी टमाटर में बीज मिलते हैं। तो जिस दिन बीज वाले फल खाता हूँ, उस दिन मोबिल वाला डिब्बा लेकर खुले की तरफ जाता हूँ। अपनी बीट के बीजों से कहीं भी पौधे उगा देने वाले पक्षियों की तरह हो जाना चाहता हूँ।

साधो, पर्यावरण असन्तुलन के कारण जिस तरह खाद्य शृंखला से जीव विलुप्त हो रहे हैं, अपना अस्तित्व बचाने के लिए मानव जाति को भी पक्षियों की तरह अपनी बीट से पौधे उगाने का हुनर सीख लेना चाहिए। जिस दिन बीज वाला फल खाएँ, मोबिल वाला डिब्बा लेकर खुले में जाएँ।

साधो, अगर खुले में शौच करते हुए सरकारी आदेश के उल्लंघन के तहत मेरी गिरफ्तारी हो तो जामा तलाशी के दौरान प्राप्त वस्तुओं का सच्चा विवरण लिखा जाए। मध्य प्रदेश की तरह झूठा नहीं। मध्य प्रदेश के सरकारी कारिन्दों ने खुले में शौच करने वालों से बरामद हुए लोटों की प्रदर्शनी लगाई थी। मुझे आश्चर्य हुआ कि आर्थिक उदारीकरण के बाद भी कौन लोटा लेकर खेत की तरफ जाता है?

साधो, आर्थिक उदारीकरण लागू होने के बाद एफडीआई के प्राइवेट जेट में सवार होकर बिना बीज वाली बीटी/जीएम फसलों के विदेशी सौदागर भी आए। हवाई अड्डे पर उनका 'वार्म वेलकम' करने के लिए ईएमआई पर खुशियाँ खरीदने की लत लगाने वाले उनके जनरल मैनेजर ऑफ इंडिया तैयार खड़े थे। जिनकी बदौलत ईएमआई की पगडंडी पर फर्राटा भरते, धूल उड़ाते मोटरसाइकिल घर-घर पहुँची। साथ में मोबिल का डिब्बा भी घर-घर पहुँचा। जिनके घर मोबिल का डिब्बा नहीं पहुँचा, उनके घर कोल्ड ड्रिंक की प्लास्टिक वाली बोतल पहुँची। साधो, इधर शौच के लिए खुले में जाने वाले मोबिल या कोल्ड ड्रिंक की बोतल लेकर जाते हैं। वे खानदानी रईस, जिनकी रईसी का रक्षक अब 'परदा' है, जो कभी नक्काशीदार पात्र लेकर खुले की तरफ जाते थे, वे भी डिब्बे में अंगुली फँसाने लगे।

साधो, मेरी गिरफ्तारी मोबिल वाले डिब्बे के साथ होगी तो गुडवर्क 'रियलिस्टिक' लगेगा। अगर सरकारी कारिन्दों को आउट ऑफ टर्न प्रमोशन भी चाहिए तो गिरफ्तारी के दौरान कारिन्दों पर ढेलों से हमला भी कर दूँगा—'मुठभेड़ के बाद गिरफ्तार।'

साधो, जिस दशक में देश में आर्थिक उदारीकरण लागू हुआ, उस दशक में लड़कियों को आकर्षित करना महँगा था। लड़कियों को आकर्षित करने के लिए जिम जाकर सुगठित शरीर बनना पड़ता था। दशक बदला। रुपये की कीमत गिरी।

महँगाई बढ़ी। लड़कियों को आकर्षित करना सस्ता हुआ। सौ-डेढ़ सौ के डियो या आफ्टर शेव लोशन की सुगन्ध से लड़कियाँ आकर्षित होने लगीं। आज महँगाई और बढ़ी, रुपये की कीमत और गिरी तो लड़कियों को आकर्षित करना और सस्ता हो गया। पचास-साठ रुपये की चड्ढी या बनियान पहनकर ही लड़कियों को आकर्षित किया जा सकता है। महँगाई का बढ़ना नहीं रुका तो विज्ञापनों में चड्ढी-बनियान भी उतर जाएगी। लड़कियों को आकर्षित करना पूरी तरह मुफ्त हो जाएगा। रुपये की गिरती कीमत के साथ बाजार भी 'गिरता' जा रहा है।

साधो, कभी रुपये की कीमत गिरने से प्रधानमंत्री अपनी गरिमा खोते थे, अब नहीं खोते। कभी जनता और विपक्ष पेट्रोल-डीजल की कीमतों में वृद्धि की आग से झुलस जाते थे, अब नहीं झुलसते। पेट्रोल की धीमी आँच पर पक रही विकास की रेसिपी में अखिल भारतीय मंत्रिमंडल के खानसामों द्वारा प्रतिदिन डाले जाने वाले धर्म के चटपटे मसालों ने कीमतों को पचाना सिखा दिया है।

साधो, नरेन्द्र मोदी अचार बेचने के तरीके भी बताते हैं। वे बताते हैं कि उनके खून में व्यापार है। पर घर-घर शौचालय बनावने की नीति बनाने में उन्होंने चूक कर दी। विज्ञापनों से सीख लेते हुए उन्हें करना ये चाहिए था कि लडकियाँ शौचालय देखकर आकर्षित हों। लड़के सिर पर कमोड लेकर घूमें। उन्हें देख लडकियाँ ऊ ला ला कहें।

साधो, मैंने मैं मैं का प्रयोग किया है। ये नरेन्द्र मोदी की नकल है। मैं की जगह देश या जनता का प्रयोग करता, तो उनमें वे लोग भी आ जाते, जिन्हें इस देश में पैदा होने का दुःख होता है। नरेन्द्र मोदी को भी इस देश में पैदा होने का बहुत दर्द होता है। देश या जनता का प्रयोग कर मैं उन विशेष समर्थकों को भी उसी दर्द से रूबरू नहीं करवाना चाहता जो नरेन्द्र मोदी की तरह गलती से इस देश या लोक में पैदा हो गए हैं। उन्हें व्यापार लोक में पैदा होना चाहिए था।

साधो, पूर्व प्रधानमंत्री मनमोहन सिंह ने कहा था—"संसाधनों पर पहला हक अल्पसंख्यकों का होना चाहिए।" वर्षों के परिश्रम से बीजेपी और उसके सहयोगी संगठनों ने अल्पसंख्यक का अर्थ सिर्फ मुसलमान होता है, साबित कर दिया है। जबकि देश में मुसलमानों से कम जनसंख्या वाले कई धर्म हैं। साधो, आर्थिक दृष्टि से अल्पसंख्यक 'बिलेनियर' हैं। इनका धर्म मुनाफा है। इनकी जनसंख्या अंगुली पर गिनी जा सकती है। साधो, मनमोहन सिंह ने जो कहा था, वर्तमान प्रधानमंत्री नरेन्द्र मोदी ने वो कर दिखाया। नरेन्द्र मोदी सभी संसाधनों को मुट्ठी भर बिलेनियर अल्पसंख्यकों की मुट्ठी में देते जा रहे हैं—ये भी चाहिए? ले लो। कस लो देश को मुट्ठी में।

साधो, गुजरात विधानसभा चुनाव के पहले नरेन्द्र मोदी ने अपनी कैबिनेट के मंत्रियों और सांसदों को कुछ निर्देश दिये। मीडिया से पता चला—पीएम मोदी ने सांसदों को दिये प्रचार के निर्देश। साधो, मीडिया की इस भाषा पर नरेन्द्र मोदी को क्रोध जरूर आया होगा। उनके प्रधानमंत्री बनने के बाद हुए विकास को देखते हुए, होना ये चाहिए था—जनरल मैनेजर ने सेल्स एग्जिक्यूटिव्स को दिया टारगेट।

साधो, कर्ज लेकर घी पीने वाली फिलॉसफी को सरकारी आधार देने वाले पूर्व प्रधानमंत्री मनमोहन सिंह ने स्वीकार किया था—नरेन्द्र मोदी मुझसे बेहतर सेल्समैन हैं। नरेन्द्र मोदी ने इसे साबित भी कर दिया। मनमोहन सिंह सेल्समैन ही रह गए। नरेन्द्र मोदी जनरल मैनेजर बन गए। साधो, नरेन्द्र मोदी को मीडिया के पेच और कसने चाहिए ताकि मीडिया उनकी उपलब्धियों का बखान सही शब्दों में करे।

पूँजी के ज्योतिषी

साधो, पूँजी, राजनीति और धर्म के त्रिगुट की ताकत हो तो सच्चा ज्योतिषी बना जा सकता है। भविष्यवाणी कर उसे सच साबित करने वाली परिस्थितियाँ उत्पन्न की जा सकती हैं। फिलहाल अमेरिका से बड़ा ज्योतिषी नजर नहीं आता है। रूस और चीन, अमेरिका से बड़ा ज्योतिषी बनने की कोशिश में लगे हुए हैं। इन देशों के बीच वाक् युद्ध होता है तो दुनिया को लगता है कि अब युद्ध होगा। साधो, असल में वे अपनी-अपनी भविष्यवाणियों को सच साबित करने के लिए लड़ते हैं।

अमेरिका कहता है—रूस को आन्तरिक सुरक्षा के हालात सुधारने होंगे। नहीं तो भविष्य में हालात विस्फोटक हो सकते हैं। अमेरिका की भविष्यवाणी सुनकर रूस समझ जाता है—इसकी भविष्यवाणी सही साबित हो गई तो इसकी दादागिरी और बढ़ जाएगी। अपनी भविष्यवाणी सच साबित करने के लिए ये कुछ भी कर सकता है। ऐसा करो कि ये हमारी आन्तरिक सुरक्षा की चिन्ता छोड़, अपनी आन्तरिक सुरक्षा पर ध्यान दे।

साधो, ऐसा होता है। इधर एक ज्योतिषी हैं। दूसरों के भविष्य में खूब ताक-झाँक करते हैं। पर अपना भविष्य नहीं देख पाते। एक बार उनसे फिरौती माँगी गई। फिरौती न देने पर बदमाशों ने उनके अपहरण की भविष्यवाणी कर दी। ज्योतिषी ने पुलिस को सूचना दी। कुछ दिन बाद उनका अपहरण भी हो गया। पुलिस ने कुछ नहीं किया? किया न। अपहरणकर्ताओं को रंगे हाथ या मुठभेड़ के दौरान पकड़ने के लिए अपहरण की तिथि और समय की गणना मिलने का इन्तजार किया। ज्योतिषी अपने भविष्य की गणना नहीं दे पाए। अपहरण हो गया। अपहरण से पुलिस को भी सदमा लगा। 'गुडवर्क' नहीं हो पाया, नहीं तो प्रमोशन हो जाता।

साधो, 2008 में सबसे बड़ा ज्योतिषी अमेरिका भी अपने आप को बचा नहीं पाया। कई बैंकों के डूबने की भविष्यवाणी की गई थी। बैंक डूब भी गए। बैंक, पूँजीपतियों को दिये गए कर्ज से डूबे। बैंक डूब गए तो कर्ज की वसूली कौन करेगा? बैंक डूब गए, कर्जदार पार उतर गए।

साधो, ऐसा भी होता है, जब डूबकर पार उतरा जाता है—'खुसरो दरिया प्रेम का, उलटी वाकी धार, जो उबरा सो तो डूब गया, जो डूबा सो पार।' पूँजी प्रेमी आए दिन डूब कर पार हो जाने का करतब दिखाते हैं। हमारे यहाँ तो अरबों-खरबों के ऐसे-ऐसे कर्जदार हैं, जो हिन्द महासागर में डूबकी मारते हैं, निकलते हैं अटलांटिक महासागर में। सात समुन्दर पार। किसान, मजदूर हजार-दस हजार के कर्ज से उबरना चाहते हैं। सो डूबकर दम तोड़ देते हैं।

साधो, एक बार सूचना आई—"सात हजार करोड़पतियों ने देश छोड़ा। चीन के बाद देश छोड़ने वाले अति धनाढ्यों की दूसरी सबसे बड़ी संख्या।" इस सूचना ने विश्व स्तर पर हमारे देश का मान बढ़ा दिया। चीन थरथर काँपने लगा। उसे डर सताने लगा—'कहीं देश छोड़ने के मामले में भारतीय करोड़पति उसे पीछे न छोड़ दें।' दूसरे देश विज्ञान और तकनीकी भी एक्सपोर्ट करते हैं। हम सिर्फ करोड़पति एक्सपोर्ट करते हैं। उनमें बैंकों में जमा आम जनता का पैसा लूटने वाले करोड़पति भी हैं। इतिहास गवाह है, विदेशी आक्रमणकारी लूट-पाट के लिए हमारे देश पर आक्रमण करते थे। जिनका खानदानी पेशा लूट था, वे लूट के माल के साथ वापस अपने देश चले जाते थे। अभी जो देश छोड़ रहे हैं, उन्हें इतिहास लुटेरों की संज्ञा न दे, इसके लिए उनके एक्सपोर्ट का 'सिस्टम' बनाया गया है। वैश्विक लुटेरों की रक्षा के लिए बना 'सिस्टम' उन्हें नागरिकता की व्यवस्था देता है। कानूनन आरोपी कानून को ठेंगा दिखाता है—उस देश से प्रत्यर्पण संधि नहीं है।

साधो, बड़े ज्योतिषियों की देखा-देखी, छोटे ज्योतिषी भी अपनी कला का प्रदर्शन करने लगे हैं। उत्तर कोरिया परमाणु युद्ध की भविष्यवाणी कर रहा था। बड़े ज्योतिषी इस भविष्यवाणी से चिन्तित नहीं थे। ये धन्धा चमकाने और मुनाफा बढ़ाने वाली भविष्यवाणी है। रूस कह रहा था—अमेरिका, उत्तर कोरिया को उकसा रहा है। उकसाने दो न रूस जी, हथियार तो आप भी खूब बेचते हैं। साधो, छोटे ज्योतिषियों का परमाणु युद्ध का 'स्टंट' अल्पकालिक रहा। अमेरिका और उत्तर कोरिया ने गिले-शिकवे दूर कर लिए। साधो, परमाणु युद्ध की धमकी के बाद हाथ मिलाकर गिले-शिकवे दूर करने का स्टंट अपने अन्तर्विरोधों से जूझ रहे 'स्टेट' की छवि उदारवादी बनाने का स्टंट था। स्टंट बे-पर्दा हो गया तो स्टेट नाराज हो जाएगा। स्टेट के चाबुक की मार से बचने के लिए उन्हें सचमुच युद्ध करना पड़ सकता है।

साधो, जिनको धोखा खाने को नहीं मिलता, उनके पेट हमेशा खाली रहते हैं। खाली पेट को भरने के लिए वे सब कुछ खाते जा रहे हैं। जो कुछ भी अच्छा है, उसे वे खा जाते हैं। सामुदायिकता को चट कर जाने के बाद प्रकृति की हवा, जल,

जंगल, जमीन खा रहे हैं। फिर भी उनकी भूख शान्त नहीं हो रही है। साधो, खाने की लत बुरी होती है। सरकार को लग जाए तो और बुरी; ताबूत भी खाने लगती है। ताबूत खाने के लिए अपने नागरिकों का ही नरसंहार रचती है। राष्ट्रध्वज में लिपटे ताबूत खाने से भी परहेज नहीं करती।

साधो, ज्योतिषी बनने की क्षमता हासिल नहीं कर पाए देशों की दशा बिगाड़े रहो, असुरक्षा का डर बरकरार रखो, हथियार बिकते रहेंगे। स्वास्थ्य, शिक्षा आदि नागरिकों की बुनियादी आवश्यकताओं से अधिक बजट हथियार खरीद का बनता रहेगा। साधो, उधर सबसे बड़ा ज्योतिषी बनने की गलाकाट प्रतिस्पर्धा है। इधर सबसे बड़ा हथियार खरीदार बनकर बड़े ज्योतिषियों का कारखास बनने की प्रतिस्पर्धा है। मुनाफे के लिए बुने गए परजीवी स्टेट के जाल में फँसकर नागरिक को स्वीकार करना पड़ता है—जीवन ही नहीं बचेगा तो बुनियादी अधिकार लेकर क्या करेंगे? खरीदो हथियार।

साधो, सफलता त्याग माँगती है। आर्थिक सफलता की माँग बड़ी है; जान भी माँगती है। आर्थिक रूप से बड़ा आदमी बनने के लिए हृदय का त्याग करना पड़ता है। प्रेम, ममता, दया धारण करने वाले हृदय का त्याग कर छल, कपट, प्रपंच, ईर्ष्या, उन्माद धारण करने वाला पूँजीवादी हृदय ट्रांसप्लांट करवाना पड़ता है। आर्थिक रूप से बड़ा आदमी बिना हृदय के भी जिन्दा रह लेता है। साधो, सबसे अधिक सुखी वे हैं, जो हृदय की बीमारियों से मुक्त हैं। प्रेम, ममता, दया हृदय की बीमारियाँ हैं, जो सुख और तरक्की में बाधक हैं। जो इन बीमारियों से मुक्त हैं, वे तरक्की कर रहे हैं। हथियारों के दम पर आर्थिक महाशक्ति बन चुके कई देश बिना हृदय के ही चल रहे हैं। लोकतंत्र की स्थापना के बाद से हमारी सरकारें भी हमें केवल आर्थिक रूप से बड़ा बनाने के कार्य में लगी हुई हैं।

साधो, आदमी की जेब में जब पैसे अधिक हो जाते हैं, तब वो प्रयोगधर्मी बन जाता है। वो एक सीट वाली मोटरसाइकिल खरीदता है। दो सीट वाली कार खरीदता है। अमीरों का मनोरंजन भी महँगा होता है। वे मनोरंजन के लिए स्नूकर, बिलियर्ड और गोल्फ खेलते हैं। अमीरों का महँगा मनोरंजन उनका शौक कहा जाता है। अमीरों की नकल करने के लिए कोई कर्ज लेकर महँगा शौक पाले तो उसे गरीब गुंडा कहा जाता है।

साधो, आदमी की तरह आर्थिक रूप से शक्तिशाली और विकसित देश भी मनोरंजन के लिए नए प्रयोग करते रहते हैं। विकसित देश के वैज्ञानिक भी मनोरंजन के महँगे शौक पालते हैं। विकसित देशों के वैज्ञानिक आज कल एलियन की खोज कर अपना मनोरंजन कर रहे हैं। उनका मनोरंजन देख आर्थिक रूप से कमजोर देश

दुखी हो जाते हैं। आर्थिक रूप से कमजोर देश गरीब गुंडा बनने के लिए विकसित देशों के आगे झोली फैलाए खड़े हो जाते हैं—मालिक! कर्ज दो तो हम भी आपकी तरह मनोरंजन का महँगा शौक पालें।

साधो, आर्थिक रूप से कमजोर एक देश रेल की पटरी बिछा रहा है। तभी आर्थिक रूप से सुदृढ़ विकसित देश चाँद पर पहुँच गया। ये देख आर्थिक रूप से कमजोर देश रेल की पटरी बिछाना छोड़ विकसित देश के आगे झोली फैलाकर खड़ा हो जाता है—मालिक! कर्ज दो तो मैं भी चाँद पर घूम आऊँ। आर्थिक रूप से कमजोर एक देश सभी नागरिकों के लिए घर बनवाने की योजना बना रहा है। तभी आर्थिक रूप से सुदृढ़ विकसित देश चाँद पर इनसानी बस्ती बसाने की योजना तैयार करने लगता है। ये जान आर्थिक रूप से कमजोर देश विकसित देश के आगे झोली फैलाकर खड़ा हो जाता है—मालिक! कर्ज दो तो मैं भी अपने देशवासियों के लिए चाँद पर घर बनवा दूँ। आर्थिक रूप से कमजोर देश प्राकृतिक आपदाओं के पूवार्नुमान के लिए सेटेलाइट छोड़ रहा है। तभी आर्थिक रूप से सुदृढ़ विकसित देश मंगल ग्रह पर उतर गया। ये देख आर्थिक रूप से कमजोर देश प्राकृतिक आपदाओं से होने वाली जान-माल की हानि की चिन्ता छोड़ विकसित देश के आगे झोली फैलाकर खड़ा हो जाता है—मालिक! कर्ज दो तो मैं भी मंगल की यात्रा कर आऊँ।

साधो, आर्थिक रूप से कमजोर देश के नागरिक इस बात को लेकर चिन्तित हैं कि अभी तक उनके देश में सभी नागरिकों को स्वास्थ्य, शिक्षा और पेयजल जैसे मूलभूत अधिकार भी उपलब्ध नहीं हो सके हैं। पर जैसे ही देश मंगल ग्रह पर अपना रोबोट उतारता है, नागरिक भी सभी चिन्ताओं से मुक्त हो तालियाँ बजाने लगते हैं। नागरिक कई महीनों तक इस कल्पना में खोए रहते हैं कि कब वहाँ इनसान उतरेगा? कब वहाँ मैं उतरूँगा? अन्तरिक्ष यात्री के सूट में मेरी सेल्फी कैसी लगेगी?

साधो, विकसित बनाने के आँकड़े तैयार करने वाली एजेंसियाँ भी ज्योतिषी हैं। वे आर्थिक महाशक्तियों की शाखा हैं। उन्होंने 'ईज ऑफ डूइंग बिजनेस' में हमारी रैंकिंग बढ़ा दी है अर्थात हमारे यहाँ व्यापार करना और आसान हो गया है। किसका व्यापार करना आसान हुआ है, ये नहीं बतातीं।

साधो, रैंकिंग में सुधार के माध्यम से वे बताती हैं कि लूट का व्यापार करना और आसान हो गया है। विकास के नाम पर जनता से लूट ईज ऑफ डूइंग बिजनेस का भारतीय संस्करण है। लूट जितनी बढ़ेगी, रैंकिंग उसी अनुपात में सुधरेगी। लाखों करोड़ का कर्ज बट्टे खाते में डाल देने और कर्जदारों को दिवालिया घोषित करने से बिजनेस 'ईजी' हो जाता है। लाखों करोड़ के कर्ज की भरपाई जनता से कर लेने से 'डिफिकल्टीज़ ऑफ बिजनेसमैन' कम हो जाती हैं।

साधो, विकास आँकने वाली एजेंसियों ने कई देशों को तीसरी दुनिया का देश घोषित किया है। वे देश पहली दुनिया के देशों के अप्रत्यक्ष उपनिवेश हैं। उन्हें उपनिवेश बनाए रखने के लिए कर्ज के बोझ से उनकी रीढ़ की हड्डी दबाए रखते हैं। विकासशील-विकासशील कहकर उन्हें कर्ज लेने के लिए उकसाते रहते हैं। अपना पिछड़ापन दूर करने के लिए कई देश गरीब गुंडा बन गए हैं। साधो, विकासशील से विकसित बनने के लिए तीसरी दुनिया के देशों को गरीबी मिटानी होगी। 'जो अच्छा लगे उसे खा जाने वाले' एक दिन गरीबों को भी खा जाएँगे। गरीबी मिट जाएगी। देश आर्थिक महाशक्ति बन जाएगा।

साधो, विकसित की श्रेणी में 'अपग्रेड' करने वाली बुलेट ट्रेन चलाने के लिए जापान हमें करोड़ों डॉलर का कर्ज दे रहा है। अर्थव्यवस्था के स्वास्थ्य पर नजर रखने वाले इस कर्ज को चिन्ता का विषय बता रहे हैं। साधो कर्ज चिन्ता का विषय नहीं है। कर्ज 'रेपुटेशन' का विषय है। कर्ज लेने के मामले में हमारी रेपुटेशन अच्छी है, इसलिए हमें आसानी से कर्ज मिल जाता है। जापान का कर्ज हम नहीं चुका पाए तो क्या होगा? ज्यादा से ज्यादा यही होगा कि जापान हमारे ऊपर दो-चार प्रतिबन्ध लगा देगा। तब हम किसी और देश से कर्ज ले लेंगे। क्योंकि कर्ज रेपुटेशन का विषय है।

साधो, बैंक भी उसी को कर्ज देता है, जिसकी रेपुटेशन अच्छी होती है। साथ ही ऐसे कर्जदार को बैंक सम्मानित ग्राहक भी कहता है। बड़ा कर्ज लेने वाला सम्मानित ग्राहक अगर कर्ज वापस नहीं भी करता है तो बैंक के स्वास्थ्य पर नकारात्मक असर नहीं पड़ता है। वही बैंक हजार-दस-हजार का कर्ज बकाया रखने वालों के घर कानूनी नोटिस भेज देता है। नोटिस की अनदेखी की तो कुर्की की डुगडुगी भी बजवा देता है। हजार-दस-हजार का बकाया रखने वाले कर्ज ना चुकाएँ तो बैंक की नींव दरकने लगती है। क्यों? क्योंकि बड़ा कर्ज सम्पन्नता का सूचक है। छोटा कर्ज विपन्नता का। बड़ा कर्ज कद बढ़ाता है। व्यक्तित्व में चार चाँद लगाता है। छोटा कर्ज कद घटाता है। व्यक्तित्व में चार दाग लगाता है।

साधो, हजारों करोड़ का कर्ज लेने वालों की गिनती विश्व के अमीरों में होती है। एक बैंक दूसरे बैंक से कहता है—देखा, मेरा कर्जदार अमीरों की सूची में फलाँ नम्बर पर है। दूसरे बैंक को ये बात चुभ जाती है। वो भी एक सम्मानित ग्राहक को हजारों करोड़ का कर्ज दे देता है। फिर पहले वाले बैंक से कहता है—अब बोलो, मेरा कर्जदार अमीरों की सूची में फलाँ नम्बर पर पहुँच गया।

साधो, हजारों करोड़ का कर्ज लेने वाले सम्मानित ग्राहकों की देखा-देखी गाँव, मोहल्लों और कस्बों में भी कर्ज के सहारे सम्मानित बनने वालों की संख्या बढ़

रही है—हमें तो नम्बर वन बनना है भई! भले ही कर्ज लेने में नम्बर वन बन जाएँ! आफ्टर ऑल, बैंक सम्मानित ग्राहक का खिताब भी देता है!

साधो, ईएमआई के सहारे फ्लैट, कार खरीदने के बाद रेपुटेशन में चार चाँद लगाने वाला मोबाइल भी ईएमआई पर मिलने लगा है। ईएमआई के सहारे अपनी जीवन गाड़ी में पेट्रोल भरवाने वाले से सौ-दो सौ रुपये उधार माँगो तो सिर से पाँव तक ईएमआई के कर्ज में डूबा कर्जदार समझाते हुए कहता है—कब तक उधार के सहारे जीवन चलेगा?!!!! पर साधो, चिन्ता की कोई बात नहीं। क्योंकि कर्ज चिन्ता का विषय नहीं है। कर्ज रेपुटेशन का विषय है।

साधो, पूँजी के ज्योतिषियों ने भारत को विश्व की सबसे तेजी से उभरती आर्थिक शक्ति बता-बताकर इसे विश्व का सबसे बड़ा गरीब गुंडा बना दिया है।

भूत का लोटा

नोम चोम्स्की के अनुसार—"मौजूदा दौर का सबसे बड़ा दुश्मन पूँजीवाद है।" 'मेरे खून में व्यापार है' वाले हमारे प्रधानमंत्री नरेन्द्र मोदी भी अपने अन्दाज में इसे स्वीकार कर चुके हैं। एक बार तीनों सेनाओं के संयुक्त सम्मेलन में सेना प्रमुखों को सम्बोधित करते हुए उन्होंने कहा—"अब ऐसे दुश्मन से निपटने की तैयारी कीजिए जो नजर नहीं आएगा।" पूँजीवाद ऐसा अदृश्य दुश्मन है जो नजर नहीं आता पर कई देशों को लील चुका है। धर्म और राष्ट्रवाद के मजबूत पंखों के सहारे पूँजी का गिद्ध, पूँजीवाद की प्रयोगशाला तीसरी दुनिया के देशों के ऊपर मँडरा रहा है।

भारत की मिसाइल्स के नाम ब्रह्मोस, पृथ्वी, अग्नि, बाण आदि हैं। पाकिस्तान की मिसाइल्स के नाम गौरी, शाहीन, हत्फ वगैरह हैं। हथियारों का कारोबार करने वालों की मिसाइल्स के नाम भारत, पाकिस्तान, अफगानिस्तान, इराक, सऊदी अरब, फिलिस्तीन, सीरिया ईटीसी हैं। इन मिसाइल्स की मारक क्षमता बढ़ाने वाले फ्यूज कंडक्टर का नाम धर्म है।

पूँजीवाद की तरह ही भारत के एक और अदृश्य दुश्मन का नाम भूत है। पूँजीवाद की तरह ये भी नजर नहीं आता। पूँजीवाद और भूत के बीच बाप-बेटे का रिश्ता है। भूत के खून में पूँजीवाद है। पूँजीवाद ने अपने 'मैनेजर' ब्राह्मणवाद की आर्थिक तरक्की के लिए कई उत्पादों की रचना की है। भूत उन उत्पादों में से एक है। अपनी आर्थिक तरक्की के लिए ब्राह्मणवाद ने पूँजी का मैनेजर बन उन उत्पादों की बढ़-चढ़कर 'मार्केटिंग' की। अपनी हजारों वर्ष की तपस्या के दम पर पूँजीवाद ने आदमी के मस्तिष्क में घुसपैठ कर अपने हवा-हवाई उत्पादों को सच साबित कर दिया। हवा-हवाई उत्पादों ने आदमी के मस्तिष्क में अपना चक्रव्यूह बना लिया है।

बाप-बेटे की इस अदृश्य जोड़ी से मुक्ति का इलाज कबीर ने बताया। पूँजीवाद को चिन्ता हुई कि अपने मैनेजर्स के सहयोग से बनाए गए उसके 'शून्य लागत, असीमित मुनाफे' का चक्रव्यूह टूट जाएगा। अपना चक्रव्यूह बचाने के लिए पूँजीवाद ने अपने मैनेजर ब्राह्मणवाद के सहयोग से कबीर को पागल घोषित करवा दिया।

कबीर को पागल घोषित करना ब्राह्मणवाद की मजबूरी थी। अगर कबीर को पागल घोषित नहीं किया जाता तो उनकी वाणी डर आधारित पाखंड की सत्ता से होने वाली आर्थिक तरक्की पर लगाम लगा देती। आधुनिक परिदृश्य में कबीर की वाणी को सीमित करने में ब्राह्मणवाद की तरह पर-पीड़ा से आनन्द प्राप्त करने वाले जाति चिन्तकों ने भी ब्राह्मणवाद का पूरा सहयोग किया है। कबीर को 'अपना' साबित करने के लिए वे प्रवृत्ति विरोधी को व्यक्ति विरोधी साबित करते हैं।

कबीर को अपना साबित करने की जंग पुरानी है। पोंगापंथ और पाखंड की मार्केटिंग करने वाले मैनेजर कबीर के जीवित रहते उन्हें रंडी की औलाद कहते रहे। मरने के बाद श्रेष्ठता और ज्ञान पर अपना एकाधिकार साबित करने के लिए कबीर को अपना कहते हैं—'कबीर विधवा ब्राह्मणी के गर्भ से पैदा हुए थे। लोक लाज के डर से उसने कबीर को लावारिस छोड़ दिया था।' ये अपनापा आधुनिक युग में श्रेष्ठता की अश्लील स्वीकारोक्ति का एक दुर्लभ उदाहरण है।

ब्राह्मणवाद पागल को ब्रह्मास्त्र की तरह प्रयोग करता है। जिसने भी पाखंड की सत्ता का मान-मर्दन किया, ब्राह्मणवाद उसे पागल घोषित कर देता है। पागल कहकर किए जाने वाले सामाजिक बहिष्कार से भला-चंगा आदमी भी मानसिक विक्षिप्त हो जाता है। मंत्रों का पुष्पक उड़ाने वाले और ब्रह्म के रूप में स्थापित ब्राह्मणवाद का कहा मानना मजबूरी थी। जो नहीं मानते, वे भी पागल घोषित कर दिए जाते। हमारी समझ का आलम ये है कि मानसिक चिकित्सालय को भी हम पागलखाना कहते हैं। ऐसी समझ के बीच खुद को पागल कहे जाने का खतरा कौन मोल लेगा?

किसी को पागल कह कर देखिए, वो अपना मानसिक सन्तुलन खोने लगता है। मैं पागल नहीं हूँ, ये साबित करने के लिए वो आपको पीट भी सकता है। हाँ, प्रेमिका ने पागल कहा तो प्रेमिका पर प्यार-ही-प्यार उमड़ने लगता है। प्रेमिका को क्यों नहीं पीटते? उसने भी तो पागल कहा!

एक-दूसरे से बेहद प्यार करने वाला एक युगल मेरा सहपाठी था। वे दोनों एक-दूसरे को पागल कहते। मैं सार्वजनिक स्थलों पर भी उन्हें पागल कहता। मैं सोचता, इन्हें डर नहीं लगता पागल घोषित किए जाने से? एक दिन मैंने उनसे पूछा—

जब तुम दोनों की नजर पहली बार मिली थी, तब शरीर में झुरझुरी दौड़ी थी?

—हाँ।

—प्रेम अब भी करते हो, तो क्या अब भी नजर मिलने पर झुरझुरी दौड़ती है?

—ना।

—तुम भी वही, वो भी वही, आँख भी वही, फिर क्यों नहीं दौड़ती झुरझुरी?

—पता नहीं।

—अच्छा ये बताओ, जब पहली बार अनजाने में एक-दूसरे की अंगुलियों का ही सम्पर्क हुआ था, तब वो झुरझुरी दौड़ी थी?

—हाँ।

—अब?

—ना।

—तुम भी वही, वो भी वही, अंगुलियाँ भी वहीं, फिर क्यों नहीं दौड़ती झुरझुरी?

—पता नहीं।

—क्या तुम जानते हो कि वो झुरझुरी क्या थी?

—नहीं।

—मत जानो।

—बताओ ना।

—क्या करोगे जानकर?

—बताओ ना।

—वो झुरझुरी नहीं, प्रेम का 'चक्कर' चल रहा था। ढाई आखर का 'चक्र' चल रहा था।

—आँय।

—बधाई हो, तुम पागलपन से मुक्त हो चुके हो। आज के बाद मैं तुम्हें पागल नहीं कहूँगा।

—भक्क।

—अच्छा, ये बताओ, अति का भला न बरसना अति की भली न धूप का अर्थ जानते हो?

—हाँ, सर अकसर बताते हैं।

—वही सर जो कबीर पर अपना कॉपीराइट बताते हैं?

—हाँ।

—क्या बताते हैं?

—अति अच्छी नहीं होती। न अधिक धूप अच्छी, न अधिक बरसात अच्छी। आदि, आदि।

—वे सर इसकी व्यंजना और लक्षणा नहीं बताते?

—वे जो बताते हैं, उसी को हम व्यंजना मान लेते हैं।

—अच्छी बात है। तुम उन्हें प्रतिदिन गुरुदक्षिणा देते हो।

—यार, लेकिन जब प्रेम का चक्कर चलता था, तब कुछ करने का मन नहीं

करता था। अकेले में भी मुस्कुराने लगते थे। कितने खुश रहते थे।

—जब ढाई आखर का चक्र चल रहा था, तब तुम पर घड़ी और पूँजी की तानशाही कैसे चलती? गालिब ने बताया—इश्क ने गालिब निकम्मा कर दिया वर्ना आदमी थे हम भी काम के। एक अज्ञात के अनुसार आलस्य काम की सत्ता के खिलाफ विद्रोह है। प्रेम का चक्कर क्या-क्या करवा सकता है, समझे?

—समझिस

—वोक्के

—गुरुदक्षिणा नहीं लोगे?

—चल फुट

पागलों पर ब्राह्मणवाद का ब्रह्मास्त्र भी बे-असर हो जाता है। पागलपन धारण करने की हिम्मत सबमें होती है। पर पूँजी के षड्यंत्रों के जाल में उलझ सभी उसे बचा नहीं पाते।

पूँजीवाद का बेटा होने के कारण भूत के खून में भी पूँजीवाद के गुण हैं। भूत पैसे वालों को ही अधिक पकड़ता है। रात-बिरात सड़क, फुटपाथ, सुनसान इलाके, जंगल में रहने वाले निर्धनों को डर का भूत नहीं पकड़ता। गलती से पकड़ भी लेता है तो ओझा के दरबार में पहली हाजिरी के बाद ही भूत की हिम्मत छूटने लगती है। भूत को समझ में आ जाता है कि इसकी जेब दूसरी-तीसरी हाजिरी में खाली हो जाएगी। फिर ओझा को क्या मिलेगा? ये सोचकर भूत उसे छोड़ देता है। दिन-रात चकाचौंध, यार-मित्रों और पैसे से घिरे आदमी को भूत पकड़ता है तो जल्दी नहीं छोड़ता। कुछ तो ऐसे हैं, जिनको कई पीढ़ियों से भूत ने पकड़ा हुआ है।

हमारे यहाँ दन्त कथा है कि माता-पिता अपनी सबसे प्रिय औलाद के लिए हंडा (हीरे जवाहरात रुपये आदि से भरा पात्र) जमीन में छुपा कर रखते हैं। या अपनी अगली पीढ़ी को अनमोल निधि देकर जाते हैं। ये दन्त कथा पूरी तरह सत्य है। जब माता-पिता इस दुनिया से विदा लेने वाले होते हैं तो हंडे से अपनी अनमोल निधि निकालते हैं—बेटा, हम तो गया के कौवों को तृप्त नहीं कर सके। ये अनमोल निधि अब तुम्हारे हवाले। तुम गया के कौवों को तृप्त जरूर करना। तो हमारे पूर्वज हमें जमीन में गड़े खजाने (हंडा) और अनमोल निधि के नाम पर भूतों की पोटली देकर जाते हैं और हम आज्ञाकारी बच्चों की तरह पीढ़ी-दर-पीढ़ी अपने पूर्वजों की आज्ञा ढोते आ रहे हैं।

श्राद्ध के एक और पक्ष पर 5 अप्रैल, 2015 को *जागरण डॉट कॉम* पर प्रवीण गोविन्द ने अपनी बाईलाइन से प्रकाश डाला था। हेडिंग थी—धार्मिक कर्मकांडों का मकड़जाल कोसी इलाके की आर्थिक समृद्धि को निगल रहा है। इस खबर के

कुछ हिस्सों की अविकल प्रस्तुति दे रहा हूँ-

"कोसी अंचल में श्राद्ध के नाम पर जो कुछ भी हो रहा है, वह कहीं से भी उचित नहीं है। हाल के दिनों में बनगाँव, कर्णपुर, बलहा, सुखपुर, गढ़ बरुआरी, जगतपुर, बीना बभनगामा, परसरमा, बरैल, मरुआहा, नवहट्टा, महिषी, सतरवार, परड़ी, चैनपुर, भगवानपुर, बारा, बघवा, सिहौल आदि गाँवों में श्राद्ध की झूठी शान के नाम पर पुरखों की जमीन धड़ल्ले से बेची जा रही है।

होता क्या है—

"इलाके में अगर किसी की मृत्यु हो गई तो दाह संस्कार के तीन दिन बाद उसके क्रिया कर्म के लिए ग्रामीणों की बैठक होती है। इस बैठक में शामिल लोग अलग-अलग तरीके से अपनी बात रखते हैं—अरे, वे तो बहुत प्रतिष्ठित थे। उनका श्राद्ध भी वृषोत्सर्ग होना चाहिए और कम से कम पाली का भोज तो होना ही चाहिए। वहीं, एक अन्य आदमी की सुनिए—वे तो नियम धरम के प्रति समर्पित आदमी थे। भोज में शुद्ध घी का ही प्रयोग किया जाए। जितने लोग उतनी सलाह। अन्त में यही फैसला हुआ कि पाली का भोज होगा और शुद्ध घी नहीं रिफाइन के व्यंजन बनेंगे। कुल मिला कर जब इस्टीमेट बना तो खर्च पाँच लाख को पार कर गया। अब गृहपति के सामने यह प्रश्न था कि इन पैसों का जुगाड़ हो तो कहाँ से हो? गोतिया के लोगों ने ही सलाह दी कि क्या करोगे। उ छींट वाला जमीन बेच लो। आखिर इज्जत तो बचाना है।

ऐसे एक नहीं, अनेक मामले हैं जिसमें झूठी शान-शौकत की चक्कर में लोग पुरखों की जमीन बेचने में गुरेज नही करते। सलाह देने वालों की धारणा यह रहती है कि दाल और दियाद जितना गले उतना अच्छा।"

इन सबसे मुक्ति मनोविज्ञान ही दिलाता। वही मनोविज्ञान जो भूत और भगवान दोनों की रचना करता है। भूत के डर से मुक्ति के लिए जेब ढीली करनी पड़ती है। लड़की डर से बीमार है, तब रकम अधिक लगती है। इज्जत जो बचानी है। बिना रकम खर्च किए इज्जत बचाने के लिए लड़की को मजबूरन किसी 'ऐबी' के साथ फेरा लेना पड़ेगा। डर की आर्थिकी ने 'बाँटों और राज करो' में अपना अमूल्य योगदान दिया है। पड़ोसियों को एक-दूसरे का दुश्मन बनाया है। घरों में दरार पैदा की है—छोटे भाई की मेहरारू टोनही है। बँटवारे की नींव भी तैयार की है—उसने मेरी लड़की पर भूत कर दिया है। लड़कियों की शादी को महँगा बनाया है—कौन करेगा भुतही लड़की से शादी। हमारी तो इज्जत चली गई।

जब से कम्प्यूटर ने कुंडली बनानी शुरू कर दी है, मोबाइल पर 'बुलउव्वा' शुरू हुआ है, मंत्रों का पुष्पक उड़ाने वाले ब्राह्मणों का ब्राह्मणवाद पर एकाधिकार

और कम हो गया है। भविष्य देखने और चोरों की दिशा बताने की उनकी योग्यता की पूछ भी कम हुई है। मोबाइल आ जाने के बाद पुष्पक का पायलट सेवा से बाहर हो गया है। उसकी आर्थिकी सिर्फ बुलउव्वा के सहारे नहीं चल सकती। जीवन में पूँजी का दखल और घड़ी की तानाशाही बढ़ने से उसके पास हाल-चाल लेने का समय नहीं है।

अब हर 'शुभ' कार्य का बुलउव्वा लेकर नाउन नहीं आती। उसकी जगह फोन आ जाता है। पहले नाउन कथा, पूजा आदि का सन्देश लेकर आती थी। घर की दालान या आँगन में बैठ सन्देश देने के साथ हाल-चाल भी लेती। सिस्टमवा की माई हाल-चाल सुनाती—बहन! मुगलसराय वाली बहन के लड़के का पेट दर्द ठीक ही नहीं हो रहा। कई जगह दिखाया। नाउन कहती—बहन! मैं तो कह रही हूँ पंडित जी को भी दिखा लो। कहीं 'ऊपरी चक्कर' तो नहीं! सबको सन्देश देकर, सबका हाल-चाल लेकर पुष्पक की पायलट पंडित जी के पास जाती। पंडित जी उससे सबका हाल-चाल पूछते। हाल-चाल के दौरान वे ऊपरी कमाई बढ़ाने वाले चक्कर का हाल-चाल भी जान लेते।

अगले दिन पायलट के कहे अनुसार और सब जगह दिखाकर हार मानने के बाद 'उनको भी दिखा दो' की आस लेकर सिस्टमवा की माई ऊपरी चक्कर का पता लगाने के लिए पंडित जी के यहाँ पहुँचती। पंडित जी भी उसका हाल-चाल पूछते। का बताएँ बाबा जी! आपको तो सब मालूम ही रहता है!

सिस्टमवा की माई इतना ही कहती और पंडित जी अपनी आँखें बन्द कर लेते। थोड़ी देर बाद आँख खोलते और बताते—पूरब दिशा में बाधा नजर आ रही है। पूरब दिशा (मुगलसराय) का नाम सुन सिस्टमवा की माई अभिभूत होकर साड़ी के कोने में बँधी गाँठ खोलती। गाँठ में जो भी रहता, वो पंडित जी चरणों में चढ़ा देती। पंडित जी लड़के को चटाने के लिए भभूत दे देते।

पंडित जी दिशा के साथ मुगलसराय भी जानते थे, पर वे सिर्फ दिशा ही बताते थे। अगर मुगलसराय भी बता देते तो चोर का नाम भी बताना पड़ता। सिस्टमवा के घर से एक बार साइकिल की चोरी हुई थी। सिस्टमवा की माई चोर का पता लगाने के लिए भी पंडित जी के पास गई थी। पंडित जी ने आँख बन्द की और सोचा कि किस दिशा में इससे ईर्ष्या करने वाले अधिक हैं? पंडित जी ने उस बार भी दिशा ही बताई थी—चोर उत्तर दिशा का रहने वाला है।

साइकिल चोरी की घटना के बाद सिस्टमवा के बाऊ से जो भी मिलता, वो चोरी की ही बात करता। चोर के बारे में पूछता। सिस्टमवा के बाऊ भी 'उत्तर दिशा का है' बताते। पूछने वाला भी उत्तर दिशा में उनसे ईर्ष्या करने वालों का नाम गिना देता।

उनमें कुछ ऐसे भी नाम रहते, जिनके बारे में सिस्टमवा के बाऊ भी नहीं जानते थे।

अफवाह पुष्पक से तेज उड़ती है। गाँव में जितने मुँह उतनी बातें होने लगीं। उसने चोरी की। नहीं, उसने चोरी की। नहीं, नहीं, उसने चोरी की। वो साइकिल के पास मँडरा भी रहा था। चोर का पता लगाने के लिए सभी मंत्रों का पुष्पक उड़ाने वाले पंडित जी बन गए थे। सिस्टमवा के बाऊ ने उत्तर दिशा का नाम लेकर नए दुश्मन पैदा कर लिए।

ब्राह्मणवाद की कलाओं पर एकाधिकार समाप्त होने के बाद पंडित जी के मंत्रों का पुष्पक शादी के मंडप में सात जन्मों की गाँठ जोड़ने वाले मंत्रों के सहारे किसी तरह उड़ रहा है। सात जन्मों की गाँठ जोड़ने वाले मंत्र को पढ़ने की कीमत ही पुष्पक का ईंधन बनी हुई है। एक मंत्र के अनुसार शुभ विवाह के दौरान वधु पक्ष जितना देगा, वर पक्ष को उसका दोगुना देना होता है। पंडित जी से एक बार मैंने पूछा कि ये किस पुराण में लिखा है? पंडित जी ने बताया कि जिस पुराण में लिखा है, उसकी भाषा तुम्हें समझ में नहीं आएगी।

'ऑनलाइन बुलउव्वा' के कारण पहले से ही दुखी पंडित जी देवी-देवताओं के ऑनलाइन आ जाने से और दुखी हो गए हैं! कह रहे थे कि अगर शादी-ब्याह ऑनलाइन देवी-देवताओं का साक्षी मानकर होने लगे, तब तो सात जन्मों की गाँठ जोड़ने वाले मंत्र की कीमत भी उनके खाते में नहीं आएगी।

पंडित जी दूसरों को *गीता* का रहस्य समझाते हैं—यहाँ कोई तुम्हारा सगा नहीं है। मोह का त्याग करो। खुद ये रहस्य नहीं समझ सके कि पूँजीवाद किस मार्ग का अनुसरण करता है। पूँजीवाद 'यूज' करने के बाद स्वाहा कर देता है। पंडित जी 'अपडेट' नहीं हुए। इस कारण ब्राह्मणवाद पर उनका एकाधिकार समाप्त हो गया। पर उन्हें दुखी नहीं होना चाहिए। जो नींव उन्होंने तैयार की है, उसी पर आज के अपडेटेड, लेटेस्ट, मॉडर्न, कम्प्यूटर और मोबाइलधारी पोंगापंथियों के साम्राज्य की बुलन्द इमारतें खड़ी हैं। उनके पास अनगिनत पायलट्स हैं।

भूत का बाजार अब पुराना और घिसा-पिटा हो गया है। लेटेस्ट और आधुनिक बाजार है पिछड़ों और दलितों का। इस बाजार में सिर्फ 'ब्राह्मणवाद मुदार्बाद, मनुवाद मुदार्बाद' का नारा लगाकर दोनों हाथ से ऊपरी कमाई की फसल काटी जा सकती है। सिर्फ नारों के सहारे ब्राह्मणवाद और मनुवाद से आजादी दिलाने का दावा करने वाले क्रान्तिकारी, पोंगापंथियों की तरह होते हैं। पोंगापंथियों की तरह इनके थैले में भी चमत्कारी पोथी होती है।

ब्राह्मणवाद और मनुवाद से आजादी दिलाने का नारा लगाने वाले एक क्रान्तिकारी अपनी बगल में चमत्कारी पोथी दबाए चले जा रहे थे। रास्ते में सड़क पर पड़े

हुए एक आदमी ने उन्हें रोक कर पूछा—महराज! मैं बदहाल क्यों हूँ? क्रान्तिकारी महराज ने अपने थैले से चमत्कारी पोथी निकाली और बताया—तुम्हारी बदहाली का कारण ये है कि तुम समानता के अधिकार से वंचित हो। आदमी ने अपनी बदहाली दूर करने का समाधान पूछा। क्रान्तिकारी महराज ने बताया—प्रतिदिन 1008 बार 'ब्राह्मणवाद मुदार्बाद, मनुवाद मुदार्बाद' का जाप करो। बदहाली दूर हो जाएगी।

भूत से मुक्ति पाई जा सकती है, पर उसके लिए कई अन्य भूतों को मारना होगा। किसी न किसी रूप में सभी भूत के शिकंजे में हैं। किसी को चालाकी के भूत ने पकड़ा है। किसी को डर, किसी को ईर्ष्या, किसी को लालच, किसी को पद-पुरस्कार, किसी को पैसे आदि के भूत ने जकड़ा हुआ है।

नास्तिकों को भी भूत पकड़ते हैं। जिसे स्वयं का बोध हो जाए वो नास्तिक होता है। ऐसे भी नास्तिक हैं, जिन्हें अपने स्वार्थ के अलावा कोई और बोध ही नहीं होता। एक तो 'ग्लोबल प्लेसमेंट' के लिए नास्तिक बन गया। प्लेसमेंट के बाद उसकी पहुँच बहुत ऊँची हो गई। इतनी ऊँची कि अब वो अपने भगवान से नीचे किसी से बात ही नहीं करता। जजमान क्रान्तिकारियों ने कई क्रान्तियों को स्वाहा कर दिया। वे क्रान्ति की अस्थियों का लोटा लेकर हिन्द महासागर से अटलांटिक महासागर तक का दौरा करते हैं।

कागज पर योजना के क्रियान्वयन की तरह कागज पर नास्तिक भी होते हैं। ऐसे ही एक नास्तिक ने भागते भूत की लँगोट पकड़ी। उसकी 'लोकल प्लेसमेंट' हुई। उसके हिस्से में क्रान्ति की राख आई। वो राख का लोटा लेकर गंगा के तराई क्षेत्रों का दौरा करता है।

क्रान्ति के लोटे की कृपा से जजमान क्रान्तिकारियों का जीवन चउचक चल रहा है। अपने भगवान के प्रति पूर्ण समर्पित उनके जीवन का एक ही उद्‌देश्य है—लोटे को चोरी होने से बचाना।

शुद्ध फकीर और संकर फकीर

इधर एक सेठ रहते हैं। सेठ शब्द का अगर किसी जाति विशेष से सम्बन्ध हो तो सेठ शब्द को 'साइलेंट' मान लिया जाए। हम नहीं मानेंगे क्योंकि अक्षर साइलेंट होते हैं, शब्द नहीं! अजी, आप शब्द को ही साइलेंट मानने को तैयार नहीं, मैंने तो आदमी साइलेंट होते देखे हैं। प्रधानमंत्री नरेन्द्र मोदी पर कटाक्ष किया जाता है कि उन्होंने अब तक के अपने कार्यकाल में कोई प्रेस कान्फ्रेंस नहीं की। कटाक्ष का पटाक्षेप करने के लिए वे प्रेस कान्फ्रेंस में आ गए। भारतीय जनता पार्टी की प्रेस कान्फ्रेंस थी। प्रेस कान्फ्रेंस में कई मुँहबली थे। सब बोले। नरेन्द्र मोदी साइलेंट थे। मुँहबलियों की बात सुन वे तरह-तरह के मुँह बनाते रहे, लेकिन एक अक्षर भी नहीं बोले। साइलेंट रहकर ही नरेन्द्र मोदी ने जवाब दे दिया—आदमी भी साइलेंट हो सकता है। देखा जाए तो भारत सरकार में नरेन्द्र मोदी की पूरी कैबिनेट ही साइलेंट है। भारत सरकार के कार्य के अतिरिक्त कोई भी काम करना होता है, तब 'वाइलेंट' हो जाती है। उचक कर देखने पर पता चलता है कि वर्तमान भारत सरकार के लोकतंत्र में चारों स्तम्भ भी साइलेंट हैं।

साइलेंट सेठ के पास एक कुत्ता है। वे अपने कुत्ते को घी पिलाते हैं। हम नहीं मानेंगे क्योंकि कुत्ते को घी हज़म नहीं होता! अजी, सेठ कुत्ते को घी क्यों पिलाते हैं, ये पता चलेगा तो हो सकता है आपके कुत्ते को भी घी हज़म होने लगे। सेठ धर्मभीरु आदमी हैं। वे महाकाव्य घोषित साहित्य को देववाणी मानते हैं। एक महाकाव्य के अनुसार एक कुत्ता युधिष्ठिर के साथ स्वर्ग तक गया। साइलेंट सेठ मानते हैं कि कुत्ते की पूँछ का पीछा करते हुए युधिष्ठिर स्वर्ग पहुँचे। साइलेंट सेठ को भरोसा है कि उनका कुत्ता भी उन्हें स्वर्ग का रास्ता दिखाएगा। स्वर्ग जाने के लिए वे कुत्ते को घी पिलाते हैं। साइलेंट सेठ को अपने बच्चों पर भरोसा नहीं है। उन्हें लगता है कि स्वर्ग के रास्ते में वे धोखा दे सकते हैं। उन्हें नरक का रास्ता दिखा, खुद स्वर्ग के रास्ते जा सकते हैं। इसलिए साइलेंट सेठ अपने बच्चों को कुत्ता नहीं कहते। कुत्ते

के पिल्ले कहते हैं। खून के रिश्ते के कारण बच्चों पर थोड़ा-बहुत भरोसा बना हुआ है—बच्चे स्वर्ग के रास्ते ले जा सकते हैं। भरोसा नहीं रहता तो कुत्ते के पिल्ले की जगह उनके नाम से बुलाते।

कुत्ता वफादारी का प्रतीक होता है। मान गए न? पर इस बार मैं नहीं मानूँगा। सबकी अपनी सोच होती है। किसी आदमी को कोई कुत्ता कहता है तो क्या वो आदमी वफादार भी होता है? सोच-सोच का फर्क होता है जी। एक बॉस अपने एक मुँहलग्गू कर्मचारी को कुत्ता कहते। कर्मचारी खुश हो जाता। सेल्फी वाला पाउट बनाकर ठंक्यू कहता। एक दिन उसके ठंक्यू का पाउट हवा में उड़ते-उड़ते मुझ तक भी पहुँचा। मैंने उसे बता दिया कि उसका बॉस उसे कुत्ता क्यों कहता है—"कुत्ता तो आदमी का गोबर भी खाता है जी। उसी गोबर के बारे में सोचकर बॉस तुम्हें कुत्ता कहता है। वो वफादार वाला कुत्ता नहीं कहता। अगर वफादार वाला कुत्ता मानता, तो तुमसे भी पूछता—मेले बाबू ने थाना थाया?" हम नहीं मानेंगे, नहीं ऐसा नहीं होता! मत मानिए। मुझे तो कोई कुत्ता कहता है तो मैं पूछ लेता हूँ कि कौन सा वाला कुत्ता हूँ। अब तक किसी ने नहीं कहा—वफादार वाला कुत्ता। कोई गधा कहता है तो मान लेता हूँ। कुछ नहीं पूछता हूँ।

एक परचून की दुकान के मालिक हैं। वे अपने कुत्ते को 'कुकीज़' खिलाते हैं। दुकान मालिक को साइलेंट सेठ के शुभ-लाभ के बारे में पता चला—स्वर्ग जाने का 'रोडमैप' बना रहे हैं। दुकान मालिक स्वर्ग जाने के लिए कुकीज़ की जगह घी का जोड़-घटाना करने लगे। दुकान मालिक की योजना में कोरोना की सभी शक्तियों ने सहयोग किया। दुकान खुलने और बन्द होने का समय निर्धारित किया गया—सुबह सात से दोपहर एक बजे तक। दुकान मालिक को शुभ-लाभ का मंत्र मिल गया। एक बजे तक दुकान का शटर खुला रहता। शुभ-लाभ होता रहता। एक बजे के बाद दुकान के पीछे का किवाड़ खुल जाता। पीछे केवल लाभ ही लाभ होता—दस का सामान पन्द्रह में, दस का सामान पन्द्रह में। दुकान मालिक का कुत्ता भी घी पीने लगा।

साइलेंट सेठ के 'रोड टू स्वर्ग' का पता चलने से पहले दुकान मालिक के स्वर्ग जाने की योजना कुछ और थी। उनके दुकान के अगले दरवाजे के सामने पाप-पुण्य की मिली-जुली नाली बहती है। पीछे वाले दरवाजे के सामने पाप का नाला बहता है। विभिन्न स्रोतों से गुजरता हुआ नाला गंगा में जाकर गिरता है। एक ब्राह्मण ने मालिक को बताया कि गंगा में नहाकर अपने पाप धो लिया करो। मोक्ष मिलेगा। गोदान कर देना। गाय की पूँछ पकड़ स्वर्ग के रास्ते में पड़ने वाली वैतरणी पार

कर जाओगे। ब्राह्मण के कहे अनुसार मालिक सप्ताह में एक बार नियम से गंगा स्नान के लिए जाने लगे।

गंगा नदी की विडम्बना अजीब है। गंगा को अविरल और स्वच्छ बनाने के नाम पर बजट जितना बढ़ता गया, गंगा की अविरलता और स्वच्छता उतनी कम होती गई। बनारस में गंगा के पानी के ऊपर काई जम गई है। गंगा में पाप की पीप बह रही है या गोमुख से निकला पानी, ये तय करना मुश्किल हो गया है। ये गंगा में अपने पाप धोने वाले सेठों द्वारा गंगा को चढ़ाए गए चढ़ावे की देन है। वे अपने पाप गंगा नदी को चढ़ा देते हैं। अपने कल-कारखाने से निकला केमिकलयुक्त जहरीला पानी बिना शोधित किए गंगा में बहा देते हैं। रही-सही कसर गंगा को माँ मानने वाले उनके बेटे पूरी कर देते हैं। मूर्ति विसर्जन और फूल माला का कचरा गंगा के माथे मढ़ देते हैं। बेचारी गंगा, पुत्रों को शाप भी नहीं दे सकती।

इस देश में जिसके भी साथ बेचारा जुड़ा उसकी दुर्दशा तय है। बेचारी गंगा, बेचारी गाय, बेचारी स्त्री, बेचारे आदिवासी, बेचारे दलित, बेचारे अल्पसंख्यक, बेचारे किसान, बेचारे मजदूर, बेचारी भारत माता। इनकी बेचारगी 'प्रोडक्ट' बन जाती है। प्रोडक्ट अन्तर्राष्ट्रीय स्तर पर बिकता है। प्रोडक्ट बेचने वालों ने अपनी आहार की पाइपलाइन विदेश तक बिछा रखी है। महानगरों में उस पाइपलाइन के सुरक्षाकर्मी तैनात हैं। उन सुरक्षाकर्मियों ने पाइपलाइन में जगह-जगह जाली लगा रखी है। बेचारों के नाम पर आया भोजन वे दोनों हाथों से उलीच लेते हैं। बड़ी मछलियाँ पकड़ लेते हैं। छोटी मछलियाँ जाली पार कर बेचारों के पास पहुँचती हैं।

गंगा की तरह बेचारों की भी विडम्बना है। बेचारों के नाम पर योजनाओं की संख्या जितनी बढ़ती गई, उनकी बेचारगी उतनी ही बढ़ती गई। कोरोना की पहली लहर में बेचारों के लिए बीस लाख करोड़ का सरकारी पैकेज घोषित हुआ। पैकेज का नतीजा कोरोना की दूसरी लहर में आया। बिलियनेयर्स की सम्पत्ति बढ़ गई। बिलियनेयर्स की संख्या में वृद्धि हो गई। बेचारों की आय घट गई। बेचारों की संख्या बढ़ गई। बेचारों के वर्ग की जनसंख्या बढ़ गई।

दुकान मालिक का कुत्ता घी पीता है। घी का असर मालिक के शरीर पर होता है। मालिक ने अपनी आहार नली कुत्ते से जोड़ ली है। कुत्ता कुपोषण का शिकार बछड़ा लगता है। मालिक घी का पोषण लेते-लेते लोटे के आकार के हो गए हैं। मालिक गंगा स्नान से देह खजुआते हुए लौटते हैं और बर्तन धोने वाले बेसिन में लेट जाते हैं। बालू पेपर पर बर्तन धोने वाला साबुन लगाकर उनकी धुलाई होती है। लोटा चिक्कन हो जाता है।

खजुहट से परेशान मालिक ने अपनी समस्या और समाधान गंगा स्नान की

सलाह देने वाले ब्राह्मण को बताया—आप भी कुत्ता पाल लीजिए। गंगा के छि:-छि: पानी में नहाने से भी छुटकारा मिल जाएगा। कुत्ते की पूँछ पकड़ वैतरणी पार कर जाइएगा। मालिक अब गंगा स्नान के लिए नहीं जाते। उन्हें ब्राह्मण से ज्यादा अपने धन्धे पर भरोसा हो गया है।

दिन भर मजदूरी करने के बाद एक श्रमिक दुकान मालिक के कुत्ते के घी खिलाने का माध्यम बनता है। दस का सामान पन्द्रह में लेकर। दस का सामान पन्द्रह में बेचने से कुत्ते के घी की पौष्टिकता बढ़ती है। स्वर्ग का रास्ता छोटा हो जाता है। श्रमिक के पास भी एक कुत्ता है। साइलेंट सेठ, बॉस और दुकान मालिक के लिए वो आवारा कुत्ता है। राम मनोहर लोहिया के अनुसार—"अगर सड़कें खामोश हो जाएँ, तो संसद आवारा हो जाएगी।" यहाँ मैं राम मनोहर लोहिया से पूरी तरह सहमत नहीं हूँ। हाँ ये मानता हूँ कि आवारा इधर-उधर घूमता ही रहता है। पर क्या जब सडकों पर शोर हो, चीख हो तो क्या आवारा घूमना छोड़ देता है? सड़कों पर मौत की हलचल हो, तब भी आवारा घूमने में लगा रहता है। पहले लॉकडाउन में सड़कें श्रमिकों के कोलाहल से पटी हुई थीं। मौत चीख रही थी। आवारा घूम रहा था। लॉकडाउन के पहले आवारा दूर-दूर तक घूमने जाता था। लॉकडाउन में उसके घूमने का दायरा सीमित हो गया। घूम न पाने की बेचैनी में घर वालों पर ही अपना गुस्सा निकालता है। लॉकडाउन में साइलेंट सेठ, बॉस और दुकान मालिक के कुत्ते का व्यवहार भी आवारा हो गया। कुत्ते मानसिक विक्षिप्त की तरह व्यवहार करने लगे। वे 'वाक' पर नहीं जा पा रहे थे। ऐसे में घर के सामने से कोई मुर्दा भी गुजरता तो उस पर भी भौंकते। श्रमिक का कुत्ता उनकी बेबसी देख च्चच्चच्च करता।

श्रमिक का कुत्ता स्वर्ग का रास्ता दिखाने वाला कुत्ता नहीं है। वो दुत्कार सहते-सहते श्रमिक के पास चला आया। रोटी के एक टुकड़े का प्यार मिला। कुत्ते ने श्रमिक के यहाँ ही अपने कान काटकर गाड़ दिए। ध्यान रहे, कुत्ते ने खुद अपने कान काटकर गाड़े थे। कई लोग कुत्ते का कान काटकर गाड़ देते हैं। ये सोचकर कि कहीं और नहीं जाएगा। ऐसा सोचना भी क्रूरता है। अगर किसी ने अब कुत्तों का कान काटकर गाड़ा तो मैं कुत्तों से कह दूँगा कि स्वर्ग की जगह नरक पहुँचा देना। कुत्ता गधे की बात मान लेगा। चौपाया बिरादरी का मामला है।

ऐसा नहीं है कि मैं कुत्तों से घृणा करता हूँ। अगर मैं जानवरों से घृणा करता तो बार-बार जानवरों को अपने कहन का माध्यम नहीं बनाता। हाँ, ये है कि मैं उनको बन्दी या नजरबन्द कर के रखने के पक्ष में नहीं हूँ। चिड़ियाघर में भी नहीं। आदमी ने खुद को एकल परिवार और अपार्टमेंट में बन्दी या नजरबन्द बना लिया है तो उससे ये बर्दाश्त नहीं होता कि कोई और स्वतंत्र क्यों है।

अपार्टमेंट आधुनिक सभ्यता के दड़बे हैं। जेल की अंडा सेल। अकेलेपन का अंडमान भोगते जब किसी की मौत हो जाती है और हफ्तों बाद उसकी देह से दुर्गन्ध उठना शुरू होती है, तब दूसरे दड़बों में रहने वालों को पता चलता है—ये भी यहीं रहता था!

मालिक की वफादारी करते-करते कुत्ते भी इलीट वर्ग की तरह व्यवहार करने लगे हैं। कई कुत्तों के मालिक इलीट वर्ग से नहीं आते, पर ईएमआई के सहारे इलीट होने का दिखावा करते हैं। मालिक इलीट का व्यवहार अपनाने की कोशिश करते हैं। उनका कुत्ता इलीट का व्यवहार अपना लेता है। कुत्ते सूट-बूट में घूमने वाले इलीट चोरों को नहीं पहचान पाते। उन्हें देखते ही कूँ-कूँ कर तलवे चाटने लगते हैं। इलीट मालिकों द्वारा सभ्यता के हाशिये पर बिखेरा गया कचरा साफ करने वाले सर्वहारा को देखते ही भौंकने लगते हैं। आदमी की संगत में रहते-रहते सर्वहारा कुत्ते भी बिगड़ गए हैं। आवारा हो गए हैं।

मेरे कहन पर मत जाइए। पालिए। दिखावा करने के लिए पालिए। शौक के लिए पालिए। सुरक्षा के लिए पालिए। प्यार करने के लिए पालिए। अपनी हैसियत के अनुसार पालिए। मेरे पास भी एक कुत्ता है। आवारा। उसे पाला नहीं। उसने ही अपने कान काट कर गाड़ दिए। मेरा कुत्ता फकीर है। रोटी के लिए दरवाजे-दरवाजे ना सुनता है, पर ना कहने वाले पर गुरार्ता नहीं है। फकीरी के गुणों को देशी कुत्ते बचाए हुए हैं। देशी कुत्ते शुद्ध फकीर होते हैं। जिनकी हैसियत शून्य होती है, वे शुद्ध फकीर पालते हैं। विदेशी कुत्ते शुद्ध फकीर नहीं होते। उनकी जीवन शैली 'संकर' फकीर की होती है। विदेशी कुत्ता रोटी मिले या न मिले, मालिक पर नहीं गुर्राता, पर उसे पालने के लिए हैसियत चाहिए होती है। जिनकी हैसियत अधिक होती है, वे करोड़ों की कीमत का कुत्ता पाल सकते हैं जिसके भोजन पर हर महीने लाखों रुपये खर्च होते हैं। ऐसा ही एक कुत्ता और उसके मालिक कुछ दिन पहले चर्चित हुए थे।

अखबार में कुत्ते और उसे खरीदने वाले का फोटो समाचार छपा था। फोटो समाचार में कुत्ते की नस्ल, किस देश में पाया जाता है, कीमत और उसके पालन पर हर महीने खर्च होने वाली रकम का विवरण था। फोटो में कुत्ते के गले में डिजायनर जंजीर थी। समाचार में जंजीर की कीमत भी दी गई थी। कुत्ते को खरीदने वाले का भी फोटो समाचार था। खरीदने वाले की हैसियत के विवरण का क्रम कुत्ते के विवरण से मिलता-जुलता था।

शुद्ध फकीर को पालने का जतन नहीं करना पड़ता। वो सर्वहारा की तरह पल जाता है। शुद्ध फकीर समाज की गन्दगी साफ करता है। संकर फकीर की गन्दगी समाज को साफ करनी पड़ती है।

साइलेंट सेठ, बॉस और दुकान मालिक वाले प्यार की हैसियत मेरी नहीं, जो उनके कुत्तों की नस्ल का कुत्ता पाल सकूँ। मेरा कुत्ता देशी नस्ल का है। देशी नस्ल का है तो क्या हुआ, युधिष्ठिर के साथ जो कुत्ता था, उसकी भी नस्ल पता नहीं। मैंने सोचा, अगर गधा भी स्वर्ग पहुँच जाए तो स्वर्ग की चाँदनी में चार खुर लग जाएँ। यही सोचकर मैंने भी अपने कुत्ते को घी पिलाना शुरू किया। कर्ज लेकर।

घी की पहली खुराक के बाद ही कुत्ता सरपट कूड़े के ढेर की तरफ भागा। कूड़े पर बैठकर दिन भर घी निकालता रहा। लौटकर आया तो डायरिया का मरीज हो गया था। गाली देने लगा मुझे—गधा है क्या बे, घी क्यों पिला दिया? मैं भौचक्का—इसको कैसे पता कि मैं गधा हूँ! जबकि अभी तो मैंने इससे कहा भी नहीं कि जो तुम्हारा कान काटकर गाड़ते हैं, उन्हें...। अपने स्वर्ग जाने की योजना असफल होता देख मुझे गुस्सा आ गया—साले आवारा, तुझे पता होता कि मैं तुझे घी क्यों पिला रहा हूँ तो तुझे भी घी हजम हो जाता। कुत्ता गुर्राया—स्वर्ग जाना है न तुझे? मैंने इतराते हुए कहा—स्वर्ग को न चाहो तब भी कैपिटलिज्म की एक शाखा दक्षिणपंथ की सभी शक्तियाँ मिलकर तुम्हें स्वर्ग दिलाने पर उतारू हो जाती हैं।

कैपिटलिज्म ने पोंगापंथियों के बनाए आभासी स्वर्ग पर कब्जा जमा लिया—"हम वहाँ मल्टीस्टोरी बिल्डिंग खड़ी करते हैं। तुम उसका वास्तु ठीक करो। अपने-अपने ग्राहकों को स्वर्ग में 'पेंटहाउस' खरीदने के फायदे बताओ। बोलो, स्वर्ग का सेल्समैन बनोगे?" कुबूल है मालिक, कुबूल है।

कुत्ते ने पूछा—दुःख में सुमिरन सब करे, सुख में करे न कोय, जो सुख में सुमिरन करे तो दुःख काहे को होय' का अर्थ बता। मैंने रटा-रटाया जवाब दिया—सुख में भगवान को याद नहीं करते, इसलिए दुःख होता है। अगर सुख में भी भगवान को याद किया जाए तो दुःख नहीं होगा। मेरा टेपरिकॉर्डर बन्द हो, उससे पहले ही कुत्ते ने दुलत्ती मार दी। मैं गिरते-गिरते बचा। उसने पूछा—आदमी मृत्यु को कब याद करता है? उसका सवाल सुन मैं तू से जी पर आ गया—मृत्यु को कौन याद करता है जी? कुत्ता शुरू हो गया—कबीर को क्यों बदनाम करते हो, जब सुख में कभी मृत्यु को याद ही नहीं किया तो! मृत्यु को याद करने के नाम पर ही मेरा पसीना छूटने लगा। कुत्ते की पूँछ मूँछ की तरह खड़ी हो गई—सुन, जब तक शरीर चलता-फिरता है, तब तक शुभ-लाभ, पूजा-पाठ, अजान-कुरआन, पीर-पैगम्बर के दरबार में घूम-घूम पुण्य कमाते हो। जब शरीर अशक्त हो जाता है, बिस्तर पर पड़ जाते हो, बिस्तर पर ही नित्य क्रिया करते हो, कभी-कभार बिस्तर पर कपड़े में ही नित्य क्रिया हो जाती, उसी तरह पड़े रहते हो, तुम्हारी पुकार सुनने वाला कोई नहीं, उसी नित्य क्रिया में लटपटाते तुम्हें नरक दिखने लगता है, तब कहते हो—अब मौत

आ जाती तो मुक्ति मिलती। मौत तुम्हारी पुकार सुनती है तो मुस्कुराती है—जब तक शरीर के सुख में थे, तब तक तो मुझसे कभी आँखें चार नहीं की। अब अशक्तता के दु:ख में पड़े हो तब मेरी याद आई है। थोड़ा इन्तजार तो करवाएँगे ही हम। अपने बाबू सोना का बहुत इन्तजार किया है। थोड़ा मेरा भी कर लो। बचपन था स्वर्ग, जो तुम जी चुके। ये जो लटपटा रहे हो, वही नरक है। इसको भी जी लो, फिर मैं तुम्हें गले लगाऊँगी। मैं जी से गुरु जी पर आ गया—आपका मृत्यु से साक्षात्कार हो गया क्या गुरु जी? कुत्ते ने कहा—हम न मरब, मरिहैं सब संसारा। बताओ, संसार मर जाएगा फिर भी कौन नहीं मरेगा? मैंने ना में मुंडी हिलाई—मुझे नहीं पता। मैंने कुत्ते का पैर छूते हुए कहा—गुरु गोविन्द दोऊ खड़े काके लागूँ पाँय, बलिहारी गुरु आपनो, गोविन्द दीयो बताय। कुत्ते ने फिर पूछ दिया—बताओ, कौन गुरु है? गुरु से साक्षात्कार हुआ है तुम्हारा? कुत्ते का सवाल सुन मेरा मुँह परई (कसोरा) की तरह बन गया—आप ही बताइए गुरु जी? कुत्ते ने कहा—अगली बार जब घी पिलाओगे, तब बताऊँगा।

कुत्ता दुलकी चाल में कूड़े के ढेर की तरफ चला—आज के बाद किसी को मत कहना कि तुम कुत्ते की मौत मरोगे। नहीं तो मैं कहने लगूँगा—तुम आदमी की मौत मरोगे। और सुन, अब तक मुझे लगता था कि तू दो पैर वाला गधा है, लेकिन अब मुझे भरोसा हो गया है कि तेरे शरीर में भी चार पैर लगे हुए हैं। दो पैर 'साइलेंट' हैं।

सम्मान के खिलाड़ी

एक अल्पकालिक नौकरी के दौरान कई वरिष्ठों का सान्निध्य मिला। वहाँ नमस्ते-प्रणाम का 'ईगो' बीच में नहीं आता था। वहाँ मेरा एक मित्र भी सहकर्मी के रूप में था। अपनी आदत के अनुसार मैं वरिष्ठों से नमस्ते कहता। मेरा सहकर्मी मित्र प्रणाम कहता। मैं नमस्ते कहता तो वो कम्प्यूटर की आड़ में झुक मुझे केहुनियाकर कान में बताता—बड़ों को प्रणाम बोलते हैं। मैं मुँह बा कर फुसफुसाता—हाँ। सहकर्मी मित्र की केहुनी सहते-सहते धीरे-धीरे मुझे भी प्रणाम का संस्कार आ गया। पर आदतें जल्दी कहाँ छूटती हैं? उसकी अनुपस्थिति में मैं संस्कार भूल जाता। कभी-कभार उसकी उपस्थिति में भी। वो केहुनियाता—बताया था न...। भूल-सुधार करते हुए मैं तुरन्त प्रणाम भी कर लेता। जिनसे करता वो मुस्कुराते। सहकर्मी फिर दाँत पर दाँत रख केहुनियाता—मैंने ऐसा तो नहीं कहा था। वो दाँत पीसते हुए बोलता तो मैं सोचता—गेहूँ की बोरी लाकर रख देता हूँ। दाँत की आटा चक्की है ही। उसके दाँत की आटा चक्की चलाने के लिए कई बार जान बूझकर नमस्ते कर देता था।

एक बार दिल्ली से एक दल पूर्वांचल के दौरे पर आया। दल का एक सदस्य उम्र में सहकर्मी से छोटा था। सहकर्मी ने उसे प्रणाम किया। कम्प्यूटर की आड़ में झुक कर उसे केहुनियाते हुए मैंने उसके कान में कहा—क्यों बे, ये तो उम्र में तुमसे छोटा लग रहा है। फिर प्रणाम क्यों किया? उसने दाँत की चक्की चलाई—पद में बड़ा है। सम्बन्ध मजबूत बना रहा हूँ। आगे बढ़ने में काम आएगा। मैंने भी आगे बढ़ने का उपाय बताया—तो पैर क्यों नहीं पकड़ लेते? उसने बताया—पकड़ने वाले पकड़ते ही हैं। हमारे-तुम्हारे नमस्ते और पैर न छूने से नाराज हो जाने वाले कई आचार्य घंटों इसके चरणों में पड़े रहते हैं। पद को प्रणाम किया जाता है, आदमी को नहीं। मैंने उसे बताया—तुम सम्मान के पुराने खिलाड़ी हो। मैं अभी नया हूँ। सीख रहा हूँ। प्रणाम का नमस्ते हो जाता है।

हम दोनों को कम्प्यूटर की आड़ में झुके देख वरिष्ठ समझ जाते—दोनों सम्मान की पढ़ाई पढ़ रहे हैं। वे पूछते-आज कौन सा 'चैप्टर' चल रहा है? और हँसने

लगते। उस दिन जूता चैप्टर चल रहा था, पर दल के आगमन के कारण वरिष्ठों को पूछताछ का अवसर नहीं मिला।

हम दोनों की सम्मान की पढ़ाई का समय निश्चित नहीं था। कभी भी शुरू हो जाती थी। मैंने टाइम टेबल बनाकर सम्मान की पढ़ाई करने वालों की प्रतिस्पर्धा देखी है। वे टाइम टेबल में सम्मान के घंटों का भी वर्णन लिखते हैं। पढ़ाई का घंटा कम-बेसी हो जाता है, पर सम्मान का घंटा टस से मस नहीं होता—पढ़ाई में हुई कमी चरण पुजाई पूरा कर देगी।

एक के टाइम टेबल के अनुसार, सुबह ताजा हवा ले रहे आचार्य के सम्मान का घंटा। फिर विभाग में सम्मान के घंटे। विभाग में सम्मान का घंटा परिस्थितियों पर निर्भर करता है। आचार्य के पैर छूकर वो कक्षा में प्रवेश करता। वो कक्षा में रहता, उसकी आँख आचार्य कक्ष का दरबान बनी रहती। टाइम टेबल में सम्मान के घंटों का उल्लेख करने वाले किसी अन्य प्रतिस्पर्धी ने आचार्य का पैर छू लिया तो वो लघु शंका के बहाने कक्षा के बाहर निकलता। आचार्य कक्ष में जाता। आचार्य के पैर पर लगे दूसरे के 'फिंगर प्रिंट' को साफ कर अपना छाप देता।

टाइम टेबल के अनुसार शाम को सब्जी मंडी में सम्मान का घंटा। सर्वप्रथम आचार्य के पैरों पर अपने फिंगर प्रिंट लगाता। तदुपरान्त छाँट-छाँट कर सब्जी आचार्य के थैले में भरता। एक बार वो थैले में सब्जी भर रहा था। उसी दौरान आचार्य कुछ लेने दूसरे ठेले पर चले गए। आचार्य वापस लौट कर आए तो उसने एक आलू उनके पैर के पास गिरा दिया। आलू उठाने के बहाने झुका। आचार्य के पैर पर फिर फिंगर प्रिंट लगाया। उस दिन उसने सम्मान का टाइम टेबल बनाने वाले एक अन्य प्रतिस्पर्धी को सब्जी मंडी में मँडराते देखा था। उसे शक था—आचार्य अपने पैर पर उसका फिंगर प्रिंट लगावने के लिए ओझल हुए थे।

सम्मान के टाइम टेबल का निर्बाध पालन करने के लिए उसने अपनी रीढ़ की हड्डी निकलवा दी थी। स्प्रिंग लगवा ली थी। गर्दन पर थोड़ा सा दबाव डालता, स्प्रिंग पैरों तक झुक जाती। दबाव हटाता, स्प्रिंग का सिर तन जाता।

अनवरत सम्मान में झुकते-झुकते उसकी स्प्रिंग का सन्तुलन बिगड़ गया। वो थोड़ी देर भी सीधा खड़ा नहीं हो पाता। झुककर धनुष हो जाता। आचार्य धनुष का भी उपयोग कर लेते। विरोधी गुट पर तीर छोड़ते। आगे बढ़ने के लिए झुकते-झुकते वो इतना आगे बढ़ गया कि धनुष भी नहीं हो पाता। गठरी के आकार का हो गया है। अब वो चलता नहीं, लुढ़कता है। आचार्य के पैरों में पड़ा रहता है।

धनुष और गठरी से प्रतिस्पर्धा करने वाले भी हैं। उन्होंने घर के बाहर कई 'बाप' बनाए हुए हैं।

एक सुबह गली में गुमशुदा का पोस्टर देखा—मैं श्री अमुक लाल पिता तमुक लाल बड़े दु:ख के साथ सूचित कर रहा हूँ कि मेरे पुत्र तमुक लाल के बाप लापता हो गए हैं। गुमशुदा बाप के हुलिए की जानकारी अज्ञात है, क्योंकि तमुक लाल बारहो महीने बाप बदलता रहता है। गुमशुदा बाप की जानकारी देने वाले को तमुक लाल के पिता अमुक लाल की तरफ से उचित पारिश्रमिक दिया जाएगा।

अमुक लाल मेरे दूर के पड़ोसी हैं। विधुर हैं। उनका घर पड़ोस की सरहद से बाहर है, पर काम के आदमी हैं, इसलिए उन्हें दूर का पड़ोसी बना लिया। काम के आदमियों को दूर का रिश्तेदार बनाया जा सकता है तो दूर का पड़ोसी भी बनाया जा सकता है।

अमुक लाल का पुत्र तमुक लाल सर्वगुण सम्पन्न है। बन्धुआ लेखक है। प्राचार्य है। एडहॉक कम्युनिस्ट है। खुद को मार्क्सवाद का सर्वहारा भी बताता है। इस गुण के कारण अमुक लाल की तरक्की से ईर्ष्या करने वाले भी बहुत हैं। ईर्ष्या करने वाले उसे 'मास्कवादी' कहते हैं—साहित्य और अकादमिक जगत में दस में से आठ मास्कवादी हैं। तन पर जनवादी, प्रगतिवादी, समाजवादी, वामपंथी और मार्क्सवादी का मुखौटा, मन से शुद्ध मास्कवादी। जैसी जरूरत पड़ती है, वैसा मुखौटा लगा लेते हैं।

तमुक लाल के गुमशुदा बाप का पोस्टर पढ़ा तो मुझे लगा कि ये उसकी तरक्की से ईर्ष्या करने वालों की शरारत है।

इधर एक मोहल्ले में एक शरीफ रहते हैं, रसिक नाथ। उन्हें अपनी शराफत की तिजोरी से निकली कोठी पर बड़ा नाज है। बात-बात में किसी को भी पैसे से खरीदने की धौंस देकर अपनी शराफत का परिचत देते हैं। रसिक नाथ की तरक्की से भी ईर्ष्या करने वाले बहुत हैं। ईर्ष्या करने वाले कहते हैं—रसिक नाथ का बाप पैसा है।

एक बार मोहल्ले में रात्रि जागरण कराने के लिए गायक बुलाए गए। रात्रि जागरण के दौरान गायकों के ऊपर बड़े नोट और छोटे नोटों की गड्डियाँ बरसती रहीं। रात्रि जागरण के दौरान रात भर रसिक नाथ के नाम की धौंस भी दी जाती रही। ईर्ष्या करने वाले रसिक नाथ के नाम से गायकों के ऊपर चवन्नी बरसाते रहे। गायक रसिक नाथ की शराफत की पताका फहराते रहे—इस गीत पर रसिक नाथ जी की तरफ से चवन्नी का पुरस्कार प्राप्त हुआ है। भैया को बार-बार प्रणाम बा। रात्रि जागरण की अगली सुबह सूर्य दूसरी दिशा से उगा। बाप का उपहास उड़ाए जाने से दुखी रसिक नाथ ने अपनी शराफत की धौंस देना बन्द कर दिया।

ईर्ष्या करने वालों ने रसिक नाथ की शराफत के साथ क्रूर मजाक किया था।

इसी के अनुसार मुझे लगा कि गुमशुदा बाप के माध्यम से ईर्ष्यालुओं ने अमुक लाल के साथ भी क्रूर मजाक किया है। विपत्ति की घड़ी में अमुक लाल को अपने कन्धे का सहारा देने के लिए मैं उनके घर की तरफ चला। वे रास्ते में ही मिल गए। एक दीवार पर गुमशुदा बाप का पोस्टर चिपकाते हुए। उनके चेहरे पर दुःख का कोई लक्षण नहीं था। तमुक लाल की अब तक की जीवनी से परिचित होने के कारण मुझे भी आश्चर्य नहीं हुआ। मैं तमुक लाल के कई बापों को जानता हूँ, पर अमुक लाल को कभी नहीं बताया। सब कुछ बता देने पर विश्वसनीयता सन्दिग्ध हो सकती है—तुम भी उसके साथ मिले हुए हो। किसी और को गुमशुदा बाप के बारे में बताऊँगा तो वो कह सकता है—ये मनगढ़ंत है। फिक्शन है। पिता, पुत्र की रग-रग से वाकिफ होता है, इसलिए अमुक लाल ही बताएँगे।

मैं कुछ कहूँ उसके पहले ही उन्होंने पूछा—तमुक लाल के बाप का नाम जानते हो? सपाटबयानी करते हुए मैंने जवाब दिया—तमुक लाल के पिता आप ही हैं। उन्होंने प्रश्न दोहराया—इस ग्रीष्मावकाश में उसका बाप कौन है? मैंने बताया—जहाँ तक मैं जानता हूँ, आप तमुक लाल के बारहमासी पिता हैं। उन्होंने कहा—नहीं जानते हो तो पता करो। गर्मी में बाप के बिछोह में उसे लू सता रही है। घर के बाहर ही नहीं निकल रहा है। उस अनाथ का दुःख मुझसे देखा नहीं जा रहा है।

मैंने उनके चेहरे पर दुःख का लक्षण तलाशने की कोशिश की। नाकामयाब रहा। वे कामयाब पिता हैं। सुख और दुःख दोनों को एक भाव से ग्रहण करते हैं।

अमुक लाल ने आगे बताया—शीतावकाश में घर आया था तो बाप ज्ञात थे। हँसता-बोलता था। खाता-खेलता था। घर में पैर नहीं टिकते थे। ग्रीष्मावकाश में जब से घर आया है, घर के बाहर कदम नहीं रखा है। गर्मी के बाप नहीं मिले उसे। मैंने सम्भावना जताई—हो सकता है बाप लू से बचने के लिए हिल स्टेशन चले गए हों। उनके इन्तजार में तमुक लाल अनमना हो। या बापों का स्टाक खत्म हो गया हो। तमुक लाल बोले—आखिर जरूरत ही क्या है कई बाप रखने की?

मैं क्या जवाब देता? मास्कवादियों को उसके पिता नहीं समझ सकते तो मैं क्यों बताता कि घर के बाहर भी बाप रखने की मज़बूरी क्यों है। खैर...सभी पिता एक जैसे नहीं होते। बेटे को दर-दर भटकने नहीं देते। बेटे के गुमशुदा बाप की तलाश खुद कर देते हैं।

भक्तिकाल के तत्काल बाद सर्वविद्या की राजधानी के विश्वविद्यालय की घटना है। एक पिता एक आलोचक के थैले को प्रतिदिन अपना कन्धा देते। शाम को अपना खाली झोला हाथ में झुलाए घर लौटते। एक दिन अपना थैला हाथ में नचाते हुए घर लौटे। थैले में नियुक्ति पत्र था। बेटा प्राध्यापक बन गया। आलोचक

की चिट्ठी से बनी नाव में सवार में हो बेटा साक्षात्कार का बजबजाता नाला पार कर गया। बेटे की योग्यता के दामन पर जुगाड़वाद का एक छींटा भी नहीं पड़ा।

पिता आलोचक के थैले को कन्धा देते थे, बेटे ने थैले को मुखाग्नि दी। पितर थैला के ऋण से मुक्त होने के लिए भव्य श्राद्ध भोज दिया। थैले की आत्मा की शान्ति के लिए प्राध्यापक बेटे ने जीवनी और संस्मरण विधा में भक्ति का काव्य लिखा।

साहित्य के निर्णायकों से मेरी शिकायत है, वे भक्तिकाल के बाद रचे गए भक्ति के काव्यों के माहात्म्य का उचित वर्णन नहीं करते। थैले की भक्ति में समाज की सभी विधाओं में भक्ति के काव्य रचे जा रहे हैं। अस्सी घाट पर भक्ति काव्य का लंगर गड़ा हुआ है। लंगर की जंजीर रबड़ हो गई है। जंजीर से बँधे -बँधे ही नाव घाट-घाट स्वतंत्र विचरण कर लेती है। भक्ति काव्य की एक गुप्त धारा विश्वविद्यालयों तक भी जाती है। तुलसीदास के राम के सम्बन्ध में साकार या निराकार का सामाजिक विवाद है। अलग-अलग साहित्यिक मान्यताएँ हैं। समकालीन दासों के राम इन विवादों से परे हैं। वे साकार हैं। साकार ब्रह्म हैं।

हो सकता है, मेरी शिकायत मेरी भ्रष्ट नजर की देन हो। साहित्य के निर्णायक पूँजी नामक छूत के रोग का शिकार न हों, इसलिए अपनी भलमानसहत में थैले के अन्दर न झाँकते हों। मैं इस रोग का शिकार हूँ, इसलिए थैले में छेद कर झाँक लेता हूँ—कुछ मिलेगा या नहीं। दो-तीन आलोचकों के थैले में छेद कर चुका हूँ। मिलने लायक कुछ नजर नहीं आया। इसलिए उनको भाव नहीं देता हूँ।

कभी आलोचक का थैला अलादीन का चिराग था—जो माँगो, वो पलक झपकते हाजिर। 'फिट' होने के इच्छुकों ने घिस-घिस कर आलोचना के चिराग को 'फ्यूज' कर दिया। अब भी घिसने से कभी-कभार धुआँ छोड़ता है। इच्छुकों को लगता है—जिन्न प्रगट होगा। पर वो लौ बुझने के बाद उठने वाला धुआँ होता है।

अब आलोचकों का ऐसा रुतबा नहीं रह गया है कि वे अपने कन्धे को थैला देने वालों की पीढ़ियों को फिट कर सकें। अब वे साहित्य में ही फिट नहीं कर पा रहे हैं। जिस कन्धे को अपने थैले का सहारा देते हैं, वो थैला लेकर भाग जाता है। थैले की आत्मा की शान्ति के लिए आवश्यक प्रयोजन भी नहीं करता। नतीजा, आलोचक लेखकों और कवियों का कार्यक्रम ढो रहा है।

अपने सहकर्मी मित्र के आगे बढ़ने वाले फामूर्ले का पालन करते हुए मैं भी आगे बढ़ना चाहता हूँ। इसके लिए मैं धनुष, गठरी और बाप बनाने वालों से भी आगे बढ़ चुका हूँ। सबसे अलग करते हुए आगे बढ़ने के लिए मैं पैरों में पड़ा रहने वाला जूता बन गया हूँ। कई पैरों की शोभा बढ़ा चुका हूँ। पर किसी के पैर में ज्यादा दिन तक 'फिट' नहीं हुआ। इसीलिए 'मिसफिट' जूता हूँ। जिसने भी धारण किया,

उसे पहले दिन से ही काटना शुरू कर देता हूँ। हालाँकि कई लोग इस उपलब्धि से नवाजते हैं कि मैं अमुक के पैर का स्थायी जूता हूँ। इस उपलब्धि से नवाजने वाले जूतों के चरित्र के बारे में अल्पज्ञानी हैं। महँगा जूता हूँ, इसलिए कई आचार्य कहते हैं—वो मेरे पैर का जूता है।

महँगा जूता काटता भी है तो धारण करने वाला सहता है। उसकी चाल बदल जाती है। पेट में उठे मरोड़ को शौचालय पहुँचने तक थामे रहने की भाव-भंगिमा के साथ मरोड़ नृत्य वाली हो जाती है, फिर भी नहीं कह पाते—बहुत काटता है। महँगी वस्तुओं का प्रदर्शन करने की मानसिकता से उन्हें मेरी कटाई बर्दाश्त करनी पड़ती है। मुझे किसी के पैर का स्थायी जूता कहने वालों ने कभी महँगे जूते नहीं पहने होंगे। 'डी' माल को असली बताकर महँगा जूता धारण करने का भ्रम फैलाते होंगे।

मैं सिर्फ पैर में ही नहीं काटता, कान भी काट लेता हूँ। एक आचार्य ने बात काटने पर ही मुझे उतार फेंका। वे जो कहते, उसे सच मानना पड़ता। वाह, वाह के साथ हाँ में हाँ मिलानी पड़ती। एक दिन उनके धनुषों और गठरियों के बीच मैंने उनके सच को अपने 'कृत्य' से काट दिया।

अपने दरबार में वे आसन पर शोभायमान थे। धनुष और गठरी उनके चरणामृत का सेवन कर रहे थे। आचार्य कह रहे थे—बड़ा वही है, जिसके साथ बैठने पर कोई खुद को छोटा न समझे। बड़ा वही है, जो सबको एक समान सम्मान दे। आचार्य धनुषों और गठरियों को समझा रहे थे कि मेरे बराबर बैठकर मुझे बड़ा बना दो। आगे बढ़ने के लिए लालायित धनुष और गठरी उनकी नैतिक शिक्षा के उद्देश्य को नहीं समझ पा रहे थे। वे जी-जी कहते रहे। आचार्य उन्हें समझाते रहे। बार-बार बड़ा बनाने वाली विधि बताए जाने के बाद भी वे नहीं समझे। मैं समझ गया। आचार्य को बड़ा बनाने के लिए दूसरे कमरे से एक कुर्सी ले आया। कुर्सी उनके आसन के बगल में रखी। कुर्सी, आसन से थोड़ी नीची पड़ रही थी। बराबरी कर उन्हें बड़ा बनाने के लिए कुर्सी की ऊँचाई बढ़ाने वाली वस्तु के बारे में सोचने लगा। फिर सोचा, धीरे-धीरे बड़ा बनाऊँगा। हो सकता है, एक झटके में बड़ा बनने का सदमा बर्दाश्त न कर पाएँ। यही सोच कुर्सी पर बैठा। वे नाराज हुए। धनुषों और गठरियों ने उनकी नाराजगी में 'टेरी' भरी। आचार्य ने तुरन्त बड़ा बनाने वाले कृत्य का बदला चुकाया। मुझे उतारकर कूड़ेदान में फेंक दिया।

मैं कूड़ा बीनने वाले एक बुजुर्ग के हाथ लग गया। कहाँ आ गया मैं? ये क्या आगे बढ़ाएगा मुझे? यही सोचकर उसे भी काटना शुरू किया, ताकि जल्दी से उतार फेंके। मैं उसे काटता, वो कुछ बोलता ही नहीं। किचकिचाकर काटता, फिर भी उसके माथे पर शिकन तक नहीं आती। किचकिचाकर काटने में मेरा जबड़ा

हिल गया। एक दाँत भी चला गया। जिसने कभी चप्पल न पहनी हो, घिसते-घिसते जिसके पैर के तलवे पत्थर हो चुके हों, काटने वाला जूता उसका क्या बिगाड़ लेता? पत्थर पर दाँत लड़ाते-लड़ाते दन्तहीन हो जाऊँ, उससे पहले ही फरार हो गया। एक रात वो मुझे उतार कर सो रहा था। उसी समय भाग निकला।

नमस्ते की तरह काटने की भी आदत है। आगे बढ़ने के लिए इस आदत को भी बदलने की कोशिश कर रहा हूँ। पर आदतें जल्दी कहाँ बदलती हैं? महँगे जूते के प्रदर्शन के लोभ में मेरी कटाई बर्दाश्त करने वाले आचार्य खुद को सान्त्वना देते हैं—नया जूता कुछ दिन काटता ही है। उनको क्या पता, मैं दुष्ट और बदतमीज जूता हूँ। मुहावरों को भी काट लेता हूँ। हालाँकि आगे बढ़ने के लिए धनुष और गठरी से आगे बढ़ जूता बनने के बाद भी काटने की आदत के कारण मैं आगे नहीं बढ़ पाया। इस आदत में सुधार करने और पुराना खिलाड़ी बनने के लिए कई बार छल-छद्म के कीचड़ में डुबकी लगाई। बाहर खाली हाथ नहीं निकला। हाथ में अनुभव की पॉलिश लेकर निकला। जूते पर मल दी, और नया हो गया। दाँत और पैने हो गए। इसके बाद भी मैं आगे बढ़ने के लिए हमेशा जूता बनने के लिए तैयार रहता हूँ। पुराना खिलाड़ी हो जाऊँगा, तो दाँत भी भोथरे हो जाएँगे। पुराना खिलाड़ी बनने के लिए जी-जान से लगा हुआ हूँ।

मेरा भी एक जूता है। मैं 'शू लेस' नहीं बाँधता हूँ। जूते की नकेल कसता हूँ। उससे कहता हूँ—तुम भी दूसरे जूतों से कुछ सीखो। कुछ जूते इतने मजबूत हैं कि सुबह किसी और के पैरों में होते हैं, दोपहर किसी और के पैर में, शाम किसी और के पैर में। वे आगे बढ़ते जा रहे हैं, तुम टस से मस नहीं होते हो। कम से कम सब्जी ही ले आया करो। वो अपने तर्कों से मुझे काट लेता है—वे चमड़े के जूते हैं। मैं ठहरा कपड़े का जूता। मैं इसी चिन्ता में रहता हूँ कि जल्दी से तुम्हारे बोझ से मुक्ति मिले। जूते की बात सुन मुझे ग्लानि होती है—मैं अपने जूते पर भी बोझ हूँ! ग्लानि दूर करने के लिए पहनने से पहले उसे अपने सिर पर रखता हूँ—देख बे जूते, तू मेरे सिर पर बोझ है। मैं भी चमड़े का जूता लेने की फिराक में हूँ। मिल जाएगा तो तुझसे बर्तन धुलवाऊँगा।

धर्म का स्टार्ट अप

एक मौलवी और महन्त गंगा-जमुनी तहजीब को धार्मिक उन्माद के मरुस्थल में पानी का स्रोत बता रहे थे। उन दोनों को मैंने बताया कि एक रिपोर्ट के अनुसार—उत्तर भारत में जल्द ही जलस्तर इतना नीचे चला जाएगा कि गंगा-यमुना मरुस्थल बन सकती हैं। रिपोर्ट की चिन्ता सुनने के बाद भी वे दोनों चिन्तामुक्त थे।

महन्त ने बताया—सब भगवान की मर्जी है। अपनी जवाबदेही से बचाने वाले ऐसे जवाब सुनकर मैं बिलकुल भी चिन्तित नहीं होता। न ही सोचता हूँ—मुनाफे की होड़ और सभ्यता की रेस में आगे निकलने के लिए अन्धाधुन्ध पेड़-पौधे भी भगवान ही कटवा रहा है? गंगा-जमुनी तहजीब को जगह-जगह साम्प्रदायिकता का बाँध बनाकर भगवान ही रोक रहा है?

चिन्तामुक्त रहने के लिए ऐसा मैं बिलकुल नहीं सोचता। जवाबदेही से बचाने वाले नए जवाबों की तलाश में प्रश्नों के बारे में सोचता हूँ। यही सोचते हुए मैंने मौलवी से कहा—इस बार बहुत तीखी गर्मी पड़ रही है। मौलवी के जवाब से मुझे निराशा हुई। नया जवाब नहीं था न—अल्लाह रोजेदारों का इम्तेहान ले रहा है।

महन्त और मौलवी चेतावनी को भगवान और अल्लाह की मर्जी बताकर चिन्तामुक्त हो गए। उन्होंने 'लिंक' नहीं माँगा—चेतावनी का लिंक दो।

एक कट्टर हिन्दू 'प्रोफाइल' ने माँग की—उस रिपोर्ट का लिंक दो जिसमें जल्द ही माँ गंगा और यमुना नदी के सूखने की चेतावनी दी गई है। ये माँग मेरी चिन्ता बढ़ाने वाली थी। ऐसा नहीं है कि मैंने झूठी रिपोर्ट बताई थी, जिसका लिंक मैं नहीं दे सकता। चिन्तित इसलिए था कि अल्पायु में ही जिसे बुद्धि का ऊसर बनाया जा चुका है, उसको रिपोर्ट का लिंक देने का क्या फायदा? फिर माँग में व्याप्त उसकी रुचि (माँ गंगा) के बारे में सोचा—इसे लिंक दे देता हूँ। पढ़ेगा। पढ़कर हो सकता है ऊसर में बुद्धि की खाद पड़े। ऐसा सोचकर मुझे खुशी हुई, पर वो क्षणिक थी। कहीं से शोर उठा—देद्दो, देद्दो। माँ गंगा और यमुना नदी के सूखने से होने वाले फायदों की लाखों रिपोर्ट्स पहले से तैयार हैं। उन रिपोर्ट्स की बमबारी उसकी बुद्धि पर कर दी जाएगी। बुद्धि से दूरी फिर 'मेंटेन' कर लेगा।

निरर्थक परिश्रम करने का क्या फायदा? यही सोचकर मैंने भी उससे माँग कर ली—पहले 'हिन्दू खतरे में है' की रिपोर्ट का लिंक दो। उसने पूरे आत्मविश्वास के साथ कहा—ऐसी रिपोट्‌र्स के लाखों लिंक हैं। अभी देता हूँ। मैंने टोका—शायद तुमने ध्यान नहीं दिया होगा, उन रिपोट्‌र्स के साथ एक 'स्टार' बना रहता है। स्टार के बारे में कहीं छोटे अक्षरों में लिखा होगा—'टर्म्स एंड कंडीशन अप्लाई'। उन टर्म्स एंड कंडीशन का भी पूरा ब्यौरा देना, जिसमें बताया गया हो कि हिन्दू किन परिस्थितियों में और कब खतरे में होता है। देत्ता हूँ, देत्ता हूँ कहकर वो चला गया। मैं निश्चिन्त हो गया—मेरी माँग पूरी नहीं होगी।

वो नया-नया कट्टर हिन्दू हुआ है। नवढ़ा है। इसलिए मेरी माँग नहीं पूरी कर सकता। कट्टरता में प्रौढ़ हो चुके हिन्दू मेरी माँग पूरी कर सकते हैं। कट्टरता की प्रौढ़ावस्था को प्राप्त कर लेने के बाद वे नवढ़ा तैयार करते हैं। नवढ़ों को नहीं बताते कि हिन्दू कब और किन परिस्थितियों में खतरे में होता है। खतरे में होने की 'टर्म एंड कंडीशन' क्या हैं। वे जानते हैं कि नवढ़ा जब कट्टरता की प्रौढ़ावस्था में पहुँचेगा, जवाब अपने आप मिल जाएगा।

कट्टरता की प्रौढ़ावस्था को प्राप्त कर चुके एक हिन्दू हैं। प्रौढ़ावस्था में 'सेटल' होने के बाद वे नवढ़ा तैयार करने की जिम्मेदारी बखूबी निभा रहे हैं। नवढ़ों को हिन्दू खतरे में हैं का लिंक देते रहते हैं (उसी लिंक का उर्दू अनुवाद इस्लाम खतरे में है। तो कौन ए टीम है, कौन बी टीम है, या कौन किसकी टीम है में वक्त जाया नहीं करना चाहिए)।

उनकी जीवनशैली की रेकी करने पर टर्म्स एंड कंडीशन का लिंक मिल जाता है। उनकी एक दुकान है—मेंस सलून। दुकान के बाहर नवढ़ों को वे हिन्दू खतरे में है का लिंक देते हैं। दुकान के अन्दर मुसलमान कारीगरों से बाल-दाढ़ी बनवाते हैं। फेशिअल, ब्लीच कराते हैं। मसाज भी कराते हैं। प्रौढ़ावस्था में सेटल हो चुकी उनकी कट्टरता के अनुसार—धन्धे का कोई धर्म नहीं होता। वे पूरी तरह प्रौढ़ नहीं हैं। हो पाएँगे, इसके बारे में अनिश्चित हूँ। शायद ही वे पूरी बात जान सकें—धन्धे का कोई धर्म नहीं होता और बनिये की कोई जात नहीं होती।

महन्त और मौलवी को भगवान और अल्लाह की मर्जी के बाहर भी देख लेना चाहिए कि देश में और किसकी मर्जी चल रही है। कौन सा नया 'ट्रेंड' चल रहा है। ट्रेंड को पकड़ लेंगे तो जवाबदेही से बचने के लिए भगवान और अल्लाह को बीच में घसीटने की आवश्यकता नहीं होगी। उन्हें भी सत्यशोधकों की तरह लिंक माँगना चाहिए।

लिंक माँगने के ट्रेंड ने समाज में सत्यशोधकों की संख्या बढ़ा दी है। अब

कहे-सुने पर भरोसा नहीं किया जा रहा। अपनी आँखों से देखने की माँग की जा रही है। देखने के बाद मानने की बात कही जा रही है।

शोधन (प्रयोग) करने के लिए पैसे की आवश्यकता होती है। जिसके पास जितना अधिक पैसा है, वो उतने अधिक सत्य का शोधन कर रहा है। शोधन के नाम पर दोहन। जैसे खनन के नाम पर अवैध खनन। कारोबारी सत्य का शोधन करने में भी अव्वल हैं। वे सत्य का शोधन करने वाली कई प्रयोगशालाओं को फंड देते हैं। सत्य का शोधन करने वाले सत्य को घसीटते हुए अपनी प्रयोगशाला में ले जाते हैं। सत्य आनाकानी करता है तो उसका अपहरण कर ले जाते हैं। प्रयोगशाला में सत्य पर अपनी 'केमेस्ट्री' के रसायनों का छिड़काव करते हैं। रसायनों के प्रभाव से सत्य शोधित हो जाता है। जलकर राख हो जाता है। सत्य की राख को नए सत्य के रूप में प्रस्तुत किया जाता है। राख को आकर्षक पैकिंग में लपेटकर प्रस्तुत किया जाता है। पैकिंग देख माथा फिरंट हो जाता है—यही सत्य है। बाकी सब असत्य है। मिथ्या है। नकली है।

नवढ़ा को प्रौढ़ावस्था के पहले ही सेटल होने की लगन लगा लेनी चाहिए। सेटल होने के बाद नवढ़ा के बयान ही लिंक का रूप लेने लगेंगे। उसके अनुयायी उसे अन्तिम सत्य मान उसकी रक्षा के लिए प्राण भी ले सकते हैं। अभी सड़कछाप स्थिति में रहते हुए उसे लिंक माँगने से बचना चाहिए। बयान देने से यथासम्भव बचना चाहिए। अनुयायियों के अभाव में उसके बयान को अन्तिम सच मान 'वायरल' कौन करेगा? सड़कछाप स्थिति में अगर वो चौराहे पर चिल्ला-चिल्ला कर भी कहे कि अमुक धर्म खतरे में है तो किसी के कदम नहीं ठिठकेंगे। कोई नहीं सुनेगा। बल्कि लोग हँसेंगे—इसका माथा फिरंट हो गया है। गम्भीर होकर कहे, तब भी कोई असर नहीं होगा—कौन है ये? पता नहीं क्या अनाप-शनाप बक रहा है।

खतरे वाली बात वो सेटल होने के बाद फुसफुसाकर भी कह दे तो सूखी घास में लगी आग की तरह उसकी बात देश में दहकने लगेगी। इसके लिए पहले उसे सेटल होना होगा। अपनी पहचान बनानी होगी। सेटल होने के कई उपाय हैं। रास्ते हैं। ऊँची पहुँच है तो मात्र उस धर्म का कपड़ा पहन लेने से 'डायरेक्ट सेटलमेंट' हो जाएगी। पहचान बन जाएगी। पहुँच नहीं है तो सेटल तक पहुँचाने वाली पगडंडियों पर चलते हुए जाना होगा।

इधर एक वकील है—अधिवक्ता अमुक देव। उनके साथी, परिजन, मुवक्किल, मीडिया मित्र उन्हें अमुक देव के नाम से ही जानते हैं। मैं उन्हें किसी और नाम से जानता हूँ—अधिवक्ता आहत देव। फौजदारी, दीवानी, आयकर आदि मामलों के विशेषज्ञ अधिवक्ता होते हैं। वे आहत भावनाओं के विशेषज्ञ हैं। आए दिन उनकी

भावना आहत होती है। आए दिन मीडिया में आता है—अमुक समुदाय विशेष की भावना के साथ छेड़छाड़ की मंशा के खिलाफ अधिवक्ता अमुक देव ने परिवाद दायर किया। दायर करने के बाद क्या हुआ? सुनवाई हुई या नहीं? आरोपी को सजा हुई या नहीं? इसकी खबर कभी नहीं आती।

वे अधिवक्ता के रूप में सेटल हो चुके हैं, पर उतने से सन्तुष्ट नहीं हैं। सॉलिसीटर जनरल बनना चाहते हैं। अपनी पहचान को राष्ट्रीय बनाने के लिए वे परिवाद-पर-परिवाद, परिवाद-पर-परिवाद दायर करते जा रहे हैं। पता नहीं उनके दाखिल परिवादों को तारीख-पर-तारीख, तारीख-पर-तारीख मिलती है या नहीं? इसकी खबर ही नहीं आती तो कैसे पता चले? परिवाद दायर करने से उनकी पहचान का दायरा दो-चार किलोमीटर बढ़ जाता है। तो वे आगे का झंझट नहीं पालते।

ऐसा नहीं है कि आहत देवों को पसन्द करने वाली सरकार की आँख का तारा बनने की कीमत वे नहीं चुकाते। चुकाते हैं। परिवाद दायर करने की खबर देने और उसके आगे की खबर न देने के बदले वे मीडिया मित्रों को प्रसाद देते हैं। चढ़ावे का हिस्सा देते हैं। कालभैरव के चढ़ावे का हिस्सा। उनके मीडिया मित्रों को सावधानी से प्रसाद ग्रहण करना चाहिए। प्रसाद का सेवन अधिक मात्रा में करने से ऐसा भी हो सकता है कि वे कहीं पड़े हों और कालभैरव की सवारी उनका मुँह चाट रही हो।

उनके मीडिया मित्रों की पहचान छोटी है। बड़ी पहचान वाले मीडिया मित्र प्रसाद के अत्यधिक सेवन के कारण धुत पड़े हुए हैं। कुत्ता उनका मुँह चाटे जा रहा है। उनका नशा पता नहीं कब उतरेगा?

आपको पता है ना अधिवक्ता आहत देव कालभैरव को कौन सा प्रसाद चढ़ाते हैं? और कालभैरव की सवारी कौन है? नहीं पता? तो मैं बताने का खतरा क्यों मोल लूँ? भोग और सवारी का नाम लेने से अधिवक्ता अमुक देव की भावना आहत हो सकती है। उन्हें एक और परिवाद दायर कर अपनी पहचान का दायरा दो-चार किलोमीटर बढ़ाने का मौका मिल सकता है। ये मौका मैं उन्हें दूँगा नहीं।

कालभैरव, जिन्हें काशी के कोतवाल की मान्यता प्राप्त है। काशी, जिसे देश की धार्मिक, सांस्कृतिक राजधानी कहा जाता है। काशी, सर्वविद्या की राजधानी भी कही जाती है। क्या-क्या नहीं कहा जाता बनारस को। बनारस की तारीफ में ये भी कहा जाता है—बनारसी ठग होते हैं। ये सुनकर बनारसी गदगद हो जाता है। बनारस के बाहर जाता है तो बाहरियों से अपनी तारीफ सुन लजा जाता है। हालाँकि अब समय बदल गया है। ठगों को भी ठगने वाले आ गए हैं। वे बनारस वालों को भी ठग देते हैं। बाहर से ठग आते हैं। ठगकर चले जाते हैं। पर ठग कैसे स्वीकार कर ले कि वो ठगा गया। स्वीकार कर लेगा तो ठगी के 'मार्केट' में उसकी 'रेपुटेशन' खराब हो जाएगी।

जब मेरी तारीफ में कोई कहता है—बनारसी ठग होते हैं। तब मैं सोचने लगता हूँ—ठगों की संख्या कहाँ अधिक होगी? वहीं, जहाँ मूर्खों की संख्या अधिक होगी। जहाँ कोई सड़कछाप ठग भी किसी को आसानी से बेवकूफ बनाकर ठग ले। पर मैं अपने शहर के बारे में ऐसा कभी नहीं सोच सकता कि यहाँ मूर्खों की संख्या अधिक है। सबकी तरह मैं भी अपने शहर से प्यार करता हूँ। उसी प्यार का मान रखने के लिए मैं ये कभी नहीं मान सकता कि यहाँ मूर्खों की संख्या अधिक है। अपने शहर से प्यार जताने के लिए मूर्खता के सभी आरोप मैं अपने ऊपर लेता हूँ—इस शहर में एकमात्र मूर्ख मैं हूँ। बाकी सब तारीफ वाले ठग हैं। वे मुझे ठग सकते हैं। अपनी मूर्खता का मान रखने के लिए मैं बारम्बार ठगे जाने के लिए तैयार हूँ।

सर्वविद्या की राजधानी में महामना की बगिया भी है—बीएचयू-बनारस हिन्दू यूनिवर्सिटी-काशी हिन्दू विश्वविद्यालय। इसके नाम में भी विविधता है। अंग्रेजी में बनारस, हिन्दी में काशी हो जाती है। विविधता को पूर्ण करने के लिए संस्कृत विद्वानों को इसमें बनारस, काशी का संस्कृत नाम जोड़ देना चाहिए। इससे महामना की बगिया की सांस्कृतिक विविधता भी पूर्ण हो जाएगी।

महामना की बगिया में भाँति-भाँति के पुष्प हैं। नागफनी के बड़े-बड़े पेड़ भी हैं। वे बगिया में सेटल हो चुके हैं। पर बगिया की नागफनी बनकर वे सन्तुष्ट नहीं हैं। वे महामना की बगिया से सरकार की आँखों में गड़ना चाहते हैं। काँटा से तारा बनने के लिए वे अपनी पहचान का दायरा बढ़ाना चाहते हैं। सरकार के कान को मंत्रमुग्ध करने के लिए अपनी सांस्कृतिक विविधता का परिचय देते रहते हैं। सेटल हो चुके हैं, इसलिए उनकी बात सुनी भी जाती है। वायरल भी होती है, की जाती है। सड़कछाप की तरह ये नहीं कहा जाता—इसका माथा फिरंट हो गया है।

बीएचयू के कला संकाय में संस्कृति-2018 का आयोजन हुआ। आयोजन के दौरान नाथूराम गोडसे आधारित नाटक 'मी नाथूराम गोडसे बोलतोय' पर एक प्रस्तुति हुई। बीएचयू के छात्रों ने ही प्रस्तुति का विरोध भी किया। उनका कहना था कि नाट्य प्रस्तुति के माध्यम से गोडसे का महिमामंडन और महात्मा गांधी का अपमान किया गया। इस सम्बन्ध में पूछे जाने पर कला संकाय प्रमुख ने एक अंग्रेजी समाचार पत्र को बताया—'मुझे इस घटना के बारे में पूछना होगा। मैंने इस बारे में नहीं सुना है। ऐसे चित्रण में कुछ गलत नहीं है। हर व्यक्ति को सम्मान और प्यार देना चाहिए। ये हमारे महापुरुष हैं। हमें इनका सम्मान करना चाहिए।' वाक्चातुर्य से भरे कला संकाय प्रमुख के कथन में महापुरुष कौन है?

बीएचयू के कला संकाय में नाटक के आयोजन के बाबत समाचार पत्रों में कला संकाय प्रमुख के अनुसार ये भी छपा—मुझे इस आयोजन की जानकारी नहीं।

ये बयान संकाय प्रमुख के अधिकारों के प्रति उनका अज्ञान नहीं है। ये उनकी दूरदर्शिता का परिचायक है। 'सेटल' होने के लक्षण है। बैंकों में एलओयू का घोटाला होता रहा, सरकार को पता ही नहीं चला। छोटे सरकार उर्फ वित्तमंत्री ने कह दिया—बैंककर्मियों की मिलीभगत से फ्रॉड हुआ। बयानों से बनी और उन्हीं से चल रही सरकार की नजर में ऊपर उठने के उपक्रमों से संकाय प्रमुख भली-भाँति परिचित हैं। वे जानते हैं, बयानों से सहारे प्रधानमंत्री, मुख्यमंत्री बना जा सकता है।

दरबारियों के उत्कर्ष के दौर में तरक्की कौन नहीं चाहता? प्रोफेसर, विभागाध्यक्ष बनना चाहते हैं। विभागाध्यक्ष, संकाय प्रमुख बनना चाहते हैं। संकाय प्रमुख, कुलपति बनना चाहते हैं। कुलपति, राज्यपाल बनना चाहते हैं। अब तो सेना प्रमुख भी सांसद बनना चाहते हैं। इसके लिए वे सेनाध्यक्ष के पद पर रहते हुए ही तैयारी शुरू कर दे रहे हैं। सामरिक सुरक्षा की रणनीति बनाने की जगह सांसद बनने की राजनीति करने लगे हैं। वाह रे सेटल...!

इधर कई अध्यापक, सामाजिक कार्यकर्ता, पत्रकार सरकार की सेवा में रत हैं। सरकार की कई लुटेरी नीतियों से असहमत होने के बाद भी अपने पेशे के माध्यम से वे सेवारत हैं। कारण—किसी तरह अच्छी जगह सेटल हो जाएँ। अनुदान बढ़ जाए। किसी मंत्री या पदाधिकारी के मीडिया प्रभारी बन जाएँ।

इधर एक संकाय प्रमुख हैं। उनके घर मेरा आना-जाना लगा रहता है। वे कुलपति के रूप में सेटल होना चाहते हैं। वे जानते हैं, प्रचंड बहुमत वाली सरकार पूँजीपतियों की कठपुतली है। कठपुतली सरकार की ढाल संघ का 'हिन्दू खतरे में है' है। संकाय प्रमुख भी पूँजीपतियों की तरक्की के लिए लाई जा रही लूट की योजनाओं की ढाल बनकर सेटल होना चाहते हैं। इसके लिए उन्होंने पुख्ता योजना तैयार की है। अपनी योजना का 'प्रेजेंटेशन' वे मुझे देते हैं। मेरे सामने अभ्यास करते हैं, कैसे दरबार में अपना रंग जमाएँगे—न्यू इंडिया सम्राट! जब राजकोष की वित्तीय अनियमितताओं के आरोप में विरोधियों ने आपके साम्राज्य पर हमला किया था, उस दौरान मैंने महात्मा गांधी की अहिंसक टोली पर लाठीचार्ज किया था। सम्राट खुश हुए तो खुशखबरी सुनाने की एवज में अपना कोई डिजायनर सूट दे देंगे।

अगर कहीं सम्राट ने संकाय प्रमुख को कुलपति बनाने का आश्वासन दे दिया, तो संकाय प्रमुख अपना कपड़ा उतार देंगे। संघ के गणवेश में संकाय प्रमुख की कुर्सी पर बैठने लगेंगे। सामने टेबल पर कलम रखने वाला होल्डर भी होगा। उसमें से कलम हटवा देंगे। लाठी रखेंगे।

सेटल होने की कोशिश करने वालों में सामुदायिकता का प्रबल भाव होता है। सेटल समुदाय के सदस्य एक-दूसरे के सहयोग से अपने 'बॉयोडाटा' को

मजबूत बनाते हैं। न्यू इंडिया में सिर्फ प्रभावशाली शैक्षणिक योग्यता पर योग्य की मुहर नहीं लगती। 'एक्स्ट्रा करिकुलर एक्टिविटी' प्रभावशाली होनी चाहिए। एक्स्ट्रा करिकुलर एक्टिविटी अर्थात पाठ्येतर गतिविधि? नहीं जी, न्यू इंडिया में इसके भी मायने बदल गए हैं।

जब मैं विश्वविद्यालय में था, तब ही हम लोगों ने एक्स्ट्रा करिकुलर एक्टिविटी की परिभाषा बदल दी थी। विश्वविद्यालय में इलाके के अनुसार छात्रों के गुट थे। विश्वविद्यालय में शोर मचता। प्रॉक्टोरियल बोर्ड की सीटी बजती। पुलिस जीप का सायरन सुनाई देता। बाहर बैठे छात्र-छात्राएँ अपनी कक्षा में भागते। इन क्रमिक घटनाओं से हम समझ जाते—भारत माता मन्दिर में छात्र गुटों के बीच एक्स्ट्रा करिकुलर एक्टिविटी हुई है।

संकाय प्रमुख, कुलपति के संभावित इंटरव्यू की प्रेजेंटेशन भी देते हैं। नाट्य रूपान्तरण के साथ। जिसके अनुसार, वे इंटरव्यू देने पहुँचते हैं। जहाँ बिना देखे ही उनका एकैडमिक रिकॉर्ड किनारे लगा दिया जाएगा—एक्स्ट्रा करिकुलर एक्टिविटी रिकॉर्ड पेश करिए। वे सूटकेस से मोटी फाइल निकालेंगे। जैसे आजादी के बाद से ही वित्तमंत्री बजट के दौरान सूटकेस से गरीबी मिटाओ योजना निकालते आ रहे हैं। फाइल के पन्ने पलटे जाएँगे—गांधी की टोली पर लाठीचार्ज किया था। वाह। संकाय प्रमुख के अधिकार भी नहीं जानते। गजब। आप न्यू इंडिया की अर्हताओं पर खरे उतरते हैं। बधाई हो।

अपनी योजना को अमलीजामा पहनाने के लिए अभी वे 'कटिंग' इकट्ठा कर रहे हैं; एक्स्ट्रा करिकुलम एक्टिविटी की फ़ाइल का वजन बढ़ाने के लिए। इस कार्य में सेटल समुदाय के दूसरे सदस्य उनका सहयोग कर रहे हैं। सहयोग की एवज में—आप सेटल हो जाइएगा तो मेरा भी देख लीजिएगा।

आदित्यनाथ की मौजूदगी में एक बेहद विवादास्पद बयान दिया था—मुस्लिम महिलाओं को कब्र से निकालकर उनका बलात्कार करेंगे। उत्तर प्रदेश का मुख्यमंत्री बनने के बाद इंडिया टीवी पर आपकी अदालत में रजत शर्मा ने आदित्यनाथ को इस बयान की याद दिलाई। आदित्यनाथ ने बताया—वो 'कंडीशनल' बयान था।

बयान देते समय आदित्यनाथ की क्या कंडीशन थी? वे गोरखनाथ मन्दिर के महन्त थे। गोरखपुर के सांसद थे। बयान के माध्यम से वे मुख्यमंत्री बनने की कंडीशन तैयार कर रहे थे। मन्दिर के महन्त से प्रदेश के महन्त के रूप में सेटल होने का 'ब्लू प्रिंट' तैयार कर रहे थे। मुख्यमंत्री बनने के बाद उन्होंने धर्म की राजनीति का सच बता दिया। धर्म का प्रयोग कंडीशनल है। कंडीशन के कारण नवढ़े न समझने पाएँ, इसलिए धर्म को 'कम्पलसरी' साबित करने वाले बयान लगातार दिए जाते हैं।

महन्तों की माया मेरे पल्ले नहीं पड़ती। महन्तई छोड़ वे नेता क्यों बनना चाहते हैं? महन्त बनकर देवी-देवताओं की सेवा करने की जगह वे कीड़े-मकोड़ों की तरह जीने वाले आदमियों की सेवा क्यों करना चाहते हैं? देवी-देवताओं का दरबार छोड़ वे जनता के दरबार में क्यों आते हैं? शायद देवी-देवताओं को जोड़ने वाली उनकी 'हाटलाइन' ख़राब हो जाती हो। ये हॉटलाइन मिलाते हों, तो आवाज आती हो—डिअर सब्सक्राइबर, आपने जो नम्बर डायल किया है, वो अभी दूसरी कॉल पर व्यस्त है। कृपया होल्ड करें या कुछ देर बाद कॉल करें। घंटों तक होल्ड और महीनों तक री-डायल करने पर भी हॉटलाइन नहीं जुड़ती। तब उन्हें किसी अन्य भूतपूर्व महन्त (जो जनता के दरबार में सेटल हो चुका है) का मैसेज आता है—हॉटलाइन जोड़ने वालों की बहुत भीड़ है। मैं वर्षों तक जोड़ने की कोशिश करता रहा। नहीं जुड़ी। तब मैंने नम्बर बदल कर लगाया। तुरन्त लग गया। देवी-देवताओं का दरबार छोड़ जनता के दरबार में आ गया। इस दरबार में नियमित आरती करने और भोग लगाने की आवश्यकता नहीं। दरबार में जनता जब ज्यादा शोर करती है, तब उसकी आरती कर देता हूँ। चरण धो देता हूँ। भोग लगा देता हूँ। उनके साथ बैठ भोजन कर लेता हूँ। अनुभव है, इसलिए सलाह दे रहा हूँ—देवी-देवताओं का दरबार छोड़ जनता के दरबार में सेटल हो जाओ।

कभी-कभार परिस्थितियाँ जटिल हो जाती हैं। बचाव में दिया जाने वाला बयान नहीं सूझता। ऐसे में सेटल होने की कोशिश में लगे दूसरे सहयोग करते हैं। वो अपने बयान से मुश्किल कम करते हैं—कहिए तो ऐसा बयान छाप दें।

अमुक धर्म खतरे में है भी एक व्यवसाय है। स्टार्ट अप का एक रूप है। इस व्यवसाय के माध्यम से जो सेटल हुए हैं, जिनको रोजगार मिला है, उनकी ठीक-ठीक संख्या बता पाना मुश्किल है। क्योंकि इस स्टार्ट अप से सेटल होने वालों की संख्या स्थिर होने का नाम ही नहीं ले रही। दिन-प्रतिदिन बढ़ती ही जा रही है। महन्त और मौलवी तो सेटल हो चुके हैं। नवढ़ा को भी इस स्टार्ट अप को अपना धर्म मान इसमें लग जाना चाहिए। ताकि वो लिंक माँगने की जगह लिंक देने लगे। अमुक धर्म खतरे में है के स्टार्ट अप की योग्यता के साथ न्याय ये होगा कि नवढ़ा खुद लिंक बनाने लगे। जिसे प्रौढ़, सवालों के जवाब के तौर पर प्रस्तुत करने लगें। इससे प्रौढ़ों को भी युवाशक्ति का अहसास हो जाएगा। युवाशक्ति का अहसास कराने के लिए नवढ़ा को स्टार्ट अप में लग जाना चाहिए। अमुक धर्म खतरे में है की टर्म्स एंड कंडीशन तो आती-जाती रहेंगी।

पूँजी के कीड़े

उत्तर प्रदेश विधानसभा चुनाव-2022 के दौरान योगी आदित्यनाथ एक अनुपात की याद दिला रहे थे। कह रहे थे—ये 80:20 की लड़ाई है।

आदित्यनाथ ठीक ही कह रहे थे। वे एक कीड़े के संघर्ष के बारे में बता रहे थे। उस कीड़े का संघर्ष प्राथमिक शिक्षा के दौरान लगभग सभी ने देखा होगा। वो कीड़ा एक ऊँचाई के शिखर पर पहुँचना चाहता था। वही कीड़ा दिन में जितना ऊपर चढ़ता था, रात में उसका आधा नीचे आ जाता था। एक निश्चित अनुपात में। कीड़े के चढ़ने-उतरने का अनुपात कठिन प्रश्न था। सबसे पहले हल करने वाला कक्षा का मॉनिटर बन जाता था।

वो कीड़ा गणित की पाठ्यपुस्तक में था। हालाँकि आदित्यनाथ जिस कीड़े के संघर्ष के बारे में बता रहे थे, उस कीड़े को लेकर उलझन में हूँ—वो गणित वाला कीड़ा है या धर्म वाला? आदित्यनाथ चाहें तो 80 और 20 के अनुपात को एक नाम देकर मेरी शंका दूर कर सकते हैं। नाम स्पष्ट कर दें तो आदित्यनाथ को हरिशंकर परसाई द्वारा घोषित सन्त की साहित्यिक उपाधि भी मिल सकती है।

हरिशंकर परसाई ने कहा है, 'जिसकी बात के एक से अधिक अर्थ निकलें, वह सन्त नहीं होता, लुच्चा आदमी होता है। सन्त की बात सीधी और स्पष्ट होती है और उसका एक ही अर्थ निकलता है।' जैसा कि अपने स्व-प्रकाशित संग्रह 'गूगल कालीन भारत' में खुद के परिचय में मैंने खुद को काइयाँ के रूप में स्वीकारा है, तो उस स्वीकारोक्ति के अनुसार मेरे द्वारा लिखित कीड़े का एक ही अर्थ नहीं है। मुझे काइयाँ बनाए रखने में आदित्यनाथ जैसे आदमियों का हाथ है, जिनकी कही बात का मैं एक ही अर्थ नहीं निकाल पाता हूँ। आदित्यनाथ द्वारा स्पष्टीकरण न दिए जाने के कारण मैं उस कीड़े का कोई एक नाम तय नहीं कर पा रहा हूँ। वो कीड़ा धर्म, साम्प्रदायिकता, फासीवाद, मनुवाद, पूँजीवाद या कोई धनपशु भी हो सकता है।

बाबा रामदेव द्वारा राष्ट्रऋषि घोषित प्रधानमंत्री नरेन्द्र मोदी सहित उनकी सम्पूर्ण मंडली भी सन्त घोषित की जा सकती है। वे कांग्रेस मुक्त भारत का एक अर्थ बता

दें। रामायण, महाभारत नामक काव्यों के दृश्य-श्रव्य रूपान्तरण (धारावाहिक) में ऐसे-ऐसे तीर हैं, जो कमान से निकलते समय एक ही रहते थे; पर जैसे-जैसे विपक्षी खेमे की तरफ बढ़ते जाते थे, एक से अनेक होते जाते थे। कांग्रेस मुक्त भारत ऐसा ही एक तीर है, जो जैसे-जैसे आगे बढ़ता है, अनेकार्थी होता जाता है। कांग्रेस मुक्त भारत—धर्मनिरपेक्षता मुक्त भारत—मुस्लिम मुक्त भारत—हिन्दू राष्ट्र। इसकी पुष्टि नरेन्द्र मोदी मंडली के दरबारी समय-समय पर करते भी रहते हैं।

प्रधानमंत्री नरेन्द्र मोदी की बाल्यावस्था की उपलब्धियों पर सवालिया निशान लगाने वाली जातक कथाएँ और उनकी शिक्षा की उपलब्धियों पर सवालिया निशान लगाने वाली कई दन्त कथाएँ प्रचलित हैं। इन सबके बावजूद मुझे पूरा यकीन है कि नरेन्द्र मोदी ने कीड़े को सबसे पहले शिखर पर पहुँचाया होगा। तभी उनकी पूरी 'क्लास' ने उन्हें देश का मॉनिटर बना दिया। उत्तर प्रदेश के मुख्यमंत्री आदित्यनाथ ने भी कीड़े को सबसे पहले शिखर पर पहुँचाया होगा। ये भी मॉनिटर हैं।

दोनों मॉनिटर्स के अध्यापक नागपुर में रहकर दूरस्थ शिक्षा के माध्यम से दोनों को दीक्षित करते हैं कि कैसे 'क्लास' में उपस्थिति संख्या बढ़ाई जाए। प्रधानाध्यापक और प्रबन्धक का पद भी है। प्रधानाध्यापक और प्रबन्धक गुजरात में रहते हैं। वे दोनों नागपुर के अध्यापक को दान के माध्यम से 'क्लास' की शाखाओं की संख्या बढ़ाने में मदद करते हैं। 'डायनामिक फेयर' की तरह दोनों का पद ऊपर-नीचे होता रहता है। कभी एक देश का सबसे अमीर बनता है। कभी दूसरा। इसी के अनुसार वे प्रधानाध्यापक और प्रबन्धक के पद पर आते-जाते रहते हैं।

विकास की लहर में कीड़े की लम्बाई बढ़ी है। उसकी महत्त्वाकांक्षा बढ़ी है। कीड़े का उदर समन्दर हो गया है। कीड़ा अब सबसे ऊपर पहुँचना चाहता है। अब वो दुनिया में नम्बर वन बनना चाहता है। कीड़े को सबसे अधिक ऊँचाई पर पहुँचा कर नम्बर वन बनाने के लिए 80:20 का फॉर्मूला लाया गया। कीड़ा 80 पैसे चढ़ेगा। 20 पैसे घटेगा। दोनों मॉनिटर मिलकर कीड़े को एक न एक दिन सबसे ऊपर पहुँचा देंगे।

यहाँ मैं स्पष्टीकरण देना चाहूँगा। स्पष्टीकरण धर्मभीरुओं के लिए है ताकि उनकी नाराजगी का जोखिम न उठाना पड़े। ये स्पष्टीकरण प्राथमिक शिक्षा के दौरान कीड़े को सबसे पहले शिखर पर पहुँचा, कक्षा का मॉनिटर बनने वालों के लिए भी है। आजकल सबसे अधिक डर इन्हीं मॉनिटर्स से लगता है। तो स्पष्टीकरण ये है कि सबसे ऊपर पहुँचाने का तात्पर्य मुआ कर ऊपर वाले के पास भेज देना नहीं है। ऊपर वाले की सीमा प्रारम्भ होने का बोर्ड जहाँ लगा होगा, वहाँ तक पहुँचाने से है। स्पष्टीकरण के साथ मॉनिटर्स की मिजाजपुर्सी के लिए एक सुझाव भी है।

अगर कोई धर्मभीरु मॉनिटर ऊपर वाले की सीमा प्रारम्भ होने की लम्बाई/ऊँचाई जानता हो तो दोनों मॉनिटर्स को बता दे। ताकि जरूरत के अनुसार वे 80:20 के फॉर्मूले में बदलाव कर पेट्रो के कीड़े को जल्द से जल्द सबसे ऊपर पहुँचा सकें।

एक स्पष्टीकरण और—कीड़ा कहने से किसी को नगण्य, अनुत्पादक (नॉन प्रॉफिटेबल) नहीं मान लेना चाहिए। कीड़ा रेशम का भी होता है। दो-चार दिन जीवित रहता है, कीमती वस्तु का उत्पादन कर जाता है। मैं विभांशु नामक अनुत्पादक परजीवी आदम कीड़े के बारे में सोचता हूँ। दशकों से जीवित है। उत्पादन के नाम पर सिर्फ आदमी का गोबर। इसका गोबर भी किसी काम का नहीं। पहले खेत में गोबर करता था तो कुछ उत्पादक कीड़े उसे खाद के रूप में बदल देते थे। जब से खुले में गोबर करना अपराध घोषित हुआ है, विभांशु नामक कीड़ा अपराधबोध में रहता है—जीवन परजीवी के रूप में ही कट जाएगा।

वर्णव्यवस्था में भी परजीवी कीड़े हैं। उन्हें परजीवी होने का कोई अपराधबोध नहीं है। वे दूसरों को अपराधबोध कराते रहते हैं। पाखंड के कीड़े दूसरों के अपराधबोध को अपने लिए 'बेनिफिसरी' बना लेते हैं। इस समय देश को कश्मीर का अपराधबोध याद दिला कर 'बेनिफिट' कमा रहे हैं।

कश्मीर दो देशों का सामूहिक हवन कुंड है। दोनों देशों की सरकारें संकट की घड़ी में इस हवन कुंड में सैनिक स्वाहा, नागरिक स्वाहा, रोटी स्वाहा, रोजगार स्वाहा, महँगाई स्वाहा आदि की आहुति देकर बेनिफिट कमाती हैं।

(क्षमा कीजिएगा) एक और स्पष्टीकरण—वर्ण व्यवस्था के पाखंडी कीड़े के रूप में मैंने किसी जाति को इंगित नहीं किया है। वर्ण व्यवस्था में सबसे ऊपर एक परजीवी कीड़ा है। ज्ञात वर्ण व्यवस्था में सबसे ऊपर स्थित वर्ण के भी ऊपर। उसके बारे में कहा जाता है—सबका मालिक एक। (जिसके बारे में सबसे नीचे लिखा है।)

वैसे स्पष्टीकरण की दलील देकर मुझे अपने बचाव पक्ष का वकील बनने की आवश्यकता नहीं है। अगर आपके पास अनेकार्थी बातें कहने की क्षमता है, आप मेरी तरह काइयाँ हैं, तो अपने बचाव के लिए वकील करने की भी आवश्यकता नहीं है। न्यायाधीश खुद आपके वकील होंगे। आपके बचाव में वकील से अच्छी दलीलें पेश करेंगे।

हाल ही में केन्द्रीय सूचना प्रसारण मंत्री अनुराग ठाकुर को हेट स्पीच मामले में अपनी दलीलों के माध्यम से क्लीन चिट देते हुए न्यायाधीश ने कहा, 'मुस्कुराकर कही गई कोई बात अपराध नहीं।' ये लिखते हुए मैं मुस्कुरा रहा हूँ या नहीं, ये आप नहीं देख पा रहे हैं। जब दृश्य-श्रव्य रूपान्तरण करूँगा, तब मुस्कुराते हुए पढ़ूँगा। आप भी मुस्कुरा रहे हैं क्या, विभांशु नामक कीड़े को पढ़कर?

कीड़े से याद आया—हो सकता है, दोनों मॉनिटर्स और उनकी 'क्लास' मिलकर कीड़े को एक दिन सबसे ऊपर पहुँचा दें। पर दोनों मॉनिटर्स देश को फिर से विश्वगुरु नहीं बना पाएँगे। जब जीरो दिया मेरे भारत ने दुनिया को तब गिनती आई; विश्वगुरु बनाने वाली उपलब्धियों में से एक ये भी है। जीरो देकर गिनती भारत ने सिखाई, कीड़े को सबसे ऊपर पहुँचाने का गणित श्रीलंका वालों ने हल कर दिया। वहाँ कीड़ा सबसे ऊपर पहुँच गया है। उसके नीचे रोजी-रोटी के लिए लोग हाहाकार मचा रहे हैं। सेना की मौजूदगी में पेट्रो की बिक्री करनी पड़ रही है। श्रीलंका में सबसे ऊपर पहुँचकर कीड़ा कह रहा है—तुम लोगों के मॉनिटर ने मुझे ईश्वर की सीमा तक पहुँचा दिया है। अब मैं ईश्वर का पड़ोसी हूँ। कीड़े-मकोड़ों जैसे तुम लोग अपनी-अपनी माँग अपने-अपने मॉनिटर्स से करो।

लोग मॉनिटर्स से माँग करते हैं, तो मॉनिटर सबका मालिक एक वाला जवाब देते हैं—'माँग' सभी प्रकार की सत्ताओं का मूल तत्व है। ईश्वरीय सत्ता (जहाँ माँग पूजा, तपस्या, मनौती के रूप में होती है) से लेकर राजनीतिक और परिवार की पितृसत्ता, माँग पर टिकी है। माँग की बैशाखी टिकाए रखने के लिए सभी प्रकार की सत्ताओं के जनक पूँजी के पुजारी अभावों का निरन्तर उत्पादन करते रहते हैं।

अर्बन इडियट्स का विश्वास

जब कोई मुझे कहता है कि तुम पर कोई विश्वास नहीं करता; तो मुझे दुःख नहीं होता। मैं सोचता हूँ कि जो मुझे 'जज' करके कह रहा है कि तुम पर कोई विश्वास नहीं करता; ये भी तो मेरे ऊपर उसका विश्वास ही है। कम से कम मैं इस लायक तो हूँ कि मुझे जज करने वाले को मुझ पर इतना विश्वास है कि मैं कभी बदल नहीं सकता। उसके 'जजमेंट' को कभी गलत साबित नहीं होने दूँगा। तो मैं ऐसे लोगों की संख्या बढ़ाने के लिए जो मुझ पर विश्वास करते हैं कि ये कभी नहीं बदल सकता, मूर्ख ही रहेगा; उनके विश्वास को अमर बनाए रखने के लिए अविश्वास के नए-नए करतब दिखाता रहता हूँ। एक दिन ऐसा भी आएगा, जब मुझ पर विश्वास करने वालों की संख्या सबसे अधिक होगी। सबको मेरे ऊपर विश्वास होगा—ये कभी नहीं बदल सकता।

ऊपर अपनी मूर्खताओं के बचाव में की गई मेरी जिरह को गम्भीरता से न लें। अगर मैंने 'तुम पर कोई विश्वास नहीं करता' को गम्भीरता से लिया होता, तो अब तक मुझे मर जाना चाहिए था। प्राकृतिक मृत्यु नहीं। मानव निर्मित मृत्यु। आत्महत्या कर लेनी चाहिए थी। लेकिन अब भी मैं पूरे विश्वास के साथ झूठ बोलता जा रहा हूँ। हो सकता है किसी दिन मैं प्रधानमंत्री बन जाऊँ। तब मेरे ऊपर विश्वास करने वालों का बहुमत मेरे साथ होगा। मेरे झूठ को झूठ साबित करने वालों पर मेरा बहुमत विश्वास ही नहीं करेगा—'साले गद्दार, झूठ बोल रहे हैं।'

झूठ के साथ बहुमत हो तो अज्ञान की सत्ता सच पर राज करती है। झूठों की फौज नंगी तलवार से सच की गर्दन रेत रही है। सच के साथी गत्ते की तलवार से सच का बचाव कर रहे हैं।

'तुम पर कोई विश्वास नहीं करता', ये कहा मैं उन्हीं का गम्भीरता से लेता हूँ, जिनके पास विश्वास का कण है। बहुमत की बातों को मैं गम्भीरता से नहीं लेता। पूरी दुनिया में ऊपर वाले (धर्म के अनुसार अपने-अपने ऊपरवाले का नाम याद कर लें) में विश्वास रखने वालों का बहुमत है।

अपने यहाँ कई ऊपर वाले जमीन के नीचे से भी निकल आते हैं। खोदाई के दौरान जमीन के नीचे से एक एलईडी बल्ब निकला। भक्तों को लगा, ऊपर वाले नीचे से प्रकट हुए हैं। बल्ब को शिवलिंग समझ भक्त चढ़ावा चढ़ाने लगे। लगभग पन्द्रह सौ रुपये की कमाई करने के बाद किसी ने बता दिया कि शिवलिंग नहीं एलईडी बल्ब है। भक्तों के विश्वास का बल्ब फ्यूज हो गया। मैं उसके बारे में सोचता हूँ, जिसने बता दिया कि ये एलईडी बल्ब है। घंटे भर में शून्य लागत और दूसरे के श्रम से पन्द्रह सौ रुपये कपटने के बाद वो रुक क्यों गया? वो जरूर व्यापारी रहा होगा। उसे 'आइडिया' मिला होगा—अगर फ्यूज बल्ब्स का बहुमत मेरे पास हो, तो शून्य लागत और दूसरों के श्रम से कपट-कपट असीमित मुनाफा कमाया जा सकता है। आइडिया से उसने अपना 'बिजनेस प्लान' बनाया। बिजनेस प्लान के तहत वो घूम-घूम कपट के करतब दिखाता है। फ्यूज बल्ब उसके कपट को अपना विश्वास समझते हैं।

भक्त कहते हैं, 'कण कण में वो है।' कण-कण में वो है, तो क्या किसी भक्त में विश्वास का कण है, जो अपना सीना चीर कर उसके दर्शन करा दे? नहीं करा सकता, क्योंकि किसी भक्त में विश्वास का कण है ही नहीं। भक्त अपने स्वार्थ को ही विश्वास का कण समझते हैं।

बहुमत के 'अर्बन इडियट्स' पर मैं विश्वास नहीं करता। अपने विश्वास के पक्ष में की गई मेरी जिरह को अर्बन इडियट्स 'स्लेजिंग' कहते हैं। हालाँकि वे स्लेजिंग की जगह अपनी परम्परा के अनुसार गाली कहते हैं।

गाली-गलौच सुनने में भद्दा लगता है। लगता है, कान में फटा बाँस डालकर मैल निकाला जा रहा है। स्लेजिंग 'सॉफिस्टिकेटेड' लगता है। एनेस्थीसिया का इंजेक्शन देकर फटे बाँस से मैल निकाला जा रहा है। अर्बन इडियट्स भी सुनने में सॉफिस्टिकेटेड लगता है। अर्बन इडियट्स अभिधा में सुनने के लती हो चुके हैं। व्यंजना, लक्षणा के साहित्य को भी अभिधा में ऊपरवाले की वाणी मान लेते हैं।

नया खिलाड़ी आता है। जोश से लबरेज। अभिधा में स्लेजिंग करता है। अभिधा में की गई स्लेजिंग अनुभवहीन होने की पहचान है। स्लेजिंग के पुराने खिलाड़ी व्यंजना और लक्षणा में स्लेजिंग करते हैं। अर्बन इडियट्स की लत का मान रखने के लिए प्रधानमंत्री को कभी-कभार संसद में विपक्ष की अभिधा में स्लेजिंग कर देनी चाहिए।

स्लेजिंग से याद आया, स्लेजिंग का प्रयोग क्रिकेट में होता है। क्रिकेट में अब 'फैंटसी लीग' होने लगी है। इसे सीधे जुआ नहीं कहते। गाली लगता है। फैंटसी लीग कहने से सॉफिस्टिकेटेड लगता है। अर्बन इडियट्स का बल्ब फ्यूज रखने के लिए रोजगार की विद्युत आपूर्ति घटा रही सरकार को पकौड़ा रोजगार की तरह

जुए को भी रोजगार की सरकारी परिभाषा की श्रेणी में शामिल कर लेना चाहिए। सरकारी मद से वेतन देने का झंझट भी नहीं होगा। आत्मनिर्भरों की संख्या भी बढ़ेगी।

जुआ भी गृह उद्योग बन गया है। पूरा परिवार लगा हुआ है। जुआ उद्योग में बाप-बेटों के बीच सम्मान का सामंजस्य देखते ही बनता है। एक बेटा कहता है—पापा! मैं बाँस के नीचे वाली फड़ पर रहूँगा। आप वहाँ मत आइएगा। दूसरा बेटा कहता है—पापा! मैं पोखरे वाली फड़ पर रहूँगा। आप उधर मत आइएगा। बाप कहता है—बच्चो! मैं पीपल के नीचे वाली फड़ पर रहूँगा। तुम लोग उधर मत आना।

एक अर्बन इडियट की पीड़ा सुनकर मैं द्रवित हो रहा था। पेट्रो की बढ़ती कीमत की तरह मैं भी अपने हृदय को हलाल करता हूँ। धीरे-धीरे, दिन-प्रतिदिन, थोड़ा-थोड़ा द्रवित करता हूँ। हृदय को झटका नहीं देता हूँ। डर लगता है, झटके की वृद्धि से हृदय का पम्प खून की सप्लाई न रोक दे।

हृदय को हलाल करना मैंने जेबकतरे से सीखा है। जेबकतरा धीरे-धीरे जेब को काटता है। झटके से नहीं काटता। झटके से काटने पर जेब को पता लग सकता है कि कट रही है।

उसकी पीड़ा का कारण भी अविश्वास था। मैं चौंका—ये तो अविश्वसनीय पीड़ा है! उसने बताया—उसके द्वारा किए जाने वाले समाजकार्य पर कोई विश्वास नहीं करता। उसकी पीड़ा का समाधान गाल बजाने जितना आसान था। पर मैंने तुरन्त अपना गाल नहीं बजाया। झटका समाधान बर्दाश्त नहीं कर पाएगा। धीरे-धीरे, थोड़ा-थोड़ा, दो-चार दिन में हलाल समाधान बताऊँगा। उसे हलाल समाधान बताया—अर्बन इडियट्स के सरताज को 'फॉलो' करो। बहुमत का विश्वास अर्जित कर लोगे।

झूठ के वर्तमान बहुमत का विश्वास है कि ईमानदार आदमी के बहुत दुश्मन होते हैं। इसीलिए झूठ के बहुमत पर अकसर जान का खतरा मँडराता रहता है।

मेरी सलाह मान वो 'फॉलोवर' बन गया। अब वो बहुरूपिया, विदूषक कुछ भी बनने में पारंगत हो गया है। जहाँ भी जाता है, वहाँ की वेश-भूषा धारण कर समाज कल्याण का गाल बजाता है। सीवर साफ करने वालों की बस्ती में शिक्षा की ज्योत जलाने जाता है, तो विश्वास अर्जित करने के लिए चड्ढी पहन तालाब में फूल की तरह खिल जाता है। तालाब में मछली पकड़ने लगता है। एक बार तालाब में सिर के बल कूदा। तालाब की तली में वनस्पतियों का जाल बिछा हुआ था। जाल में सिर फँस गया। पैर के तलवे पानी की सतह पर 'फ्लोटिंग' करने लगे। समाज कल्याण का करतब देख रहे अर्बन इडियट्स ताली बजाने लगे—योगाचार्य जलीय शीर्षासन कर रहे हैं। योगाचार्य किसी तरह जलीय शीर्षासन से मुक्त हुए तो लम्बोदर बनकर बाहर निकले।

एक बार लकड़ी काटने वालों की बस्ती में गया। एक बच्चा पेड़ से सूखी टहनियाँ काट रहा था। कुछ बच्चे कट कर गिर रहीं टहनियों को इकट्ठा कर रहे थे। विश्वास अर्जित करने के लिए वो डाल काटने पेड़ पर चढ़ गया। जिस डाल पर बैठा था, उसे ही काटने लगा। डाल के साथ वो भी जमीन पर आ गया। अर्बन इडियट्स ताली बजाने लगे—कालिदास अंडरकंस्ट्रक्शन।

करतबों पर बजने वाली तालियों ने उसकी समाज सेवा को मान्यता दिला दी। उसके घर पुरस्कारों का अम्बार लग गया है। आगन्तुकों का स्वागत पुष्प गुच्छ की जगह पुरस्कार गुच्छ से करता है। एक बार नए करतब के अभाव में पुरस्कार गुच्छ की कलियाँ कम होने लगीं। चिन्तित रहने लगा। पिन खिंचे हैंड ग्रेनेड की तरह फटने के लिए बेचैन रहने लगा। चिन्ता में हलाल होते-होते एक दिन झटका लगा। सीना पकड़ कर बैठ गया। उसके शुभचिन्तक अर्बन इडियट्स को लगा कि हर्ट अटैक आ गया।

समाज सेवा को पुरस्कार की प्राणवायु न मिले तो समाज सेवा की असामयिक मृत्यु भी हो सकती है।

शुभचिन्तक उसे लेकर अस्पताल पहुँचे। वहाँ पता चला कि कोमा में चला गया। दिल उसके पास था ही नहीं, जो हर्ट अटैक आता। दिल को अपनी गाड़ी के टायर से रौंद चुका था। उसे कोमा से निकालने का उपाय भी गाल बजाने जितना ही आसान था। इस बार शुभचिन्तकों को झटके से बता दिया। जल्दी से ठीक होगा, तभी तो संजय बनकर समाज सेवा के उसके करतबों का आँखों देखा हाल पढ़ाऊँगा। बताया कि इसकी आँख पर पुरस्कार का चश्मा लगा दो।

पुरस्कार का चश्मा बनवाया गया। फ्रेम में दोनों शीशों की जगह पुरस्कार फिट किए गए। चश्मा जैसे ही कान पर चढ़ा, उसकी अंगुलियाँ हिलीं। पुरस्कार का चश्मा लगाने के थोड़ी ही देर बाद वो समाज सेवा का करतब दिखाने के लिए फिट-फाट घोषित कर दिया गया।

फिट-फाट होने के बाद उसने मुझे भी सम्मानित किया। मुझे सलाहकार मंडल का सदस्य बना दिया। अब वो मेरी तरफ देखता नहीं, घूरता है। उसका विश्वास अर्जित कर मुझे क्या मिला? मुनीर नियाजी का एक शेर मिला—

वो दुश्मनी से देखते हैं, देखते तो हैं
मैं शाद हूँ कि हूँ तो किसी की निगाह में।

धर्म और राष्ट्रहित के उचक्के

धर्म और राष्ट्रवाद उन मालगाड़ियों के नाम हैं, जो पूँजीवाद का माल ढोती हैं। इन मालगाड़ियों के लिए इंजन की आवश्यकता नहीं होती। इंजन वो 'आवारा भीड़' है, जिसके पास सिर्फ धड़ है। सिर को मालगाड़ियों का चक्का बना दिया गया है। लोहे की पटरी पर चक्के की रगड़ से चिंगारी निकलती है तो सिर सोचता है—"उसके दिमाग को खराद पर चढ़ाकर दिमाग की धार और तेज बनाई जा रही है। सोने को आग में तपाकर कुन्दन बनाया जा रहा है।" धर्म और राष्ट्रहित के उचक्कों ने मालगाड़ियों के इंजन और चक्के के रूप में आवारा भीड़ को जोत रखा है।

प्राप्त जानकारी के अनुसार रूस द्वारा यूक्रेन पर सैन्य कार्रवाई की शुरुआत से अब तक यूरोपीय संघ के सदस्य देश लगभग पचास हजार मिलियन का तेल, गैस और कोयला खरीद चुके हैं। अमेरिका रूस से सस्ता तेल खरीद रहा है। अपने ग्राहक देशों को महँगा बेच रहा है। भारत भी अमेरिका से तेल खरीद रहा है।

हमारा देश ऐसी सैन्य कार्रवाई से सुरक्षित रहेगा। अपनी लाल आँखें दिखाने के लिए छिटपुट झड़पें होती रहेंगी। लाल आँखों में धर्म और राष्ट्रवाद की ज्वाला प्रज्वलित रखने के लिए पड़ोसी देश पर चिंगारी फेंकता रहेगा। जब धर्म और राष्ट्रवाद की आँखों को मोतियाबिन्द होगा, तब गोले बरसाएगा। साफ दिखने लगेगा—यही है हमारे धर्म और राष्ट्रवाद का नेत्र चिकित्सक। उस पड़ोसी देश पर चिंगारी नहीं फेंकेगा, जिसका ड्रैगन आग उगलता है। ड्रैगन पूरा अरुणांचल अपने पंजे में कर ले तो कर ले।

प्राप्त जानकारी के अनुसार चीन अरुणांचल प्रदेश में घुसपैठ कर घर बना रहा है। किसी ने बताया, उन घरों में शौचालय हम ही बनाएँगे। ठीक ही बताया। दोनों देशों की तनातनी से अगर उचक्कों को आर्थिक लाभ होता है, तो तनातनी चलने दो।

हमें चीन, अमेरिका, यूरोपीय संघ और नाटो की सेना से डरने की जरूरत नहीं। हमारे देश में सवा अरब मानव श्रम है। गर्व का विषय है कि सवा अरब मानव श्रम का सामना नाटो-फाटो की सेनाएँ नहीं कर पाएँगी। सेनाएँ सवा अरब मानव

श्रम से डरतीं है? नहीं, सवा अरब ग्राहकों से डरती हैं। सवा अरब मानव श्रम नहीं, सवा अरब ग्राहक हैं। उपभोक्ता हैं। सवा अरब उपभोक्ताओं के दम पर देश सबसे बड़ा ग्राहक है। अपने सबसे बड़े ग्राहक को कोई देश नाराज नहीं करना चाहेगा।

सवा अरब मानव श्रम है तो क्या सबसे बड़ा उत्पादक भी है? टॉप टेन में भी है? सबसे बड़े अनुत्पादक देशों में से एक जरूर होगा। प्रकृति, पेड़-पौधों, पशु-पक्षियों, कीड़े-मकोड़ों द्वारा दिए जाने वाले कच्चे माल को पक्के में नहीं बदल पाता। तो एक्सपोर्ट क्या करेगा?

एक्सपोर्ट के नाम पर बिलेनियर-मिलेनियर एक्सपोर्ट करता है—माई-बाप आपके ऊपर बैंकों का कर्ज इतना हो गया है कि कर्ज के शून्य की संख्या नहीं गिन पा रहे। आपको दूसरे देश एक्सपोर्ट किया जाता है। सफर के दौरान आपकी सुख-सुविधा की फाइव स्टार व्यवस्था रहेगी।

बैंकों का मिलियन-बिलियन लेकर एक्सपोर्ट हुए कर्जदार इम्पोर्ट होना चाहते हैं। फाइव स्टार शौचालय के अभाव में इम्पोर्ट नहीं होते।

आधुनिक दन्त कथाओं के अनुसार बड़ा आदमी अकसर पाखाने में रहता है। फोन पर किसी को टालना हो तो नौकर से कहलवा देता है—साहब बाथरूम में हैं। मंत्री के बँगले पर फरियादी पहुँचे। मंत्री के पीए ने फरियादियों को बताया—मंत्री जी फ्रेश हो रहे हैं। मिल मालिक से मिलने मजदूर पहुँचे। मिल मालिक के सेक्रेटरी ने मजदूरों को बताया—सर अभी स्टीम बाथ ले रहे हैं। नेता से जनता और मिल मालिक से मजदूर मिलने पहुँचते हैं तो पेट खराब होना स्वाभाविक है। पाखाने में व्यतीत होने वाले समय की गणना की जाए, तो बड़े लोगों के जीवन का आधा समय पाखाने में ही गुजरता है।

बड़ा आदमी जब किसी अपराध के तहत गिरफ्तार कर जेल भेजा जाता है, तो उसे जेल में मिलने वाली सुविधाओं से बड़ी असुविधा होती है। सूचना आती है—मच्छरों की वजह से रात भर नींद नहीं आई। गर्मी से हुए बेहाल। घर के खाने को कर रहे हैं याद। घर से खाना मँगाने की माँगी इजाजत।

जेल में होने वाली एक असुविधा की सूचना नहीं आती—जेल में फाइव स्टार शौचालय के कमी की सूचना। बैंकों के जो कर्जदार एक्सपोर्ट हुए हैं, वे वापस आ जाते। उन्हें गिरफ्तारी का डर नहीं है। उन्हें डर है—जेल में घर जैसा पाखाना नहीं मिलेगा।

रूस द्वारा शुरू की गई सैन्य कार्रवाई से यूक्रेन भी लाभान्वित हो रहा है। सैन्य कार्रवाई के बीच यूरोपीय संघ के देशों को माल की ढुलाई यूक्रेन के रास्ते भी हो रही है। रूस ढुलाई के रास्ते पर लगने वाला टोल टैक्स यूक्रेन को दे रहा है। ऐसे

में दोनों देशों को सैन्य कार्रवाई से कौन सा आर्थिक नुकसान हो रहा है? आर्थिक नुकसान हुआ भी तो उसकी भरपाई देशहित में टैक्स बढ़ाकर जनता से कर ली जाएगी। देशहित के नाम पर पूँजीवाद की बलि का बकरा बनने वाले गले में माला डाले रिरिया रहे हैं—पहले मुझे झटका दो। पहले मुझे झटका दो।

युद्ध में जान-माल का नुकसान होता है। पूँजीवाद के युद्ध में सिर्फ जान का नुकसान होता है। माल का नहीं। पशु-पक्षी, नागरिक, सैनिकों की जान का नुकसान होता है। यूक्रेन के रास्ते रूस से जो माल यूरोपीय संघ के देशों को जा रहा है, उस काफिले पर एक गोली भी नहीं चलेगी। अगर गोली चल गई तो नाटो की फौज गोली चलाने वाले देश को तबाह कर देगी।

भारत पाकिस्तान के बीच आदम का आवागमन कराने वाली समझौता एक्सप्रेस चली। एक बार समझौता एक्सप्रेस में बम विस्फोट भी हुआ। इसका परिचालन बन्द-चालू होता रहता है। मालगाड़ियों का परिचालन बन्द नहीं होता।

पाकिस्तान का एक नमक बहुत प्रसिद्ध है। आवारा भीड़ को कहीं पाकिस्तान का नमक तो नहीं खिलाया जा रहा? बिरयानी बिना नमक के खाई थी? जनता ने पाँच किलो राशन के पैकेट में मिले नमक का कर्ज चुकाया। क्या पाकिस्तान के नमक का कर्ज भी चुकाना होगा? आवारा भीड़ की 'सर्विस बुक' को देखते हुए माना जा सकता है कि भीड़ नमकहरामी नहीं करेगी। नमक का कर्ज चुकाने के लिए देश को पाकिस्तान जैसा नहीं बनाएगी। उससे भी बदतर बनाएगी। पाकिस्तान हमसे आगे कैसे रह सकता है?

मेरी दो महत्त्वाकांक्षाएँ

"मेरी दो महत्त्वाकांक्षाएँ हैं।" वहाँ हैं के बाद पूर्णविराम नहीं है, लेकिन यहाँ मैंने लगा दिया। कारण बताए दे रहा हूँ। इन्वर्टेड कॉमा की सलाखों में कैद पंक्ति मैंने एक रचना से हूबहू 'कॉपी' की। उस रचना में हैं के बाद कॉमा है। कॉमा के बाद दोनों महत्त्वाकांक्षाओं के बारे में कहा गया है। कॉपी करने के बारे में पहले इसलिए बता दिया कि बाद में आरोप न लगे—ये तो अमुक की कॉपी है।

कॉपी के आरोप से खुश हो जाऊँगा। कॉपी मुझे इलीट होने का बोध कराएगी। अंग्रेजी शब्द जो है। अगर कोई चोरी का आरोप लगाए और चोर कहे, तब सीनाजोरी करूँगा। हजार-दस हजार करोड़ की चोरी को 'करप्शन' कहा जाता है। दस-बीस रुपये की चोरी को चोरी कहा जाता है। बड़ी चोरी करने वाला 'करप्ट' होता है। छोटी चोरी करने वाला चोर। करप्ट एलिट वर्ग से है तो हजार-दस हजार करोड़ की चोरी करने के बाद भी उसका वर्ग नहीं बदलता। वो कैपिटलिस्ट ही रहता है। दस-बीस रुपये की चोरी करने वाले का वर्ग बदल जाता है। वो जेल की सलाखों में कैद हो जाता है—मारा सारे के। चोर हव। राम मनोहर लोहिया उचित कह गए—"द्विज लाख की चोरी करके भी उसे आदर्शवाद का अमलीजामा पहना सकता है, जबकि शूद्र अठन्नी-चवन्नी की चोरी में भी बुरी तरह पकड़ा जाता है।"

मार्क्सवादी भी आज तक कैपिटलिस्ट का वर्ग नहीं बदल पाए। एक पंक्ति के लिए मुझे चोर घोषित किया गया तो मार्क्सवाद की अदालत में जाऊँगा। गुहार लगाऊँगा कि मेरा वर्ग न बदला जाए। चोरी की जगह कॉपी कहा जाए।

मुझ पर चोरी का आरोप सिर्फ इसलिए लगेगा कि मैंने लगभग पच्चीस सौ शब्दों में से चार (गिनकर) शब्द कॉपी किए? क्या मेरी भी दो महत्त्वाकांक्षाएँ नहीं हो सकतीं? कहीं इसका विधान किया गया है कि मेरी दो महत्त्वाकांक्षाएँ नहीं हो सकतीं? या तो एक हो या दो से अधिक हों! मैं तो समानता के अधिकार का पालन कर रहा हूँ। इसलिए दो ही महत्त्वाकांक्षाएँ रखीं। दो महत्त्वाकांक्षाओं पर अंगुली इसलिए उठेगी, क्योंकि मैंने समानता के अधिकार का पालन करने की जुर्रत कैसे

कर दी! जबकि एक ही काम करने वालों के दो वर्ग—एक कैपिटलिस्ट, दूसरा चोर! या तो कैपिटलिस्ट को भी चोर कहने का अध्यादेश जारी किया जाए। या चोर को भी कैपिटलिस्ट कहने का अध्यादेश जारी किया जाए। जब तक ऐसा नहीं होता, तब तक मैं नहीं मानूँगा। दो ही महत्त्वाकांक्षाएँ रखूँगा। भले ही मुझे चोर कहा जाए।

पता ही होगा, चोर चोरी से भले चला जाए, सीनाजोरी से नहीं जाता। देश के बैंकों से हजारों करोड़ की चोरी करने वाले चोर विदेश भाग गए। वहाँ से सरकार के साथ सीनाजोरी कर रहे हैं। दस-बीस रुपए की चोरी करने वाले सीनाजोरी क्या करेंगे। उनके थानाक्षेत्र में कहीं भी चोरी हो, थानेदार साहब तगादा करने के लिए बुला लेते हैं—"तुमने चोरी की? नहीं साहब, चोरी लाखों की है। अभी मेरा वर्ग दो अंकों तक ही है। पिछली पीढ़ियों से दो अंक में ही बना ही हुआ है। आपको भरोसा दिलाता हूँ कि आगे की पीढ़ियाँ भी दो अंकों में ही बनी रहेंगी। मुझे समानता के अधिकार पर पूरा भरोसा है। आप भी भरोसा करते हुए मुझे आरोपमुक्त कीजिए।" हजारों करोड़ की चोरी करने वाले चोरों को जो लम्बे हाथ पकड़ते हैं, उन हाथों की लम्बाई सरकार ने काट दी है। अपने कटे हाथों को जोड़ने के लिए पुलिस दो अंक वाले वर्ग के हाथ-पैर में कील ठोक रही है। पुलिस को लगता है, वो ईसा मसीह का निर्माण कर रही है। ईसा मसीह आ जाएँगे तो उनके कटे हाथों को फूँक मारकर जोड़ देंगे।

मैं चोर, ऊपर से सीनाजोर। इसलिए बता कर चोरी कर रहा हूँ। मुझे पकड़े जाने का डर नहीं है। जिनकी पंक्ति चोरी की है, उनका देहावसान हो चुका है। प्रकाशक की तरफ से निश्चिन्त हूँ। वो मेरे खिलाफ कॉपीराइट के उल्लंघन का प्रकरण दर्ज नहीं करेगा। हाल ही में कॉपीराइट उल्लंघन का एक प्रकरण हुआ था। मौखिक था या लिखित, इसकी स्पष्ट जानकारी नहीं है। कॉपी किए गए कंटेंट की बाबत लेखक की तरफ से बताया गया कि एक वेब सीरीज का तीस फीसदी हिस्सा उसके उपन्यास से 'इंस्पायर्ड' है। प्रकाशक की तरफ से कंटेंट चोरी के खिलाफ क्या पहल हुई, इसकी भी जानकारी नहीं है। प्रकाशक को इन लफड़ों में नहीं पड़ना चाहिए। माल प्रकाशक के गोदाम से ही चोरी हुआ, फिर भी प्रकाशक को निश्चिन्त रहना चाहिए। लेखक अपनी लड़ाई लड़े। लेखक को प्रकाशक से नहीं लड़ना चाहिए। नहीं तो प्रकाशक खूँटा उखाड़ देगा—तुमको बहुत दूह चुका। बिसुक गए हो। अब डांगर के भाव बिकोगे। कुछ दुधारू सींग वाले होते हैं। उनको अपने खूँटे से बाँधते समय प्रकाशक को सावधानी बरतनी चाहिए। उन्हें सोने के पगहे (रस्सी) से बाँधना चाहिए। मुँह पर चाँदी का खोता (मास्क) लगा देना चाहिए—जिस सुर में कहूँ, उस सुर में रम्भाना।

मैंने चार (गिनकर) शब्द चोरी किए हैं। पच्चीस सौ शब्दों में से चार शब्द। अर्थात मूल कंटेंट से मेरी चोरी का प्रतिशत 0.16 है। चोरी का प्रतिशत दशमलव में भी दो ही अंक में आया। अगर लेखक जीवित होता, और मेरे खिलाफ कंटेट चोरी का प्रकरण दर्ज करता तो मैं निश्चित ही हार जाता। क्योंकि आर्थिक उपनिवेश की सभ्यता में किसी की सिर्फ दो ही महत्त्वाकांक्षाएँ नहीं हो सकतीं। लेखक ने जिस दौर में लिखा था, उस दौर में सिर्फ दो हो सकती थीं। अदालत फैसला सुनाएगी—"उस दौर की आर्थिक परिस्थितियों और चोरी के प्रतिशत को देखते हुए चोर को आदेश दिया जाता है कि वो मूल लेखक को जुर्माने के तौर पर दहाई अंकों में राशि अदा करे।" जुर्माने की राशि में भी सिर्फ दो अंक। हाय रे मेरा वर्ग।

मैं चाहूँ तो अपनी दो महत्त्वाकांक्षाओं के बारे में बताकार साबित कर सकता हूँ कि इस दौर में भी सिर्फ दो महत्त्वाकांक्षाएँ हो सकती हैं। लेकिन मुझे चोर घोषित किए जाने के अधिकार के बारे में ऊपर लिख चुका हूँ। इसलिए हर्जाने से बचने के लिए अदालत को सच नहीं बताऊँगा। दो अंक के हर्जाने से अधिक वकील की फीस तीन अंकों में लगेगी। वो कहाँ से लाऊँगा?

मेरी सिर्फ दो ही महत्त्वाकांक्षाएँ हैं। दो सिर्फ इसलिए हैं कि मैंने जिन दोनों इच्छाओं को कॉपी किया है, उनका कायान्तरण कर दिया है। कायान्तरण में अनेक इच्छाएँ छिपी हुई हैं। 'साइलेंट' बनकर। हो सकता है दूसरों की अनेक इच्छाएँ हों। वे इच्छाओं के कायान्तरण के बारे में नहीं जानते होंगे। उन्हें इच्छाओं की व्याख्या को शीर्षक के रूप में लिखने नहीं आता हो। कुछ इच्छाओं के बारे में तो मैं जानता भी हूँ—पॉपुलर बनने की, बेस्टसेलर बनने की, रिच बनने की, साइलेंट सेठ बनने की, बॉस बनने की, करप्ट बनने की आदि आदि। मेरी दो ही हैं। उन दोनों में छिपे साइलेंट की कृपा हुई तो मैं बाकी सब भी बन जाऊँगा।

पहली महत्त्वाकांक्षा है—ऑटोग्राफ। लेने की नहीं, देने की। मेरा ऑटोग्राफ, ऑटोग्राफ न हो, परफ्यूम हो। जिस गली से काले कपड़े पहनकर गुजरूँ, ऑटोग्राफ की खुशबू उस गली के सभी मकानों की खिड़कियों के नथुने खड़काने लगे। दरवाजे भड़भड़ाने लगे। लड़कियाँ ऑटोग्राफ लेने के लिए छत से कूद जाएँ। लड़के सीढ़ी से चलकर नीचे आएँ। छत से कूदकर मर-मिटने का अधिकार सिर्फ लड़कियों को है। एक फ्लोर से भी कूदती हैं तो मर जाती हैं। लड़के पाँच फ्लोर से कूदने के बाद भी नहीं मरते। गाँव में एक करप्ट वर्ग के घर की लड़की को दो अंक वाले वर्ग के लड़के से प्यार हो गया। प्यार की सुगन्ध लड़की के घर वालों के कान में पड़ी। भुजाएँ फड़कने लगीं। नाक से इज्जत के अंगारे बहने लगे। आँख में इज्जत की चिता की अग्नि धधकने लगी। अगले दिन लड़की अन्तिम संस्कार के लिए ले

जाई जा रही थी। क्या हो गया? छत से गिरकर मर गई। ये नहीं बताया कि छत की ऊँचाई एक फ्लोर है।

ऑटोग्राफ के लिए लड़कियाँ छत से कूदें, लड़के सीढ़ी से चलकर आएँ और जिनके पास छत नहीं, वो कैसे लेने आएँगे ऑटोग्राफ? उन दो अंकों वालों के लिए शिक्षा वर्जित है। अब पढ़ने की कोशिश करने लगे तो शिक्षा इतनी महँगी कर दी गई कि वे करप्ट बनने के बाद ही पढ़ पाएँगे। वर्ग बदलने के बाद। वैसे भी उनका पसीना मेरे ऑटोग्राफ के परफ्यूम को बदबूदार बना देगा। उनको ऑटोग्राफ देने के बारे में सोचूँगा भी नहीं। उनके बारे में लिखूँगा भी नहीं। उनके बारे में लिख भी दूँ तो बदले में क्या देंगे? सम्मान समारोह करा देंगे। पुरस्कार के रूप में हँसिया और हथौड़ा पकड़ा देंगे—लो, तोड़ो पत्थर। नगद तो कुछ देंगे नहीं। उनके बारे में लिखकर ऑटोग्राफ चाहने वालों और गोद में झुलाने वालों की संख्या कम क्यों करूँ?

सोचता हूँ मेरे ऑटोग्राफ के नाम का सिक्का चले। परचून वाला कहे—आपका हजार रुपया हो गया। दो ऑटोग्राफ दे दीजिए तो हिसाब बराबर कर दूँ। बस, ट्रेन, हवाई जहाज में चलूँ तो मेरा ऑटोग्राफ ही मेरा टिकट हो। शादी में जाऊँ तो नेग के बदले ऑटोग्राफ माँगा जाए। सम्पत्ति के रूप में अपने वारिशों को एक–एक ऑटोग्राफ दे दूँ—मेरे ऑटोग्राफ को नीलाम कर अचल सम्पत्ति अर्जित कर लेना।

हालाँकि ऑटोग्राफ का सिक्का चलाने की राह बहुत पथरीली है। राह पर बड़े भारी-भारी मील के पत्थर गड़े हुए हैं। उन पत्थरों की ऊँचाई पार किए बिना ऑटोग्राफ का सिक्का खोटा ही रहेगा। सिक्के को खरा बनाने के लिए शार्ट कट ले लूँगा। 'गेटवे ऑफ हेवन' की राह ले लूँगा। गेटवे ऑफ हेवन के समन्दर में कूद जाऊँगा। कूदने से पहले डूबने से बचने के सभी उपकरण पहन लूँगा। अपना वर्ग बदल लूँगा। करप्ट वर्ग का बन जाऊँगा। दो अंक वाले वर्ग का हूँ, ये बता दूँगा, तो हेवन के समन्दर में ज्वार आ आएगा। मुझे उठाकर हेवन की सड़क पर फेंक देगा—अपने वर्ग में जा।

गेटवे ऑफ हेवन में पहुँचने और ऑटोग्राफ का सिक्का चलाने के लिए मैं ये सब उलूल-जुलूल 'नॉन प्रॉफिटेबल' लिखना बन्द कर दूँगा। जो भी लिखूँगा, ये सोचकर लिखूँगा कि ऐसा लिखूँ कि इस पर किसी निर्माता-निर्देशक की कृपा दृष्टि पड़ जाए। निर्माता-निर्देशक की ना पड़े, तो कम-से-कम किसी प्रकाशक की पड़ जाए। प्रकाशक कहे कि ऐसा लिखो जो बिके। प्रॉफिटेबल हो। तो बिकाऊ भी बन जाऊँगा।

प्रकाशक की पारखी नजर को चौकन्ना रहना चाहिए। अपने निवास पर लगी नाम पट्टिका का पत्थर बनने के लिए कई दिगम्बर, श्वेताम्बर के भेष में प्रकाशक

की गली में चक्कर लगाते हैं। प्रकाशक के घर के सामने उनकी गाड़ी का चेन उतर जाता है। चेन तब तक नहीं चढ़ता, जब तक प्रकाशक अपनी बालकनी में नहीं आ जाता। प्रकाशक की आँखों से आँखें मिलने से उत्पन्न हुए करेंट से हाथ बिजली की फुर्ती से काम करते हैं। चेन चढ़ जाती है। इसी तरह प्रकाशक से मुलाकातों की चेन शुरू हो जाती है। चेन से चेन मिलाते वो सम्पादक के सीने पर चढ़ जाता है।

प्रकाशक अगर किसी राजनीतिक पार्टी का गुप्त स्वयं सेवक है तो उसे श्वेताम्बरों को दिगम्बर बनने का अवसर प्रदान करना चाहिए। सेकुलरिज्म के सैकड़ों श्वेताम्बर भाजपा के सेवक हो गए। दिगम्बर अध्यक्ष के हाथों सदस्यता प्राप्त कर सेकुलरिज्म का श्वेताम्बर उतार फेंका। दिगम्बर हो गए। प्रतिक्रियावादी शक्तियों के चमत्कार से जगह-जगह अपने कपड़े उतारते रहते हैं। सही कीमत के इन्तजार में अभी कई श्वेताम्बर बने हुए हैं। वे खुल कर नहीं कह पा रहे—मैं दिगम्बर बनने को तैयार हूँ। इनकी सुविधा के लिए चुनाव आयोग को ऐसा नियम बना देना चाहिए कि जो दल-बदल का इच्छुक हो, उसे निर्वस्त्र होकर संकेत देना होगा—मैं बिकाऊ हूँ। सही कीमत का इन्तजार कर रहा हूँ। हालाँकि चुनाव आयोग से ऐसे किसी नियम की उम्मीद करना उसके साथ नृशंस दुष्कर्म करना होगा। चुनाव आयोग के कपड़े पहले ही उतारे जा चुके हैं।

ऑटोग्राफ का सिक्का चलाने वाली राह पर गड़े मील के उन पत्थरों ने दो अंकों वाले वर्ग के बारे में लिखा। वे गेटवे ऑफ हेवन नहीं गए। गेटवे ऑफ हेवन खुद चलकर उनके पास आया। गेटवे ऑफ हेवन खुद चलकर मेरे पास भी आए, इसके लिए आवश्यक विचार और शब्द मेरे पास नहीं हैं। इसलिए शार्ट कट ले लूँगा। पीआर एजेंसी के रूप में चलते-फिरते आदमियों की चिरौरी करूँगा—मेरी किताब किसी निर्माता-निर्देशक के पास सरकाओ ना। हो सकता है, आपको ये सब करना बुरा लगे, पर मुझे अपनी महत्त्वाकांक्षा पूरी करनी है। ऑटोग्राफ का सिक्का चलाना है। इसके लिए मैं कुछ भी करने को तैयार हूँ।

दूसरी महत्त्वाकांक्षा बेस्टसेलर की है। रॉयल्टी का बेस्टसेलर। बेस्ट बुक सेलर नहीं, बेस्ट रॉयल्टी अर्नर। बेस्ट अर्नर बनने से वर्ग बदल जाएगा। भविष्य में कभी चोरी करूँगा तो चोर नहीं कहलाऊँगा। करप्ट कहलाऊँगा।

तीसरी महत्त्वाकांक्षा भी है। अभी तक नहीं थी। लिखते-लिखते हो गई। हो इसलिए गई क्योंकि मैं पहले ही बता चुका हूँ कि प्रकाशक से नहीं लड़ना चाहिए। नहीं तो खूँटा गड़ने ही नहीं देगा। तीसरी इच्छा के साथ ही मैं चोरी के आरोप से मुक्त हुआ। तीसरी इच्छा ये है कि मैं भी किसी पर कंटेंट चोरी का आरोप लगाऊँ। हालाँकि व्हाट्सअप वाले चोरी करते हैं, पर उन पर चोरी का प्रकरण दर्ज नहीं

किया जा सकता। क्योंकि व्हाट्सअप को यूनिवर्सिटी का दर्जा प्राप्त है। प्रकाशक का नहीं। व्हाट्सअप यूनिवर्सिटी में स्नातक, परास्नातक के कोर्स नहीं हैं। वहाँ सीधे शोध में दाखिला होता है। सबके शोध का विषय एक ही होता है—हिन्दू खतरे में हैं। उसे खतरे से बाहर कैसे निकालें, इस पर शोध करिए। डॉक्ट्रेट की डिग्री पाइए। व्हाट्सअप यूनिवर्सिटी की लाइब्रेरी में न पेपरबैक हैं, न ही हार्ड बाउंड। लाइब्रेरी फुली डिजिटल है। यूनिवर्सिटी में पढ़ने वाले भी फुली डिजिटल है। आर्टिफिशियल इंटेलिजेंस के नायाब रोबोट।

मान लीजिए मेरी तीसरी महत्त्वाकांक्षा पूरी हो गई तो मैं कंटेंट चोरी का प्रकरण दर्ज कराऊँगा। मुकदमा जीत जाऊँगा। अदालत आदेश देगी—"आपके लेखन के स्तर को देखते हुए आपको हर्जाने के रूप में दो अंकों की राशि प्रदान की जाएगी।" यहाँ भी दो अंक में ही! वाह रे न्याय के देवताओं का वर्ग।

अन्त में एक राज बताता हूँ। मैंने शीर्षक भी कॉपी किया है। हूबहू नहीं। जिस शीर्षक से कॉपी किया, वो भी तीन शब्दों का है। मेरा भी तीन शब्दों का है। ये राज मैं प्रकाशक को बता रहा हूँ। प्रकाशक चाहें तो कंटेंट चोरी का प्रकरण दर्ज करा सकते हैं। पर ध्यान रहे, पच्चीस सौ शब्दों में से मिलते-जुलते सिर्फ तीन शब्द लिए हैं। कंटेंट चोरी का प्रतिशत .16 से भी कम होगा। अदालत आदेश देगी—"चोरी के प्रतिशत को देखते हुए चोर को आदेश दिया जाता है कि वो प्रकाशक को जुर्माने के तौर पर दहाई अंकों में राशि अदा करे।" फिर दशमलव के दो अंकों में ही। हाय रे मेरा वर्ग।

सरकार बदल गई है

'सरकार बदल गई है'...ये वाक्य उत्तर प्रदेश में भाजपा सरकार आने के बाद भाजपा नेताओं, कार्यकर्ताओं और समर्थकों का तकिया कलाम बन गया है। तकिया कलाम वाले एक समर्थक मेरे घर के सामने भी रहते हैं। आधी रात को बिजली कटती है, तो अपनी बालकनी में आते हैं। मोबाइल का स्पीकर ऑन कर विद्युत् उपकेन्द्र का नम्बर मिलाते हैं :

—बिजली क्यों गई?

—जम्फर उड़ गया है।

—कब तक ठीक होगा?

—आधा घंटा लगेगा।

—आधे घंटे में ठीक हो जाना चाहिए। सरकार बदल गई है।

बालकनी में बैठ पसीना-पसीना होते हुए, मच्छरों को पट्ट-पट्ट मारते हुए आधे घंटे इन्तजार करते हैं। उनको पसीना छोड़ते हुए और पट्ट-पट्ट मच्छर मारते हुए देखता हूँ तो सोचता हूँ—इनके पास तो इन्वर्टर भी है। पंखे की हवा लेते हुए इन्तजार करने में क्या हर्ज है? आधे घंटे इन्तजार के बाद उन्होंने फोन किया। स्पीकर भी ऑन किया :

—अभी तक जम्फर नहीं बदला?

—आधा घंटा और लगेगा। दो ही कर्मचारी हैं। समय तो लगेगा ही।

—सरकार बदल गई है। अपनी कार्यप्रणाली सुधार लो। प्रधानमंत्री 18-18 घंटे काम करते हैं। मुख्यमंत्री तड़के 4 बजे उठ जाते हैं और देर रात तक काम करते रहते हैं। तुम एक मामूली सा काम नहीं कर सकते। सुधर जाओ। सरकार बदल गई है।

—उतनी बड़ी और वजनी सीढ़ी साइकिल से लेकर चलनी पड़ती है। समय थोड़ा आगे-पीछे तो होगा ही।

—जबान लड़ाते हो। अभी तुम्हारे साहब से शिकायत करता हूँ। इतनी दूर फेंकवाऊँगा कि घर आने का सपना देखोगे।

—ठीक है। आपको जो करना है करिए।

कर्मचारी के सब्र का जम्फर भी जवाब दे गया।

कर्मचारी की शिकायत के लिए उन्होंने साहब को फोन मिलाया। साष्टांग प्रणाम किया। मौसी और बच्चों का हाल-चाल लिया। मधुर वाणी में बिजली कटने के बारे में बताया। नमकीन वाणी में कर्मचारी की शिकायत की। उधर से जो भी आश्वासन मिला, वो सुन नहीं पाया। स्पीकर ऑन नहीं था।

एक दिन कर्मचारी घर के सामने वाले खम्भे पर खट-खुट कर रहा था। मैंने उससे पूछा—अमुक का बिजली विभाग में बड़ा रुतबा है। खम्भे से उतरते हुए कर्मचारी ने बताया—होगा क्यों नहीं; टेंडर के लिए साहब का पैर दबाते-दबाते दूर की रिश्तेदारी खोज निकाली है। साहब अब इनके मौसा हो गए हैं।

कर्मचारी से पहली बार सरकार बदल गई है कहने और आखिरी बार सरकार बदल गई है कहने की उनकी 'लाउडनेस' में अन्तर होता है। पहली बार कहते हैं तो लगता है शायद बादल गरज रहे हों। अन्तिम बार कहते हैं तो बादलों का गरजना सुनिश्चित हो जाता है। उनका बालकनी में आकर कर्मचारियों से गरजकर बात करना अकारण नहीं है। कॉलोनी में अभी तक सभी लोग नहीं जान पाए हैं कि सरकार बदल गई है। 'परफॉरमेंस' वाली सरकार आ गई है।

सरकार बदलने की सूचना पार्टियाँ अपने-अपने तरीके से देती आई हैं। सरकारी अस्पतालों में जाने वाले मरीज और उनके तीमारदार नहीं जानते कि सरकार बदल गई है। तो सरकार अस्पताल की इमारत को नीले रंग से रँगवा देती है। सरकारी अस्पताल जाने वाले समझ जाते हैं कि बसपा की सरकार आ गई है। रोडवेज बस से यात्रा करने वाले यात्री नहीं जानते कि सरकार बदल गई है। तो सरकार रोडवेज बसों को हरे और लाल रंग में रंगवा देती है। यात्री समझ जाते हैं कि सपा की सरकार आ गई है। सरकारी कर्मचारी और अधिकारी नहीं जानते कि सरकार बदल गई है। तो सरकार उनकी कुर्सी पर भगवा तौलिया रखवा देती है। कर्मचारी और अधिकारी समझ जाते हैं कि भाजपा की सरकार आ गई है।

मतदाता बनने के बाद उत्तर प्रदेश में कांग्रेस का मुख्यमंत्री नहीं देखा। कांग्रेसजन अतीत को याद कर लें, कांग्रेस सरकार बदलने की सूचना कैसे देती थी।

एक दिन चाय की दुकान पर वे मिले। अपनी तकिया कलाम मंडली के साथ कानून-व्यवस्था का महिमामंडन कर रहे थे। उनकी बातें सुन मैं सोच रहा था—एनकाउंटर में ठोंक अपराध रोकने की मुख्यमंत्री की नीति के बाद भी अपराध का ग्राफ ऊपर चढ़ता जा रहा है। पुलिस पर प्रमोशन के लिए फेक एनकाउंटर और बेगुनाहों को मारने का आरोप लग रहा है। पुलिस का अपराधीकरण बढ़ रहा है।

ये कौन सी कानून-व्यवस्था को चुस्त-दुरुस्त बता रहे हैं?

बातचीत के दौरान जैसे ही उन्होंने 'सरकार बदल गई है' कहा, मैंने पूछा—पार्टी बदलती है, मुख्यमंत्री बदलते हैं; पर सत्ता अपना चरित्र नहीं बदलती।

—इसका कारण ये है कि जनता सहयोग नहीं करती। जनता सहयोग करे तो सब कुछ बदला जा सकता है।

—कानून व्यवस्था भी सुधारी जा सकती है?

—बिल्कुल। किसी के घर में हथियारबन्द डकैत घुसें तो घरवालों को डकैतों से कहना चाहिए—सुधर जाओ। सरकार बदल गई है। ये सुनते ही डकैत हथियार फेंक भाग जाएँगे। किसी से रंगदारी माँगी जाए, तो रंगदारी माँगने वाले से कहना चाहिए—सुधर जाओ। सरकार बदल गई है। ये सुनते ही रंगदारी माँगने वाला अदालत में आत्मसमर्पण कर देगा। हत्या की नीयत से अपराधी गोली चलाने वाला हो, तो उससे कहना चाहिए—सुधर जाओ। सरकार बदल गई है। ये सुनते ही अपराधी सीधे जेल जाएगा। चौदह साल कैद-ए-बामुशक्कत के बाद ही बाहर आएगा।

—सरकार बदल गई है कहने से बलात्कारियों का भी हृदय परिवर्तन हो जाएगा?

—बिल्कुल।

मैंने उनसे वादा किया कि अपराधियों को औकात में रखने वाले आपके फार्मूले से मैं जनता को जरूर परिचित कराऊँगा। वे खुश हुए। उन्होंने चाय वाले से कहा—भाई की चाय का पैसा मेरे खाते में लिख लिया करो।

दुखी होने का सुख

इधर एक मध्यवर्गीय मालिक रहते हैं। मालिक की दिनचर्या का पालन करते हैं। दिनचर्या की शुरुआत 'मॉर्निंग वॉक' से करते हैं। मॉर्निंग वॉक से लौटकर नहाते हैं। लक्ष्मी की घंटी बजाते हैं। ब्रेकफास्ट करते हैं। दिन भर सुख इकट्ठा करने का काम करते हैं। बीच में लंच कर लेते हैं।

एक दिन मॉर्निंग वॉक की उछल-कूद के दौरान उनके पैर में फ्रैक्चर हो गया। डॉक्टर के यहाँ गए। प्लास्टर चढ़ा। फिर अपने घर में भर्ती हो गए। महीने भर में ठीक हो गए। अपनी दिनचर्या का पालन करने लगे। मॉर्निंग वॉक करने लगे। पहले से अधिक 'एक्टिव' होकर। वॉक के दौरान दूसरों से हाल-चाल पूछते। अपना हाल-चाल सुनाकर सब आगे बढ़ जाते। उनका हाल-चाल कोई नहीं पूछता। वे जब अपने घर में भर्ती थे और ठीक होकर जब पहले दिन वॉक पर आए, तब ही सभी ने उनका हाल-चाल ले लिया था। दो बार उनका हाल-चाल लेने के बाद सबकी हिम्मत छूट चुकी थी।

एक दिन मैंने उनका हाल-चाल पूछ लिया। मेरे सवाल से लगा कि वे 'डी-हाइड्रेट' हो गए। डायरिया के मरीज की तरह। होंठ सूख गए। होंठों पर पपड़ी जम गई। जीभ तालू से चिपक गई। मुँह से शब्द नहीं फूट रहे थे। कुछ देर पहले झरने की तरह कल-कल करते बह रहे थे। पहाड़ी नदी की तरह उछल-कूद कर रहे थे। सबका हाल-चाल पूछ रहे थे। अब क्या हुआ? मैं सोच रहा था, क्या हुआ; तभी एक शब्द फूटा—क्या। सेकेंड-दो सेकेंड बाद एक और शब्द फूटा-बताऊँ। इसी तरह सेकेंड-दो सेकेंड में एक-एक शब्द फूटता रहा। मिनट-दो मिनट में उन्होंने हाल-चाल बताया—क्या बताऊँ, बहुत कष्ट सहना पड़ा।

मुझे लगा, पानी के लिए डार्क जोन घोषित इलाके में हैंडपम्प चला रहा हूँ। हैंड से पम्प करते-करते पानी आता है। आने के बाद जितनी बार पम्प करो, उतनी अँजुरी पानी आता है—छल्ल...छल्ल। एक बाल्टी पानी भरने में शरीर से बाल्टी भर पानी निकल जाता है। पसीने के रूप में।

उनके मुँह का हैंडपम्प भी डार्क जोन घोषित इलाके के हैंडपम्प की तरह चल रहा था। बाल्टी भरने में घंटों लगेंगे। शरीर की होने वाली जल-हानि के बारे में सोचकर मैं तुरन्त बोतल भर पानी गटक गया।

मैं हैंड से पम्प करता रहा। अँजुरी भर पानी गिरता रहा—छल्ल...छल्ल। घंटों पम्प करने के बाद बाल्टी भर गई। उनकी दुःख गाथा बाल्टी के बाहर छलकने लगे, उसके पहले ही पुश अप्स (हैंड से पम्प) करते-करते मैं निढाल हो गया। उनसे कहा—आज काफी वर्जिश कर ली है। किसी दिन घर आता हूँ। आराम से बात करेंगे। इतना सुनते ही वे डार्क जोन से बाहर आ गए। जैसे बारिश के दिनों में पहले कुएँ भर जाते थे, उसी तरह शब्द उनके कंठ तक आ लगे। जरूर, मैं आपका इन्तजार करूँगा—बिना विराम के बोलते हुए वे चले गए।

उनके जाने के बाद मैं वहीं बेंच पर लेट गया। जाते हुए उनके पैरों को देख रहा था। सोच रहा था—मध्यवर्ग कोल्ड स्टोर में रखे आलू की तरह है। जो कृत्रिमता के सहारे बाहर से देखने में सुन्दर नजर आता है।

दरअसल, वे दुःख की कमी से पीड़ित हैं। उनको मरहम-पट्टी लायक चोट भी नहीं लगी थी। मॉर्निंग वाक के दौरान उनका एक पैर भटकैय्या से टकरा गया था। खरोंच लग गई। उन्हें दुःख कमाने का अवसर मिल गया। सुख उनकी तिजोरी में, जमीन-जायदाद, मकान, फ्लैट आदि के रूप में कई जिलों में फैला हुआ है। अर्थात उनका सुख अन्तरजनपदीय है। उन्होंने खरोंच को भी अन्तरजनपदीय बनाने की सोची। खरोंच पर प्लास्टर बँधवा लिया। प्लास्टर के कारण उन्हें उम्मीद से अधिक 'रिटर्न' मिला। दुःख अन्तरराज्यीय हो गया। राष्ट्रीय 'ब्रेकिंग' भी हो जाता, अगर वे बता देते कि उनका पैर भटकैय्या से टकराकर टूटा—ध्यान से देखिए, हम आपको सबसे पहले दिखा रहे हैं वो भटकैय्या का पेड़, जिससे टकराकर मध्यवर्ग की टाँग टूट गई। अपने खान-पान की बहादुरी को बचाए रखने के लिए उन्होंने अपने दुःख को राष्ट्रीय ब्रेकिंग होने से बचा लिया।

उनका हाल-चाल लेने के लिए पहले दिन इक्का-दुक्का लोग ही आए। जैसे ही कोई आता, वे अपना मुँह निकालकर झट से प्लास्टर के अन्दर घुसेड़ देते। इससे खरोंच का दर्द उन्हें नहीं बताना पड़ता। खरोंच ही बताती। दर्द बोलता। जैसे मुझसे बोल रहा था। हाल-चाल लेने वाला सुनता। दर्द के उतार-चढ़ाव के साथ सुनने वाले के चेहरे का उतार-चढ़ाव बदलता। आखिर खरोंच पर लगा मुँह जो बोल रहा था। दुख की जड़ में जाकर। हाल-चाल लेने वाला चला जाता तो वे मुँह प्लास्टर से निकालकर नियत स्थान पर लगा लेते। जब दुःख का दायरा स्थानीय की सीमा पार कर अन्तरजनपदीय और अन्तरराज्यीय हुआ तो हाल-चाल लेने वालों का ताँता

लग गया। उन्हें मुँह को प्लास्टर में घुसेड़ने की भी फुर्सत नहीं मिलती। तो उन्होंने मुँह को स्थायी रूप से प्लास्टर में घुसेड़ दिया।

मैंने उनसे खरोंच लगने की घटना के दो वर्ष बाद उनका हाल-चाल पूछा था। अब तक उनका मुँह खरोंच पर ही रखा हुआ है। हटाना भूल गए होंगे। या नए दुःख का इन्तजार कर रहे होंगे, मुँह को नए दुःख की जड़ में रखने के लिए।

निदा फ़ाज़ली ने कहा है—

हर आदमी में होते हैं दस बीस आदमी
जिस को भी देखना हो कई बार देखना।

मैं कहता हूँ कि हर आदमी के दस-बीस मुँह भी होते हैं।

मुझे आदमी के दस-बीस मुँह होते हैं, ये नहीं पता था। रुपये-दस रुपये के लिए इधर-उधर मुँह मारते-मारते पता चला कि मेरे दस-बीस मुँह हैं। चाय पीता हूँ। पीने के बाद चाय वाले से दस रुपये उधार भी माँग लेता हूँ—15 रुपया हो गया तुम्हारा। ऐसे ही विविध प्रकार के मुँह बना-बना कर उधार माँगते-माँगते मुझे पता चला कि मेरे दस-बीस मुँह हैं। ये भी मेरी एक उपलब्धि है।

कर्ज लेना भी एक उपलब्धि है। बशर्ते कि कर्ज लाखों-करोड़ों में हो। उसी कर्ज से खरोंच, फ्रैक्चर बन जाती है। कर्ज अगर बैंक की कृपा से एनपीए घोषित हो जाए, तो खरोंच, सेप्टिक जितनी घातक हो सकती है। टाँग काटने की नौबत आ सकती है। ऐसी खरोंच राष्ट्रीय ब्रेकिंग बनेगी—ध्यान से देखिए...।

मुझे अपने दस-बीस मुँह होने की उपलब्धि का गर्व था। गर्व धीरे-धीरे गैर होता गया। तीस-चालीस मुँह वालों से पाला पड़ता गया, मेरे गर्व का मुँह लटकता गया। तीस-चालीस मुँह वाले अपने शरीर में कई जगह मुँह रखते हैं।

मेरा एक बहुत-बहुत दूर का रिश्तेदार है। पहले वो मेरा चचेरा भाई था। जब देखा कि वो अपने जीवन में दुःख की कमी से दुखी रहता है तो उसे बहुत-बहुत दूर के रिश्तेदार तक सीमित कर दिया—क्या पता इस दुःख से वो सुखी हो जाए। सुखी हुआ भी—चलो पीछा छूटा हक से माँगने वाले का। वो अपने सभी मुँह जेब में रखता है। जब मैं पैसा माँगता तो जेब में हाथ डाल देता। मुझे लगता कि देगा। पर वो तो हाथ से अपने मुँह को भींच देता। फिर वही खरोंच वाले की तरह पैसा न होने की दारुण कथा निकलती—छुलुक...छुलुक।

हर साल उसे नई कार बदलते देखता हूँ तो सोचता हूँ कि इसे सौ-डेढ़ सौ मुँह मिल जाएँ, ताकि ये हर साल अपनों को भी बदलता रहे। वसीम बरेलवी के शब्दों में—उसी को हक़ है जीने का जो इस ज़माने में, इधर का लगता रहे और उधर

का हो जाए। दलबदलुओं को देखिए। उनकी कीमत आसमान छू रही है। इधर के लगते रहे और उधर के हो गए।

देश के एक नेता के पास कितने मुँह हैं, उसकी गिनती चालू है। रोज एक नया मुँह लेकर हाजिर होता है। उसके पास कितने मुँह हैं, ये अभी निश्चित नहीं हुआ है। पर ये तय है कि वो किन्ही और का मुँह है। उन किन्हीं और को जब कुछ बोलना होता है, तब वे अपना मुँह नेता के मुँह पर फेंक मारते हैं। नेता चालू हो जाता है।

नेता लगभग सत्तर वर्ष का है। जब से वो पैदा हुआ है, तब से देश की चिन्ता में दुखी ही रहा है। दुखी होने के सुख के सहारे वो तरक्की करता गया। अब उस 'पोजीशन' पर पहुँच चुका है, जहाँ से वह अपने वर्ग को दुःख का महत्त्व समझाने के लिए आपदा की नीतियाँ बनाता है। आपदा के दुःख में सुख बटोरने वालों को अवसर उपलब्ध कराता है।

मैं भले ही उपर्युक्तों को 'हिप्पोक्रेट' कहूँ, पर जाने-अनजाने में ही वे एक कला का संरक्षण कर रहे हैं। सर्वे करने वाले उस कला से जलते हैं। वे चाहते हैं कि इनकी एक और कला को मिटा दिया जाए।

देश की खुशहाली आँकने वाले एक विदेशी सर्वे में हमारे देश को 158 देशों में 117वीं पायदान पर रखा।

देश में होने वाली कुछ घटनाओं की बाबत नेता कहते हैं कि इसमें विदेशी ताकतों का हाथ है। सर्वे के माध्यम से हमें इकतालीस देशों से अधिक खुशहाल बताने वाली विदेशी ताकतें ये नहीं जानतीं कि हमारे यहाँ सबसे खुशहाल माने जाने वाले भी उनके सर्वे से दुखी हैं। विदेशी ताकतों के हाथों की लम्बाई के बारे में सोचकर अपने देश में सबसे खुशहाल में से एक और अपने लम्बे हाथों के लिए विश्व प्रसिद्ध कानून भी दुखी है। लम्बे हाथों वाला कानून ये सोचकर दुखी है कि हैप्पीनेस इंडेक्स का सर्वे करने वाले कानून के हाथ नहीं हैं, फिर भी ये हमारे देश तक कैसे पहुँच गए!

विदेशी हमारी कला और संस्कृति से परिचित हैं। उन्होंने कुछ कलाओं को हमसे पूरी तरह छीन लिया है। उन्हें अपने नाम से 'पेटेंट' करवा लिया। जिस कला को पूरी तरह छीन नहीं पाए, उसके आयात में लगे हुए हैं। हैप्पीनेस इंडेक्स के माध्यम से विदेशी हमारी दुखी होने की कला को मिटाने की साजिश रच रहे हैं। एक दिन ऐसा भी आएगा जब हैप्पीनेस इंडेक्स में हम टॉप पर होंगे। फिर एक नया विदेशी सर्वे आएगा जिसमें हमें सबसे अधिक खुशहाल घोषित कर दिया जाएगा। उसके साथ ही दुखी होने की हमारी कला भी विलुप्त घोषित हो जाएगी। हमें सबसे अधिक खुशहाल साबित कर विदेशी मध्यवर्ग की एक कला मिटा देना चाहते हैं। मुझे पूरा

भरोसा है कि दुखी होने का सुख प्राप्त करने वाले विदेशी साजिशों को कामयाब नहीं होने देंगे। मुझे मध्यवर्ग पर विश्वास है कि वो दुखी होने की कला नहीं मिटने देगा। दुखी होने के सुख का पेटेंट किसी और को नहीं लेने देगा।

मध्यवर्ग विशेष मुर्दा है। साँस लेने वाला मुर्दा। कलम की लाठी से मुर्दे की पिटाई तमाम लोग कर रहे हैं। पीटने से मुर्दे में जान आ जाती है? विशेष मुर्दे में आ जाती है!

अनवरत पिटाई से विशेष मुर्दे में जान आ जाती है। मुर्दे को जब लगता है कि उसकी सुख-सुविधा की तिजोरी में कफन में जेब लगवाने की सिलाई देने की ईएमआई भी नहीं बची, तब उसका नव-जागरण हो जाता है। स्वार्थ का नव-जागरण। मध्यवर्ग अपने लिए दूसरी सरकार चुन लेता है। पीटने वालों को लगता है कि मध्यवर्ग का जागरण हो गया। अब क्रान्ति होगी। आर्थिक सामाजिक क्रान्ति। पर नहीं। मध्यवर्ग अपनी सुख-सुविधा की तिजोरी भरता है, फिर विशेष मुर्दा बन जाता है—पीटते रहो।

शिकायत का सुख

'दु:ख में, विपत्ति में भगवान याद आते हैं', इस मान्यता के अनुसार मैं भी भगवान हूँ। मेरे कई भक्त हैं, जो दुख में, अपनों से धोखा खाने के बाद, सभी जगह से ना सुनने के बाद मेरी शरण में आते हैं। वे स्वार्थवश ही मेरी शरण में आते हैं, ये जानते हुए भी मैं उनकी मनोकामना पूरी करता हूँ।

मेरी जान-पहचान में मान्यतानुसार कई छोटे-मोटे (कद नहीं, योग्यतानुसार) भगवान हैं। वे चालाक भगवान हैं। चालाकी का तराजू साथ लेकर चलते हैं। वे अपने स्वार्थ के अनुसार अपने भक्तों की मनोकामना पूर्ण करते हैं। एक भगवान नफा-नुकसान तौल अपने भक्तों की मनोकामना पूर्ण करता है—इसके 'रिकॉर्ड' के अनुसार इसकी दस ग्राम मनोकामना पूर्ण करनी चाहिए। मेरी मनोकामना की फाइल को पास कराने के दौरान इसने दस ग्राम मदद की थी। दस ग्राम मदद से इसका हिसाब रफा-दफा कर देता हूँ। अगली बार आया तो बहाना बना दूँगा कि तराजू के दोनों पलड़ों का सन्तुलन बिगड़ गया है। तुम्हारी मनोकामना पूरी करने के दौरान 'टेनी' मार सकता हूँ। इस भगवान को भक्तों के चाल-चलन ने सौदागर बना दिया है। बिना लिए कुछ देता ही नहीं। कई भक्तों का तो सब कुछ ले लिया, दिया सिर्फ आश्वासन।

भक्तों के रिकॉर्ड की फाइल काँख में दबाकर रखने वाले मेरी जान-पहचान के भगवान मुझे चेताते हैं—इसका रिकॉर्ड ठीक नहीं है। अपनी स्वार्थ सिद्धि के बाद तुम्हें नहीं पहचानेगा। मैं उनकी चेतावनी का विष पी जाता हूँ। मैं ठगा जा रहा हूँ, ये जानते हुए भी मैं ठगे जाने के लिए तत्पर रहता हूँ—आय हाय, ठगा गया। हाय-हाय नहीं करता हूँ। आय-हाय भी तेरी अदाओं पर प्यार आता है, वाले उच्चारण में करता हूँ। हाय-हाय उस दिन करूँगा जब ठगी से परिचित नहीं रहूँगा। वो कोई मौलिक ठग होगा, जो मुझे हाय-हाय करने पर मजबूर करेगा।

मेरी जान-पहचान का एक भगवान, जिसके पलने में ही तराजू रख दी गई थी, उसके पूत का पाँव पत्थर हो गया। उम्र बढ़ने के साथ संक्रमण पूरे शरीर में फैलता

गया। नतीजा, पूरा शरीर पत्थर का हो गया। उसे आज तक कोई नहीं ठग पाया। उसने आज तक किसी को कुछ नहीं दिया। सिर्फ लिया। देने के नाम पर—तुम्हारी मनोकामना मेरा पूत पूरी करेगा। उसके आने का इन्तजार करो। वो अपने भक्तों को कभी ना खत्म होने वाले इन्तजार का भजन देता है। जिसे भक्त खुशी-खुशी गाते हैं।

कभी ना खत्म होने वाले इन्तजार का भजन देने वाले भगवान की तरह पत्थर का भगवान बनना बहुत आसान है। कोई भी बन सकता है। पहले मैं भी था। फिर मुझे अपनी लघुता का अहसास हुआ—संख्या बढ़ाने का क्या फायदा बे नाटे? अपना विराट रूप दिखाओ। तब मुझे सुख-दु:ख का भेद समझ में आया—जिसे तुम सुख मानकर उससे चिपके रहना चाहते हो, वो चेला है। जिसे तुम दु:ख मानकर हमेशा बचना चाहते हो, वो गुरु है। गुरु की शरण में जाओ। गुरु ने मेरे विराट रूप से मेरा साक्षात्कार कराया। तब से मैं ठगे जाने का सुख जिसे दु:ख की श्रेणी में रखा गया है, प्राप्त करने के लिए ठगों की राह देखता रहता हूँ।

अपने गुरु दु:ख को सबसे छुपाए रखने के लिए मैं भी स्वार्थी बना। अपने गुरु को सब में बाँटने के पाप से बचने के लिए 'दु:ख बाँटने से कम होता है' के मंत्र का पालन करना बन्द कर दिया। जब पत्थर का भगवान था, तब खूब बाँटता था। जो मेरी लघुता का कारण था। बाँटना बन्द किया, तो विराट हुआ। इसीलिए अपनी जान-पहचान के भगवानों को छोटा-मोटा समझता हूँ। अपनी विशिष्टता के कारण अकड़ में रहता हूँ। इसलिए अपनी जान-पहचान के दूसरे भगवानों को नाटे साबित करने के लिए उनकी शिकायत भी करता हूँ।

मेरे एक भक्त ने बताया—एक राज्य की सरकार ईश निंदा करने वालों को जेल भेजने की तैयारी कर रही है। मैंने भक्त की आशंका का निवारण किया—सरकार का कानून मनुष्यों के ऊपर लागू होता है। भगवान के ऊपर नहीं। मान्यताओं के अनुसार मैं भी भगवान हूँ। भक्त मिठाई का लालच चढ़ाकर मेरे आगे दंडवत हुआ—मेरा वो काम...। मिठाई को लात मार मैंने तथास्तु कहा।

दु:ख भले ही गुरु है, पर क्या चौबीसो घंटे गुरु से चिपके रहना उचित है? नहीं ना? मुंडी तो हिलाइए—नहीं। हिला दी? ठीक है। अब गुरु से दूर रहने का उपाय बताता हूँ। ठगे जाने के दु:ख से उबरने के लिए मैं शिकायत की शरण में चला जाता हूँ।

बड़े बुजुर्ग कह गए हैं—स्वयं से बात करते रहो। सवा अरब मनुष्यों वाले देश में मानव जीवन के इस महाज्ञान को सिर्फ वाया शिकायतकर्ताओं ने आत्मसात किया। वाया प्रजाति के शिकायतकर्ता सभी शिकायतें खुद से ही करते हैं। शिकायत के कारण के पीठ पीछे करते हैं। रोडवेज बस सम्बन्धित इनकी शिकायतें ड्राइवर

के पीछे लगी शिकायत पेटी या उस पर लिखे टोल फ्री नम्बर पर नहीं दर्ज होतीं। भारतीय रेल से सम्बन्धित इनकी शिकायतें आरक्षण केन्द्र, कोच अटेंडेंट या टीटी के पास रखी शिकायत पुस्तिका में भी दर्ज नहीं होती। स्वयं से बात करने की कला में निपुण होने से खुद से ही शिकायत कर वाया शिकायतकर्ता सन्तुष्ट हो जाता है।

वाया शिकायतकर्ता 'कर्म करो, फल की चिन्ता मत करो' की जीवन शैली का पालन करता है। कोई सुने या ना सुने, फल मिले ना मिले, शिकायत कर्म पूरी लगन से करता है। उसे सुनकर लगता है कि ये लालच नामक दुर्गुण से मुक्त हो चुका है। उसे खुद से शिकायत करते सुन पारलौकिक सुख की प्राप्ति होती है।

कर्म ही पूजा है; ये प्रवचन सबसे अधिक वही देते हैं, जिनके लिए पूजा ही कर्म है—कर्म तुम करो, फल हम खाएँगे। कर्म तुम्हारा, भाग्य हमारा।

सबसे बड़े त्योहार का समय है। रोडवेज की नॉन-स्टॉप बनारस-लखनऊ वाया सुल्तानपुर सेवा खचाखच भरी हुई है। खचाखच भरी सेवा में समाज सेवा से जुड़े भाई साहब खिड़की के पास बैठे हुए हैं। उनकी बगल में एक और भाई साहब बैठे हुए हैं। दोनों के बगल में एक तीसरे भाई साहब खड़े हैं। बस चलती है। थोड़ी दूर जाने के बाद सवारी उठाने के लिए रुक जाती है। रोडवेज द्वारा दी गई शुभकामना 'आपकी यात्रा मंगलमय हो' के साथ हो रहे खिलवाड़ को देख खिड़की के पास बैठे समाज सेवक भाई साहब आक्रोशित होकर खुद से शिकायत कर बैठते हैं—क्या मजाक लगा रखा है! फिर समर्थन की उम्मीद में लालायित नेत्रों से बगल में बैठे भाई साहब की तरफ देखते हैं। बगल में बैठे भाई साहब सन्तोषी प्रजाति के जीव हैं। वे समाज सेवक भाई साहब की शिकायत पर ध्यान नहीं देते। समाज सेवक द्वारा खुद से की गई शिकायत को समर्थन मिलता है तीसरे भाई साहब से, जो टिकट लेकर भी खड़े हैं। उनका शिकायतकर्ता होना लाजिम भी है। एक ही प्रजाति के दो जीव मिलते हैं और शिकायतों का पिटारा खुल जाता है। थोड़ी देर में खड़े वाले भाई साहब खिड़की के पास बैठे समाज सेवक भाई साहब के सहयोग से सीट पर 'एडजस्ट' हो जाते हैं। एडजस्ट होने के बाद शिकायत दम तोड़ देती है। नॉन स्टॉप सेवा जहाँ सवारी उठाने के लिए रुकती, वहाँ शिकायत में जान आ जाती—इन लोगों ने सिस्टम का मजाक बना रखा है। दोनों की शिकायतों के बीच फँसा सन्तोषी प्रजाति का जीव मन ही मन कहता है—आपकी यात्रा मंगलमय हो।

दूसरे सबसे बड़े त्योहार का समय है। भारतीय रेल द्वारा त्योहार पर 'सबको घर पहुँचाना है' का वादा किया गया है। सभी यात्री गाड़ियों में अतिरिक्त डिब्बे जोड़े गए हैं। फिर भी वातानुकूलित डिब्बों को छोड़कर सबका हाल साधारण डिब्बों की तरह हो गया है। मल्टीनेशनल कम्पनी में टीम लीडर के पद पर कार्यरत भाई

साहब नियत समय पर स्लीपर कोच में अपनी सीट पर पहुँचते हैं। टीम लीडर भाई साहब हर बार ए.सी. क्लास में यात्रा करते हैं, लेकिन इस बार मजबूरी में उन्हें स्लीपर क्लास में आर.ए.सी. के सहारे 'सफर' करना पड़ रहा है। अपनी सीट के आस-पास की भीड़ देखकर भाई साहब आदतन खुद से शिकायत कर देते हैं—शिट यार! कितना रश है।

आर.ए.सी. सीट के दूसरे हिस्सेदार के कान में ईयरफोन लगा है। वो भाई साहब की शिकायत पर ध्यान नहीं देता। टीम लीडर भाई साहब द्वारा खुद से की गई शिकायत को तीसरे भाई साहब के कान पकड़ लेते हैं, जो बर्थ के पूरे पैसे देने के बाद भी वेटिंग टिकट के सहारे किसी बर्थ पर एडजस्ट होने का इन्तजार कर रहे हैं। यहाँ भी एक ही प्रजाति के दो जीव मिलते हैं और शिकायत एक्सप्रेस चल पड़ती है। थोड़ी देर बाद ट्रेन भी चलती है। ट्रेन की गति बढ़ने के साथ शिकायत एक्सप्रेस भी सरपट दौड़ने लगती है। दो-तीन स्टेशन गुजरने के बाद वेटिंग की पटरी पार करने के लिए इधर-उधर देख रहे भाई साहब, आर. ए. सी. की पटरी पर बैठ शिकायत एक्सप्रेस को सरपट दौड़ा रहे टीम लीडर भाई साहब से थोड़ा खिसकने का आग्रह करते हैं। टीम लीडर भाई साहब काँखते हुए ऐसे खिसकते हैं, जैसे किसी ने पूरी रफ्तार के साथ दौड़ रही शिकायत एक्सप्रेस की जंजीर खींच दी हो।

आर.ए.सी. का दूसरा हिस्सेदार सन्तोषी प्रजाति का जीव है। वो अपने पैर मोड़ लेता है और वेटिंग वाले भाई साहब का टिकट आर.ए.सी. हो जाता है। सन्तोषी प्रजाति का जीव कानों में ईयरफोन लगाए अपनी प्रेमिका को यात्रा के संस्मरण सुनाता रहता है। बीच-बीच में अपने-अपने घर जा रहे दोस्तों को हैप्पी जर्नी भी कहता रहता है।

शिकायत का सुख बस की सीट से लेकर संसद की सीट का भी सुख प्रदान करता है। ट्रेन में भीड़ की शिकायत करने वाले को सीट मिल जाती है। नहीं भी मिलती तो कहीं न कहीं एडजस्ट हो ही जाता है।

विपक्ष में शिकायतों का पिटारा लेकर बैठने वालों को सत्ता की सीट मिल जाती है। विपक्ष में रहकर एक पार्टी बहुत शिकायत करती थी। पार्टी के नेता प्रेस कान्फ्रेंस में सत्ताधारी पार्टी के खिलाफ शिकायतों का पुलिन्दा दिखाते थे। लिखित शिकायत की तरह। लिखित शिकायत पर विश्वास जम गया। पार्टी की शिकायत में बहुमत भी शामिल हो गया। बहुमत में सन्तोषी प्रजाति वाले जीव भी शामिल हुए। शामिल होने के बाद बहुमत को समझ आया—वो सत्ता सुख दिलाने वाली शिकायतों का पुलिन्दा था। ये समझ बहुमत दुखी होता है। फिर भी शिकायत नहीं करता। दु:ख से निजात पाने के लिए उसे भी शिकायत का सुख लेना चाहिए।

सत्ता की शिकायत का सबूत किसी पेटी विशेष में डालने की अनिवार्यता भी नहीं है। किसी भी 'पब्लिक प्लेटफॉर्म' पर डाल सकता है। कई पब्लिक प्लेटफॉर्म भी उपलब्ध हैं। उसे ये सोचकर सत्ता की शिकायत करने से पीछे नहीं हटना चाहिए कि वो भी बहुमत का हिस्सा है। या अपनी पसन्द की शिकायत कैसे करूँ? या सत्ता की शिकायत करने वाले जो बहुमत में शामिल नहीं हैं, वे मुझे चिढ़ाने लगेंगे। या उसकी शिकायत से सत्ता परेशानी में पड़ सकती है। ये सब सोचकर उसे शिकायत का सुख लेने से पीछे नहीं हटना चाहिए। मानस ग्रेवाल के अनुसार—दुनिया में कोई भी सरकार हो, वह सबसे ज्यादा इसी बात से डरती है कि कहीं लोग उस पर आरोप लगाना न छोड़ दें। क्योंकि इसका एक ही अर्थ होगा—समुदाय का स्वावलम्बन और कोई भी सरकार इसके मायने बखूबी समझती है।

सत्ता शिकायत का ही सुख 'भोगती' है। सत्ता चाहे तो एक दिन में ही सभी शिकायतों का अन्त कर दे। पर ऐसा कर देने से उस पर नागरिकों की निर्भरता नाम-मात्र की हो जाएगी। या सत्ता की आवश्यकता ही खत्म हो जाए। सत्ता के लिए शिकायत का सुख छोड़ना उसके अन्त की घोषणा है। दुबारा मनुष्य की स्वतंत्रता की शुरुआत है। अपना अस्तित्व बनाए रखने के लिए सत्ता शिकायत के अवसर उपलब्ध कराती है। शिकायतों को पाल-पोष कर बड़ा बनाती है। आदमखोर भी बना देती है। फिर उन्हीं आदमखोर शिकायतों को मिटाने के लिए अमुक सरकार की माँग भी करवाती है।

अमेरिका शिकायत का सुख भोगने के मामले में भी नम्बर वन है। शिकायत का सुख भोगने के लिए वो आतंकवाद मिटाने के नाम पर दूसरे देशों पर बमबारी करता है। बमबारी के दौरान बेगुनाह भी मारे जाते हैं। पूरी दुनिया अमेरिका की शिकायत करती है। अमेरिकन भी करते हैं। बमबारी की शिकायत का सुख भोगते-भोगते अचानक सत्ता को याद आया—अमेरिकन दूसरे देशों की शिकायत में भी अड़ंगा लगा रहे हैं। इनके लिए घरेलू शिकायत उपलब्ध करानी पड़ेगी। तब ये मानेंगे। तो सत्ता ने अमेरिकन को डोनाल्ड ट्रम्प उपलब्ध करा दिया।

शिकायत का सुख लेने वालों से मैं भी प्रेरित हुआ। रोडवेज और ट्रेन में शिकायत का सुख लूटने वालों से मैंने कहा—भाई साहब! आप तो पढ़े-लिखे हैं। आपको कायदा-कानूनों के साथ हो रहे खिलवाड़ को रोकने के लिए लिखित शिकायत के सबूत देने चाहिए। आप तो जानते ही हैं—कानून सबूतों से चलता है।

मेरी शिकायत से वे भड़क गए—तुम ही कर दो! मेरे शिकायत के सुख को उन्होंने जंगली घोषित कर दिया। मैं और खुश हुआ—जो सत्ता द्वारा घोषित अधिकारों को लेने से भी डरते हैं, वे अपनी स्वतंत्रता से कितना डरते होंगे? उनके लिए स्वतंत्रता

के मायने वही हैं, जो सत्ता द्वारा तय किए गए हैं। जंगली घोषित किए जाने की खुशी गुरु दु:ख से साझा की। गुरु ने ज्ञान दिया—शिकायत की शिकायत मत करो।

फिर भी मैंने सोचा—खुद से शिकायत या आपस में शिकायत करने की जगह अगर वे खचाखच भरी नॉन स्टॉप वाया सेवा के ड्राइवर से विरोध जता देते तो वो यहाँ-वहाँ रोक कर सवारी नहीं उठाता। उन्हें वाया शिकायत का सहारा लेने की भी जरूरत नहीं पड़ती। फिर वाया के बारे में सोचने लगा—उनकी कितनी शिकायत सोचूँ? बिना वाया के कोई काम ही नहीं होता। अपना व्यक्तिगत काम वाया जुगाड़ निकलवा लेने वाले सार्वजनिक या समूह का कार्य भी वाया जुगाड़ ही करवाना चाहते हैं। इसके लिए वे वाया शिकायत का सहारा लेते हैं। खुद को सामने नहीं लाना चाहते। पहचाने जाने से बचना चाहते हैं। तो वाया शिकायत की तलाश में सबसे शिकायत करते हैं—कोई तो सामने आकर दखल देने की हिम्मत करेगा।

सलीम जफर ठीक कहता है—पीठ पीछे कहने वाले सभ्य समझे जाते हैं। मुँह पर कह देने वाले असभ्य। उसको ये अनुभव दूसरों को इस्लाम के अनुसार चलने का रास्ता बताने और खुद किसी और रास्ते पर चलने वाले मौलानाओं से तकरीर कर मिला। तकरीर से नाराज मौलानाओं ने फतवा जारी कर दिया—जो इसके साथ हुक्का-पानी करेगा, वो काफिर होगा।

सामाजिक बहिष्कार से बचने के लिए मैं भी पीठ पीछे कहने वाला सभ्य बन गया। मुँह पर कहने से बचने लगा। लिखना बचने की ढाल बन गया। लिखित शिकायत करने लगा (लिखित शिकायत से जो भी हासिल होगा, उससे भी लिखित रूप में अवगत कराऊँगा)। शिकायत के सुख का ही कमाल है कि मेरी लिखित शिकायतों के जो पात्र होते हैं, वे अपनी भी शिकायत पढ़कर कहते हैं—मजा आ गया।

बाजारवाद के मलिकाने के दौर में जहाँ सुख भी खरीदना पड़ता है, वहाँ हमेशा दुखी रहने वाले को मुफ्त में कोई सुख मिले तो वो लेने से क्यों चूकेगा? मैं भी शिकायत का सुख लेने का कोई मौका नहीं छोड़ता। भले ही गुरु दु:ख ने ज्ञान दिया था—'शिकायत की शिकायत मत करो।' मेरे लिखे को कोई और मारे, उससे पहले खुद ही मार देता हूँ।